陇上学人文存

LONGSHANG XUEREN WENCUN

陇上学人文存

刘进军　卷

刘进军 著　孙文鹏 编选

甘肃人民出版社

图书在版编目（CIP）数据

陇上学人文存. 刘进军卷 / 范鹏，马廷旭总主编 ；刘进军著 ；孙文鹏编选. -- 兰州 ：甘肃人民出版社，2023.2

ISBN 978-7-226-05903-6

Ⅰ. ①陇… Ⅱ. ①范… ②马… ③刘… ④孙… Ⅲ. ①社会科学－文集②经济学－文集 Ⅳ. ①C53②F0-53

中国版本图书馆CIP数据核字(2022)第228360号

责任编辑：肖林霞

封面设计：王林强

陇上学人文存·刘进军卷

范鹏　马廷旭　总主编

刘进军　著　孙文鹏　编选

甘肃人民出版社出版发行

（730030　兰州市读者大道 568 号）

兰州新华印刷厂印刷

开本 890 毫米 × 1240 毫米　1/32　印张 13.125　插页 7　字数 330 千

2023 年 2 月第 1 版　2023 年 2 月第 1 次印刷

印数：1~1000

ISBN 978-7-226-05903-6　定价：60.00 元

（图书若有破损、缺页可随时与印厂联系）

《陇上学人文存》第二辑

编辑委员会

名誉主任：刘伟平
主　　任：连　辑　咸　辉
副 主 任：张建昌　张瑞民　范　鹏
委　　员：张余胜　吉西平　魏胜文　高志凌
　　　　　张　炯　安文华　马廷旭

学术指导委员会

王希隆　王肃元　王洲塔　王晓兴　王嘉毅
傅德印　伏俊琏　李朝东　陈晓龙　张先堂
郝树声　贾东海　高新才　董汉河　程金城

总 主 编：范　鹏
副总主编：魏胜文　马廷旭

《陇上学人文存》第五辑

编辑委员会

《陇上学人文存》第九辑

编辑委员会

总　序

陇者甘肃，历史悠久，文化醇厚。陇上学人，或生于斯长于斯的本地学者，或外来而其学术成就多产于甘肃者。学人是学术活动的主体，就《陇上学人文存》（以下简称《文存》）的选编范围而言，我们这里所说的学术主要指人文社会科学研究。《文存》精选中华人民共和国成立以来，甘肃人文社会科学领域成就卓著的专家学者的代表性著作，每人辑为一卷，或标时代之识，或为学问之精，或开风气之先，或补学科之白，均编者以为足以存当代而传后世之作。《文存》力求以此丛集荟萃的方式，全面立体地展示新中国为甘肃学术文化发展提供的良好环境和陇上学人不负新时代期望而为我国人文社会科学事业做出的新贡献，也力求呈现陇上学人所接续的先秦以来颇具地域特色的学根文脉。

陇原乃中华文明发祥地之一，人文学脉悠远隆盛，纯朴百姓崇文达理，文化氛围日渐浓厚，学术土壤积久而沃，在科学文化特别是人文学术领域的探索可远溯至伏羲时代，大地湾文化遗存、举世无双的甘肃彩陶、陇东早期周文化对农耕文明的贡献、秦先祖扫六合以统一中国，奠定了甘肃在中国文化史上始源性和奠基性的重要地位；汉唐盛世，甘肃作为中西交通的要道，内承中华主体文化熏陶，外接经中亚而来的异域文明，风云际会，相摩相荡，得天独厚而人才辈出，学术思想繁荣发达，为中华文明做出了重要贡献。

近代以来，甘肃相对于逐渐开放的东南沿海而言成为偏远之地，反而少受战乱影响，学术得以继续繁荣。抗日战争期间作为大后方，接纳了不少内地著名学府和学者，使陇上学术空前活跃。新中国成立之后，人文社会科学领域的专家学者更是为国家民族的新生而欢欣鼓舞，全力投入到祖国新的学术事业之中，取得了一大批重要的研究成果，涌现出众多知名专家，在历史、文献、文学、民族、考古、美学、宗教等领域的研究均居全国前列，影响广泛而深远。新中国成立之后，人文社会科学几次对当代学术具有重大影响的争鸣，不仅都有甘肃学者的声音，而且在美学三大学派（客观派、主观派、关系派）、史学"五朵金花"（史学在新中国成立之后重点研究的历史分期、土地制度史、农民战争史等五个方面的重点问题）等领域，陇上学人成为十分引人注目的代表性人物。改革开放以来，甘肃学者更是如鱼得水，继承并发扬了关陇学人既注重学理求索又崇尚经世致用的优良传统，形成了甘肃学者新的风范。宋代西北学者张载有言："为天地立心，为生民立命，为往圣继绝学，为万世开太平"，此乃中华学人贯通古今、一脉相承的文化使命，其本质正是发源于陇原的《易》之生生不已的刚健精神，《文存》乃此一精神在现代陇上得到了大力弘扬与传承的最佳证明。

《文存》启动于中华人民共和国成立六十周年之际，在选择入编对象时，我们首先注重了两个代表性：一是代表性的学者，二是代表性的成果，欲以此构成一部个案式的甘肃当代学术史，亦以此传先贤学术命脉，为后进立治学标杆。此议为我甘肃省社会科学院首倡，随之得到政界主要领导、学界精英与社会各界广泛认同与政府大力支持，此宏愿因此而得以付诸实施。

为保证选编的权威性，编委会专门成立了由十几位省内人文社会科学领域著名学者组成的专家指导委员会，并通过召开专题会议研讨、发放推荐表格和学术机构、个人举荐等多种方式确定入选者。为使读者对作者的学术成就、治学特色和重要贡献有比较准确和全面的了解，在出版社选配业务精良的责任编辑的同时，编委会为每一卷配备了一位学术编辑，负责选编并撰写前言。由于我院已经完成《甘肃省志·社会科学志》（古代至 1990 年卷，1990 至

2000 年卷）的编辑出版工作，为《文存》的选编提供了坚实的基础和基本依据，加之同行专家对这一时期甘肃人文社会科学发展的研究，使《文存》能够比较充分地反映同期内甘肃人文社会科学的基本状况。

　　我们的愿望是坚持十年，《文存》年出十卷，到 2019 年中华人民共和国成立七十周年之际达至百卷规模。若经努力此百卷终能完整问世，则从 1949 至 2009 年六十年间陇上学人以"人一之、我十之，人十之、我百之"的甘肃精神献身学术、追求真理的轨迹和脉络或可大体清晰。如此长卷宏图实为新中国六十年间甘肃人文社会科学全部成果的一个缩影，亦为此期间甘肃人文社会科学学术业绩的一次全面检阅，堪作后辈学者学习先贤的范本，是陇上学人献给祖国母亲的一份厚礼。此一理想若能实现，百卷巨著蔚为大观，《文存》和它所承载的学术精神必可存于当代，传之后世，陇上学人和学术亦可因此而无愧于我们所处的伟大时代，并有所报于生养我们的淳厚故土。

　　因我们眼界和学术水平的局限，选编过程中必定会出现未曾意料的问题，我们衷心期望读者能够及时教正，以使《文存》的后续选编工作日臻完善。

　　是为序。

2009 年 12 月 26 日

目　录

编选前言

担任《陇上学人文存·刘进军卷》编辑工作,我感到压力很大。刘进军先生是一位在省内外社会科学界很有影响力的人物,能否把先生的学术思想、学术成就及其形成的渊源提炼精准、总结到位? 能否把先生各个阶段学术研究的代表性成果在有限的篇幅中呈现出来? 我心里没底。先生做学问事必躬亲,亲力亲为,这次也不例外。处理完纷繁杂乱的行政事务后,他都要对多年的研究成果进行搜集、筛选、梳理、编辑,并反复删减、数易其稿。最后定稿时,已是深秋万籁俱寂、夜灯昏暗的凌晨时分。

先生是我尊敬的师长。第一次聆听先生的讲座就被他赤诚的家国情怀、渊博的理论知识、扎实的学术功底、严谨的治学精神、敏锐的思维视角所折服。我想,作为领导干部,行政事务繁忙,先生还能把学问做得如此精湛,靠的是什么? 随着工作接触的增多,聆听先生讲座的机会越来越多,接受他当面指导的次数也越来越多,特别是拜读了先生不同时期的学术研究成果之后,对先生的政治站位、战略眼光、超前思维和认知能力有了更加全面的认识,我也越来越被他对事业的热爱与成就所打动。

先生的工作足迹是从党校到科研单位、行政学院、大学,又回到党校(行政学院),始终没有离开过学术界。1984 年 7 月,先生从四川大学经济系政治经济学专业毕业,分配到甘肃省委党校经济学教研室工作,先后担任教研室副主任和主任、经济学教研部主任、政治经济学与国民经济学专业研究生导师组组长,从讲师、副教授到教授,都是一路破格晋升。走上领导岗位后,先后任甘肃省社会科学院副院长,甘肃省社会科学界联合会副主席,挂职任中国社会科学院计算机网络信息中心副主任、科研局副局长,甘肃行政学院党委书记、常务副院长,甘肃政法大学党委书记,甘肃省委党校(甘肃行政学院)常务副校(院)长,在各个任职单位,都为其发展作出了打基础开新局的重要贡献。

先生长期致力于理论经济学、宏观经济学、区域经济学和体制改革理论与政策的研究。即便是在当领导搞管理以后,也一直没有放弃对所学专业的执着追求,潜心研究,笔耕不辍,成果丰硕。在《新华文摘》《中国社会科学》《光明日报》《经济理论与经济管理》等报刊发表文章200多篇,出版著作20多部,主持完成了40余项国家和省部级课题的研究,获省部级以上学术奖励20余项,许多成果被转化运用或被党委和政府决策采纳。先生是享受国务院政府特殊津贴专家、甘肃省"四个一批"拔尖创新人才、经济学和管理学硕士研究生导师、中共甘肃省委特邀政策研究员、省委政策智库专家、甘肃省政府决策咨询委员会委员、政府效能和营商环境组副组长。先后兼任中国市场经济研究会副会长、甘肃行政管理学会会长等多个学术团体领导职务。

先生的学术研究涵盖了改革开放以来我国经济体制改革领域的重大理论问题和实践探索,因此归纳先生的学术生涯、提炼先生的学术观点,需要对其思想理论、学术研究、科研成果产生的时代背景、社会背景和理论背景有深入的了解,这对于一个曾经从事中文专业教学、科研和管理工作20多年的我来说,无疑缺乏对该领域改革发展的全景式了解以及相应的知识储备和学理支撑,补不上这一课就说不清楚先生作品的学术价值和社会影响力。好在我进入党校(行政学院)系统工作也有15年时间了,先后师从高新才、李含琳和先生等省内外知名经济学专家,为补上这一课做了必要的努力。

先生作为我省著名经济学专家,研究方向主要是市场经济理论与经济体制改革,西部开发(区域开发)与甘肃经济发展,经济增长与宏观经济调控。他的学术研究与成果,与中国改革开放时代大潮同步,与各阶段经济改革与发展的热点、难点、焦点问题直接相关。我国在 20 世纪 80 年代进行了以打破计划经济为特点的农村和城市经济改革探索;90 年代,进行了以建立社会主义市场经济新体制为特点的国有企业改革和宏观体制改革实践;进入 21 世纪前 10 年,推进了以建立现代产权制度和围绕加入世贸组织全面扩大开放的广泛改革;党的十八大以来,进行了以"推进国家治理体系和治理能力现代化"为目标的全面深化改革。与此相应,经济学界在解放思想大潮中发挥先锋作用,提供理论支撑和实践助力。在真理标准大讨论之后,先后进行了生产力标准大讨论、社会主义商品经济理论大讨论、社会主义市场经济理论大讨论以及建立现代企业制度、现代产权制度的理论探索,建立社会主义政治经济学的理论探索,推动了各领域的改革实践。先生的相关学术研究,站在了理论与实践的前沿,体现了上述时代背景与理论背景。在近 40 年的学术生涯中,他紧扣改革开放时代脉搏,深入研究我国和甘肃现代化建设中的经济问题,提出了一些创新观点和独到见解,其中有些主张被经济决策部门和地方政府采纳,对推动经济体制改革和区域发展发挥了积极作用。

对于先生在改革开放不同阶段的学术成果及其原创性、前瞻性、未来性贡献,我只能管中窥豹,作一个大体的概述。

第一阶段 1985 年—1992 年,研究的重点是打破传统计划体制、发展社会主义商品经济、推动国有企业改革,以及构建社会主义市场经济的现代化建设的基本理论和实践问题。

这一阶段,先生在省级以上学术刊物上发表论文 45 篇,其中 4

篇被《新华文摘》转发、摘编,3篇被中国人民大学书报复印资料全文复印。研究的内容主要涉及五个方面:一是关于社会主义商品经济的研究。主要涉及社会主义商品经济新秩序、社会主义商品经济与计划经济的统一、社会主义初级阶段的经济运行模式等问题。80年代中期,参加工作只有2年时间的先生提出了发展社会主义商品经济、建立社会主义商品经济新秩序的重要观点,指出有计划商品经济不是社会主义经济的基本特征。同时,在关于国有制与商品经济兼容渗透的研究中,指出了国有制与商品经济兼容渗透的根本原因、基本前提、必要条件、运行机制和现实表现。二是关于国有制企业改革研究。涉及全民所有制企业股份制经营、社会主义企业经营机制、国有制与商品经济的社会主义关系、社会主义企业经营机制、国有商业的主渠道作用等问题,这是在商品经济发展初期,对我国国有企业改革方向性问题的探索。1985年,先生就撰文主张实施事业单位企业化改革,为在20世纪90年代我国开始事业单位分类改革作了早期探索。三是关于社会主义现代化有关问题以及人的现代化研究。涉及社会主义现代化内涵、人的现代化是社会主义现代化不可缺少的一个方面等问题。这是先生对相关理论问题的较早探索,是对"四个现代化"认识的丰富和拓展。四是区域经济发展研究。包括深化农村经济改革、推进甘肃民族地区经济发展、甘肃经济发展战略等问题。五是关于社会主义市场经济理论的早期探索。涉及深化我国经济体制改革的战略性选择、关于社会主义市场经济取向的中国经济改革深层思考理论。1988年,先生在《论社会主义市场经济》一文中提出了由社会主义商品经济向社会主义市场经济转变的观点,对社会主义与市场经济能否统一、计划与市场相结合的基础及我国经济体制改革的战略取向等重大问题进行了深入研究,成为我国较早明确提出"社会主义市场经济"概念的少数学者之一。在中国改革处在十字路口之时,先生发表《深化经济改革的两难选择》等文章,旗帜鲜明地主张坚持深化改革、扩大开放。1992 年,党的十四大正式提出"建立社会主义市场经济体制"之后,先生在第一时间发表了《社会主义市场经济若干实质问题探讨》,投入对构建社会主义市场经济新体制的理论探索。

在这一阶段的代表作中,先生在生产力标准大讨论之前的 1985 年发表的《试论新技术革命对劳动就业的影响》,1992 年发表的《社会主义市场经济若干实质问题探讨》,都是经得起时间检验的好文章。

《试论新技术革命对劳动就业的影响》刊登在《四川大学学报》1985 年第 2 期,这是四川大学第一篇发表在校刊上的大学生文章,被《新华文摘》1985 年第 2 期"论点摘要"栏目摘编,中国人民大学书报复印资料《劳动经济与人事管理》1985 年第 10 期全文复印。该文就如何正确认识科技进步与扩大就业的关系提出了独到见解。认为一场以微电子技术、激光技术、遗传工程、新材料和新能源开发为中心的新的技术革命正在兴起,这场标志着社会生产力高度发展和以技术知识密集型为特点的新的技术革命,将引起社会经济结构的重大变化。文章从科技进步推动劳动生产率提高是积累的最强有力杠杆、科技进步开拓新的就业领域增加就业量、物质财富迅速增长为非生产领域就业人数增加创造条件等方面,论述了技术进步是解决就业的根本途径;从新技术革命的特征及其对产业结构的影响、新技术革命对就业结构的影响和就业条件的不断提高等方面,阐释了新的技术革命对劳动就业的影响。文章提出在新的科技进步条件下,扩大劳动就业的基本对策,即建立合理的产业结构,走以多层次技术发展经济的道路,逐渐向先进的产业结构过渡;在坚持就业的基本方向的前提下积极发展非物质生产部门;从经济发展战略出发大力发展科技、教育事业,提高劳动力质量,为加速向技术知识密集型产业过渡创造条件。

《社会主义市场经济若干实质问题探讨》刊登在《甘肃理论学刊》1992年第6期,中国人民大学书报复印资料《政治经济学》1993年第1期全文复印。该文认为确立"社会主义市场经济"命题,建设社会主义市场经济新体制,标志着我国经济体制改革新阶段的到来,有必要进行较为系统的理论储备。文章阐释了三大问题:首先,市场经济究竟属于什么范畴? 认为市场经济既不属于社会制度范畴,也不单纯是一种经济运行机制,更不是一种简单的经济调节工具和工作方法,而是一种受制度因素影响的经济体制模式,它主要反映经济体制的特征。提出市场经济必须与特定的或相应的体制框架和社会经济环境相联系,这种体制框架的内容至少包括:①产权、收益边界明确的市场主体;②发育成熟、功能齐全、反应灵敏的市场体系和市场机制,特别是要具备真实灵敏的价格形成机制;③以经济手段、指导性计划为主体的宏观间接调控体系;④有法制保障、运转健康的市场规则与市场秩序;⑤相应的市场环境(包括经济环境、市场观念与社会文化环境),等等。缺乏上述起码的体制框架,就不会有真正的市场经济运行。其次,社会主义与市场经济能否统一? 认为我们现在面临的主要难题是:一方面,现时中国的基本国情和近代以来中国历史的发展决定了我们只能走社会主义道路,另一方面,当代中国生产力的基本性质与社会发展水平,以及国际经济发展的成功经验,决定了我们只有建立和发展市场经济才能有效地推动生产力的发展和社会的进步,这是我们通过几十年痛苦的经验教训所明确的一个真理。而且,市场经济问题无论从什么意义上讲,都是马克思主义的科学社会主义理论发展中的一个新问题,绝不可能在马克思主义经典著作中找到现成答案。文章指出,如果我们把社会主义理解为可以变化和发展的制度,从而可以改变它的存在形态,那么,我们就完全可以实现社会主义与市场经济的统一。其统一的方式和关键不是用传统体制的一般原则去改造市场经济运行规则，而是在对社会主义进行重新认识的基础上，通过对传统社会主义体制的根本性改造，建立起一种新的、适应市场经济发展需要的社会主义体制模式，由此创造公有制、按劳分配等社会主义经济制度的新的实现形式。再次，社会主义市场经济体制建设的关键何在？文章认为，社会主义市场经济体制建设是一项庞大、复杂、艰巨的系统工程，其基本框架构成是：①独立的市场主体；②完善的市场体系与市场机制；③间接式的市场调控；④规范化、法制化的市场规则与市场秩序；⑤宽松的市场环境等。其中关键在于产权制度的建设，是社会主义市场经济新体制的基础和前提。主张必须大力发展以多种形式的公有制为主导、多种所有制成分共同存在、相互竞争的新型所有制关系，在法律上明确个体、私营经济、三资企业经济的存在与发展是有中国特色社会主义经济的重要组成部分。

第二阶段 1993 年—2002 年，重点是围绕建立完善科学的社会主义市场经济新体制展开系统研究以及探索推动西部大开发。

这一阶段，先生在省级以上学术刊物上发表论文 45 篇，其中 2 篇被中国人民大学书报复印资料全文复印。研究内容涉及经济体制改革的诸多方面：一是社会主义市场经济基本理论研究。包括社会主义市场经济及其体制、社会主义市场经济中的分配与社会保障制度、社会主义市场经济研究述评、市场经济的文化力、社会主义市场经济理论学习解答、社会主义市场经济的文化精神、非公有制经济的发展是社会主义市场经济的重要组成部分、经济体制改革的理论创新与实践突破等，丰富了相关理论研究。二是国有企业改革研究。包括国家所有制的改革不容回避、我国国有企业的战略性改组、我国国有企业实施战略性改组的原因与方略探索、国有企业改革的新思路、国企改革的理论创新与政策突破、马克思所有制理论的创新与我国国有企业改革的深化、全民所有制企业股份制经营的讨论综述、深化国有资产管理体制改革等，为推进国有企业建立具有中国特色的现代企业制度提供了智力支持。三是所有制结构调整研究。包括我国现阶段所有制结构的调整与完善、我国所有制结构调整中若干问题思考、所有制结构的调整与甘肃经济的开发等，为建立与市场经济相适应的经济秩序贡献了智慧。四是经济增长方式转变研究。包括以体制创新推动经济增长方式的转变、以体制改革推动经济增长等，提出了实现经济增长方式转变的基本策略。五是西部大开发策略研究。包括依靠结构调整实现西部大开发、体制创新是西部大开发的关键、工业化城市化信息化市场化与西部开发、所有制结构的调整与甘肃经济的开发等，为推动西部大开发作出了专业贡献。

在这一阶段的代表作中，先生 1996 年发表的《把握重点·理清思路·转变观念——我国国有经济深化改革新探》、2000 年发表的《马克思所有制理论的创新与我国国有企业改革的深化》，针对国有企业改革长期面对的思想困扰与实践障碍，提出了新的思路。我国自 1978 年以后为搞活企业，对国企先后推行了下放自主权、承包制、下放 14 项经营权、利改税、"三权分立"等改革，由于长期围绕"放权让利"打转，短期效应明显。先生在经济学界较早地将国企改革聚焦在了本质上的国有经济改革问题，具有理论上的正本价值与作用。

《把握重点·理清思路·转变观念——我国国有经济深化改革新探》刊载于《经济理论与经济管理》1996 年第 1 期。文章认为，深化经济体制改革，不能回避对国有制经济的改造，体制的转轨要以所有制、产权、收入分配方式、价值观念等深层体制的变革为基础。国有经济改革的深化需要新思路，需要区分国有经济与非国有经济、竞争性行业与非竞争性行业，严格界定各自的产权关系、性质、功能和作用领域，这是按市场经济原则改革国有企业的前提。主张：一是国有企业原则上应分步骤地、主动退出不宜国有企业经营的竞争性领域；二是对于应该保留或必须保留的国有企业（主要是自然垄断性与社会公益性两类），由国家直接经营和管理，但营运方式必须改进，即必须在发展社会主义市场经济这一大环境中，与传统的计划经济管理方式区别开来；三是改革国有资产管理体制，从宏观上理顺产权关系，实现政企分开；四是将绝大多数竞争性国有企业按股份制形式改造，建立现代企业制度，以解决国有制与市场经济的矛盾。

《马克思所有制理论的创新与我国国有企业改革的深化》刊载于《甘肃理论学刊》2000年第6期。文章认为，所有制问题既是马克思主义政治经济学的主体范畴，也是我国经济体制改革的基本问题。从我国国有企业改革发展的轨迹考察可以看出，所有制理论认识上的创新，决定着国有企业改革的进展，国有企业改革的深化，又取决于所有制理论的新突破。我们党在十一届三中全会以来对马克思的所有制理论有以下重大创新和发展：一是在社会主义认识上的创新。二是在基本经济制度认识上的创新。三是在混合所有制认识上的创新。四是对公有制经济主体地位认识的创新。五是在公有制实现形式认识上的创新。六是在非公有制经济地位和作用认识上的创新。

第三阶段2003年—2012年，研究的重点是科学发展观与甘肃经济发展。

这一阶段先生在学术刊物上发表论文32篇。研究的内容主要有以下几个方面：一是科学发展观理论与实践研究。包括科学发展观与科学改革观的统一、科学发展观的体制保障、科学发展观和谐社会观与科学改革观的统一等。二是甘肃经济社会发展研究。包括推进"兰白都市经济圈"建设的思考与建议、天水市融入和对接《关中—天水经济区》的若干思考、对"十一五"期间甘肃经济改革与经济发展的若干思考和建议、转型跨越是科学发展的必由之路、坚定不移走甘肃特色的跨越式发展道路、甘肃跨越式发展需要破解的几个问题、甘肃转型跨越的战略对策、甘肃省实现社会跨越发展的难点重点及对策、甘肃跨越式发展目标界定与指标体系设计等，这些研究成果对有关决策的调整和完善发挥了重要的参谋作用。三是经济与管理研究。包括经济体制改革的理论创新与实践突破、从比较优势向竞争优势的转变、消费主导型经济增长模式、员工关系管理与酒店服务业的关系、实践中探索出的社会管理新格局等，进一步丰富了对社会主义市场经济构建的专业性探索。

这一阶段的代表作中，2005 年发表的《试论科学发展观、和谐社会观与科学改革观的统一——兼论构建科学发展观与和谐社会观的体制基础》，率先探讨了"三观"有机统一问题；2011 年发表的《甘肃省经济社会跨越式发展的指标、难点与方案选择研究》，是《国务院办公厅关于进一步支持甘肃经济社会发展的若干意见》出台后，在量化分析基础上解析甘肃发展问题并提出选择方案。两篇文章都可以作为历史存照。

《试论科学发展观、和谐社会观与科学改革观的统一——兼论构建科学发展观与和谐社会观的体制基础》刊载于《甘肃社会科学》2005 年第 6 期。该文深入研究"三观"的有机联系，探索促进三者的有机统一，特别是就构建科学发展观、和谐社会观的体制基础问题作了论证，认为没有改革观的转变，就难以建立起科学发展观与和谐社会观，体制创新和制度变革是我国经济增长和经济发展的基本源泉。文章剖析了构建科学发展观与和谐社会观面临的深层次体制性障碍：一是农民收入增长缓慢、城乡关系失调以及"三农"问题突出的症结在于传统计划经济在农村的变种——二元社会经济结构的惯性与影响以及家庭承包制的固有缺陷；二是区域经济关系的失衡在于缺乏必要的体制和机制安排与创新；三是经济增长方式转变步履维艰，可持续发展能力弱、经济整体竞争能力差、国有企业效益低、经济开放度低，均受制于传统计划经济体制的制约和深层次改革的久攻不下；四是改革尽管取得了明显成效和重大进展，但市场秩序紊乱，腐败滋生蔓延，改革动力不足，改革阻力不断加大，改革的边际收益递减，也是不容否定的事实。文章就扫除影响科学发展和社会和谐的体制性障碍，努力实现"三观"的统一提出建议：一是坚持以人为本、共同富裕的改革观，按照兼顾公平与效率的原则，实现解放和发展生产力与解放和发展人的统一，市场化和国际化、法制化的统一；二是在改革的路径选择上，由主要依靠"摸着石头过河"式的"试错法"与"体制外""迂回法"改革向强调协调配套和正面突破式改革转变；三是在经济体制改革的战略趋向上，由单纯强调市场化向兼顾深度市场化与国际化、法制化转变。

《甘肃省经济社会跨越式发展的指标、难点与方案选择研究》是2011年甘肃省社科规划重大招标项目，刊载于《甘肃社会科学》2012年第4期。在《国务院办公厅关于进一步支持甘肃经济社会发展的若干意见》出台，对甘肃省明确提出了努力建设工业强省、文化大省和生态文明省，以新思路、新举措走出一条具有甘肃特色的跨越式发展之路的意见之后，亟须建立一套切实可行的跨越式发展的指标体系，以便引导省内各级政府更好地贯彻与实施跨越式发展战略。文章提出了甘肃省实现经济社会跨越式发展的目标及其指标体系设计，跨越式发展从2011年开始，止于2050年，时间跨度为40年。界定近期目标是从甘肃基本实现了总体小康的发展目标（2008年）之后的2010年算起，到实现与全国同步进入全面建成小康社会的宏伟目标止；远景目标是从全面建成小康社会建成之日开始，到第三步现代化战略目标实现之时结束（与中华人民共和国成立100周年大致吻合）。文章还系统作了甘肃实现跨越式发展的重点、难点与参照系分析，提出了甘肃省跨越式发展的前景预测与方案选择。

　　第四阶段 2013 年至今,研究的重点放在了全面深化改革、甘肃改革发展、脱贫攻坚与乡村振兴的政策建议和决策咨询方面。

　　先生对甘肃改革发展问题的关切与研究,从"七五"时期持续至"十四五"时期,虽然始终是著述重点,但建言献策数量最大的是在这一阶段。在各类报刊发表论文或得到省部级以上领导批示 86 篇,其中核心 6 篇、人大复印 1 篇,获中央领导批示 1 篇、省部级领导批示 14 篇,采纳 6 篇;出版著作与承担课题数量最大的也是在这个阶段。研究的主要内容:一是全面深化经济体制改革研究。包括全面深化经济体制改革若干实质问题探讨、构建深化经济体制改革的动力与约束机制、深化我省经济体制改革的难点与重点、专家建言我省经济体制改革等。二是政府行政体制改革研究。包括中国政府行政体制改革的路径选择、内生态型政府的内涵及其善治方略、内生态型政府共建的困境与出路、行政决策科学化问题探析等。三是甘肃改革发展研究。包括甘肃改革发展的新判断新思路新举措、对我省经济工作的思考与建议、对我省"十三五"规划编制工作的十条建议、以改革创新为动力打造甘肃经济发展升级版、深化我省经济体制改革的难点与重点、"十四五"时期甘肃改革发展面临的形势与战略取向、准确把握甘肃争先进位的发力点等,这方面研究的内容最多、最广、最深、最透,贡献最多,产生的决策和社会效益也最大,引起的社会关注度最高。四是脱贫攻坚与乡村振兴研究。包括民族地区激励性扶贫与农村低保制度耦合探索、补齐发展短板决胜全面小康、在扶贫创新中实现从贫穷走向富裕、发扬脱贫攻坚精神全力推进乡村振兴、发挥党校优势助力乡村振兴、明确乡村功能定位科学实施乡村振兴战略等,为探索符合甘肃省情的脱贫攻坚和乡村振兴之路做了大量工作。五是建立容错纠错机制研究。包括既要问责追责又要容错纠错、建立容错纠错机制支持鼓励党员干部改革创新干事创业的思考与建议、着力营造干部正向激励的政治生态等，对于形成干事创业的政策导向和科学合理的评价体系产生了深刻影响。六是新时代党校(行政学院)工作研究。包括围绕中心服务大局奋力开创新时代党校(行政学院)工作新局面、坚持党校姓党、培养造就高素质专业化干部队伍、加强陇原特色新型智库建设的思考与建议等，为打造特色一流高水平党校(行政学院)做出探索。

这一阶段的代表作中，先生 2016 年发表的《既要问责追责又要容错纠错》，在理论界率先就建立"容错纠错"机制问题发声；2017 年发表的《改革开放是破解西部欠发达地区发展不平衡不充分难题的根本抉择》，是在庆祝改革开放 40 周年前夕总结过去、前瞻未来，都是在特定历史时期针对特定重大问题及时提出导向性观点。

《既要问责追责又要容错纠错》发表于《光明日报》2016 年 10 月 15 日，《甘肃日报》2016 年 10 月 21 日转载。文章认为解决干部"不敢为"的问题十分迫切，一些干部不是不想为，也非不能为，而是"多干多错、少干少错、不干没错"的所谓"洗碗效应"和消极等待心态作祟，担心洗碗多难免要打破碗，难免要被责骂，还不如少洗碗、不洗碗。提出：按照中央坚持"三个区分开来"的要求，完善机制使问责和容错更具科学性和可操作性，要把规范流程作为完善问责追责和容错纠错机制的重点，明确界定和细化申请问责追究和容错纠错的条件、执行主体、具体程序及适用范围，建立申辩机制、评估机制、纠偏机制，使问责和容错更具科学性和可操作性。

《改革开放是破解西部欠发达地区发展不平衡不充分难题的根本抉择》刊载于国家发展改革委《改革内参》2017 年第 12 期，此后作为庆祝改革开放四十周年理论研讨会甘肃省唯一入选论文，代表甘肃参加由中央宣传部、中央改革办、中央党校(国家行政学院)、中央党史和文献研究院、国家发展改革委、教育部、商务部、中国社会科学院、中央军委政治工作部等部门于 2018 年 12 月 23 日至 24 日在北京举办的庆祝改革开放 40 周年理论研讨会。该文就西部欠发达地区发展不平衡不充分的问题表现及其原因作了深度分析，认为发展不平衡有 9 种主要表现：经济总量与发展的质量效益不平衡，增长动力的要素驱动与创新驱动不平衡，实体经济与虚拟经济发展不平衡，城乡发展不平衡，区域发展不平衡，收入分配不平衡，经济发展与社会建设不平衡，经济发展与自然生态环境不平衡，物质文明与精神文明不平衡；认为发展不充分有 8 种主要表现：经济总量小，人均产出低，发展质量低，结构不合理，实体经济发展不充分，创新能力发展不充分，民生领域发展不充分，市场化改革不充分。文章针对西部欠发达地区发展不平衡不充分的原因作了重点剖析，认为主要是：思想观念落后，自然条件与区位制约，国家宏观政策取向引导，经济全球化影响，经济发展的路径依赖，资源诅咒效应明显，错失夯实经济发展基础的历史机遇，提前迎来供给侧结构性改革的洗礼，经济发展的内向程度偏高。最后，提出以改革开放破解欠发达地区发展不平衡不充分难题的对策建议。

"德足以怀远，信足以一异。"先生名校出身、红色教员、理论专家、领导干部，集革命化专业化于一身，融领导才能与学者风范于一体，是一位典型的专家型领导，好领导与好专家在他身上得到生动诠释。多年来，他在多个领导岗位担任主要领导，却始终没有放弃自己钟爱的专业，一以贯之坚持经济学教学、科研和咨询工作不动摇。他赤诚的家国情怀、敏锐的思维视角、严谨的治学精神构成了鲜明的学术特质：

心怀天下、热爱家乡的家国情怀。"达则兼济天下，穷则独善其身。"纵观先生所有的研究，都是关于全国、全省改革发展的重大问题，都是经济社会发展的难点、热点、焦点。男儿志、家国情，是先生奋斗不息、贡献不止的精神源泉，也是先生立德立言立功的责任担当。先生热爱家乡，始终关心家乡发展，也是有名的孝子，当年一有房子，就把母亲接到兰州一起生活，让年轻时受过苦的母亲颐养天年。

坚韧不拔、矢志不渝的执着精神。"古之成大事者，不惟有超世之才，亦必有坚韧不拔之志。"先生近 40 年执着于对理论经济学和应用经济学的热爱，执着于对经济改革发展问题的关注，执着于笔耕不辍、钟情翰墨，从不因为任何外部因素而停止写作，正是这种咬定青山不放松的执着精神，成就了先生学术上的累累果实。

忘我工作、不计得失的奉献精神。"君子忧道不忧贫"。参加工作近 40 年，先生一直把工作放在第一位，始终如一坚持一流标准，千方百计把工作做到更好。单位多小的事情都是大事，家里多大的事情都是小事。甘肃省社科院原院长王福生经常说，进军院长对社科院改善办院条件和事业发展有许多贡献，分管基建时，建设专家公寓楼从立项、设计、招标、施工到分房，全过程没有一封告状信，公开点房分房时职工队伍像过年一样欢快。

在编辑这本《文存》的时候，也有一件遗憾事。10 多年来，先生把研究的重点放在咨政建言方面，为甘肃经济的改革发展作出了重要贡献，产生了大量成果。这些成果可以说是先生理论与实践的集大成者，限于篇幅等方面的缘故，在编辑这本《文存》的时候没有收集在内。

孙文鹏

2022 年 12 月 9 日

一、社会主义经济理论研究

试论新技术革命对劳动就业的影响

目前，一场以微电子技术、激光技术、遗传工程、新材料和新能源开发为中心的新的技术革命正在兴起。这场标志着社会生产力高度发展和以技术知识密集型为特点的新的技术革命，将引起社会经济结构的重大变化。而新技术通过产业变革对社会就业已经产生或将继续产生的影响似乎最先为各国学者所瞩目。"这既是一个机会，又是一个挑战"。我们应不失时机地迎接挑战。这就要求根据我国的国情，采取一系列的适当对策，特别是采取正确的劳动就业战略。本文拟就如何正确认识科技进步与扩大就业的关系这一劳动就业战略的关键问题，谈些自己的认识。

一、技术进步是解决就业的根本途径

科学技术进步对劳动就业将产生什么影响？二者的关系如何？这是人们所关注的问题。有的同志认为，科技越进步，社会生产所需要的劳动力就越少，因而不利于扩大劳动就业，也有的同志把发挥劳动力资源丰富的优势同科学技术进步对立起来，似乎要充分利用劳动力资源，就不能采用先进技术。国外一些人也把当今世界上许多发达国家和一些发展中国家面临的失业危机，看作是技术进步的必然结果。于是，在国内外形成这样一种观点：技术进步与劳动就业是相互矛盾的。

我认为，这种观点值得商榷。从本质上讲，从长远看，从全社会范围看,科技进步与劳动就业不仅不矛盾,而且只有科技进步才是解决就业的根本途径。科技进步对解决就业问题的巨大推动作用主要表现在:

第一,科技进步推动劳动生产率的提高是积累最强有力的杠杆。

科技进步的直接结果是引起社会劳动生产率的提高。现代科技的发展和广泛应用于生产,是当今世界发达国家工农业劳动生产率提高的首要因素。据统计,劳动生产率的提高,在本世纪初,只有 5%~20% 是靠采用新的科技成果取得的,到了现在,工业发达国家提高劳动生产率约有 60%~80% 是依靠科学技术的发展,有的部门甚至是百分之百。战后日本经济之所以能有较高速度的发展,其中一个很重要的因素,就是能够做到成功地使引进外国技术和自己开发技术相结合。

劳动生产率的提高,一方面使活劳动得到节约。活劳动的节约,固然可以使某个企业或部门对劳动力的需要量相对减少,但另一方面却使物化劳动增加,这就意味着剩余产品、剩余价值量的增长,即使社会财富增加。而"劳动产品超出维持劳动的费用而形成的剩余,以及社会生产基金和后备基金从这种剩余中的形成和积累,过去和现在都是一切社会的、政治的和智力的继续发展的基础。"(《马克思恩格斯选集》第三卷第 23 页)这是因为,剩余产品增多了,就意味着能够提供足够和适宜的生产资料,创造吸收劳动力就业所必需的资金条件,这是从根本上解决我国就业问题的物质前提。

从战后来看,哪个国家技术进步快,从而劳动生产率增长得快,哪个国家的失业问题就相对缓和一些。因为技术进步是和劳动生产率的迅速增长,进而国民收入的迅速增长、社会积累比重大幅度的提高、产品在国际市场上具有竞争能力联系在一起的。战后初期的日本、西德是失业最严重的国家,日本曾一度有近千万人的失业大军,西德在 1950 年的失业率也大大高于欧美其他国家。但是由于这两个国家积极引进、开发先进技术,劳动生产率和国民经济实力增长得也快,失业率比其他资本主义国家要低得多。如从1950年至1982年,西德、日本的失业增长率仅为0.4%、3.9%,同期英国、法国为8.5%,美国为4.2%。

在我国,像常州、沙市、四平、南通等"明星城市",就业问题已基本解决,有的还出现劳动力不足现象,其根本经验主要是由于大力采用先进技术,不断向生产的深度和广度进军,通过扩大经济容量来增加就业容量。

第二,科技进步能开拓新的就业领域,增加就业量。

随着科技的进步,新的劳动手段、劳动对象和新的工艺层出不穷,社会分工越来越细,生产部门也越来越多;科技进步对于最终产品结构和社会生产部门结构具有重大影响,它创造和急剧发展新的劳动产品,可以满足社会上新产生的对生产资料和消费资料的职能需要,从而可以导致一系列新的生产部门的出现与发展,于是开拓了新的就业领域,增加了就业人数。

科技进步推动新兴生产部门的出现和促进就业增长的现象,为科技革命后就业人口的增加所证实,历史上已经发生的几次产业革命,都对国民经济结构产生了根本性的影响,每次产业革命都可以使原有的一些产业部门衰落,使一些新兴的产业部门形成和发展,就业人数也随之增加。

例如,以蒸汽机的广泛使用为主要标志的第一次产业革命,使以机器为主体的工厂代替了以手工技术为基础的手工工场,这是生产技术的一次根本性变革。这次革命也使原来以农业、手工业(主要是毛纺业)为主要内容的简单的国民经济结构发生了重大变化。形成了纺织工业、冶金工业、煤炭工业、交通运输业、机器制造业等。随着第一次科技革命的完成和大机器生产的确立,美国的工人人数由1850

年的 97.5 万猛增到 1861 年的 164.1 万,增长了 71.47%。日本工人总数则由 1904 年的 48.4 万激增到 1914 年的 108.6 万。

又如战后开始的以电子技术为中心的第三次产业革命使各工业发达国家,又产生了一系列新兴的工业部门。核工业部门、电子计算机工业部门、空间技术部门、合成材料部门等都是在这次革命中形成的产业。随着第三次产业革命的展开,各主要发达国家的就业人口也在持续增长,仅 1955 年至 1970 的 15 年间,美、英、法、西德、日本等国的就业人口总数就净增了 4,758 万,苏联从 1970 年至 1978 年间,就业人数增加 1,572.4 万。

随着科技的进步,近些年来,我国也发展了许多新兴的工业部门,如石油化学工业、原子能工业、宇航工业、电子工业等等。虽然水平与国外相比尚有较大差距,但它们已显示出对于解决我国就业问题的重要作用。以电子工业为例:新中国成立初期,只能用从国外买来的元器件搞些收音机、电台的装配维修,从业人员仅有 4,106 人,而如今,我国的电子工业已具有一定的规模,专业门类比较齐全,且有一定数量产品出口。据 1980 年的统计,电子工业部直属和归口的电子工业企业单位已有 3,197 个,职工总数相当于新中国成立初期的三百多倍。

此外,由于科学技术的进步,生产力水平的提高,物质财富的丰裕,社会就有可能进行较大规模的城镇建设、农田基本建设,修建新的铁路和公路干线,开发资源,兴修水利枢纽工程等。兴建这些工程,一方面可以充分利用劳动力资源,发挥劳动积累的作用,实现扩大再生产,增加社会财富,另一方面可以吸收大量的劳动者就业。

第三,科技的进步,物质部门劳动生产率的提高,物质财富的迅速增长,为非生产领域就业人数增加创造了前提条件。

"社会为生产小麦、牲畜等等所需要的时间越少,它所赢得的从事其他生产,物质或精神的生产的时间就越多。"(《马克思恩格斯全集》第 46 卷上第 120 页)因为技术越先进,工农业部门劳动生产率越高,用来维持人类生存的物质资料越丰富,生产这类产品所需占用的时间越少,就有必要和可能,把更多的时间用于享受资料和发展资料的生产,以满足人们更高级的物质和精神需要。战后主要资本主义工业化国家非物质领域就业人数大都超过 50%。美国在服务部门就业的人数占总就业人数的比重 1952 年为 5%,1970 年为 60%,现在已达 70%;西德 1950 年为 23%,1970 年增加到 42%,现在已超过 50%,日本 1950 年为 29%,1970 增加到 47%,现在已达 60%。

不仅如此,根据世界银行《一九七九年世界发展报告》的资料,世界上不同类型的国家,非物质生产部门就业人数也均呈增长趋势。

详见下表:

世界不同类型国家非物质生产部门就业人数一览表

	物质生产部门就业者占总就业者的百分比		非物质生产部门就业者占总就业者的百分比	
	1960 年	1977 年	1960 年	1977 年
低收入国家	86	84	14	16
中等收入国家	31	68	19	32
工业化国家	55	45	45	55

资料来源:《世界经济》1981 年第 7 期

第四,科技进步→开发新产品→刺激消费需求→扩大生产规模→增加就业,这样一个良性循环对扩大就业具有积极作用。

科技的进步将开发一系列新产品,同时科技的进步也直接意味着劳动生产率的提高,人民生活水平的逐步提高,从而人民购买力的提高或有效需求的增长,于是许多新兴行业就会应运而生。比如电视机、洗衣机等耐用消费品是科技进步的产物,而人们对这些耐用消费品的有效需求的增大,就会促进新的耐用消费品工业的发展,如电器工业的发展。再比如,随着中年工人和知识分子的工资水平的提高,他们就不必因为收入少而自己缝制衣服、经常买菜做饭,等等,从而服务业就会有较快的发展,应吸收更多的劳动者就业。我国今后,每年有五百万新的劳动力需要安排,如果在科技进步、生产发展的前提下,把以商业、服务业为主的第三产业职工增加到 20%,全国就可以容纳八千万劳动力。

二、新的技术革命对劳动就业的影响

现在第三次产业革命已趋于成熟阶段,新的产业革命(或称第四次产业革命)又在酝酿中。世界上,许多有识之士已经敏锐地意识到这次产业革命在 21 世纪前后就要开始,甚至有可能在近几年内就骤然来临。认为新的科技革命已开始或将要冲击旧的生产方法、产业结构和社会传统,引起人们的生活方式和社会结构的变化。而新技术通过产业变革对社会就业已经产生或将要继续产生的影响,似乎最先为人们所瞩目。围绕着微电子技术、机器人等的功过问题进行的评价,出现了两种截然不同的意见。有人认为,采用微电子技术、发展机器人等新技术是与扩大就业相对立的。提出了微电子学及其广泛应用,对人类社会来说,究竟是祸是福、是利是弊的疑问。认为结构性失业问题,是新技术采用,特别是微电子技术发展的必然结果。但也有人认为微电子、机器人等新技术的采用和发展,已证明它能够创造而且已经创造了新的工作岗位,其数量远远超过它所取代的工作岗位。在某些部门和一定时期内,新技术的采用可能成为失业的重要原因。然而从全社会看,从长远看,科技进步对就业带来的好处,将远远胜过它的不利之处,新的需求和新的工作机会正在日益迅速地增加,失业的根本原因不在于科学技术自身的发展。

以上两种观点谁是谁非？我认为，要认识新的产业革命对劳动就业的影响，得从以下方面说明：

（一）新技术革命的特征及其对产业结构的影响

关于新的技术革命的特征，虽说说法不一，但它首先是一次"信息革命"，或者说，要以"信息革命"作为发端则是共同的认识。"信息社会"将带来社会经济的繁荣，使大规模转向小规模，甚至家庭生产，工厂及办公室的自动化，人们可以分散在家中办公；使体力劳动和脑力劳动的差别消失；使社会生活多样化，等等。可见信息革命不会像第一次产业革命"羊吃人"那样赶走人，因为信息革命实际上要求人们创造性地完成现在和将来永远需要由人、且只能由人来完成的工作。

"信息革命"将引起产业结构的变化，微电子、激光、光导纤维、新材料、新能源、海洋工程、空间工业、生物工程和机器人等技术、知识密集型产业如旭日东升，蒸蒸日上，而传统的如钢铁、汽车、橡胶、造船、纺织等"烟囱工业"将如夕阳西下，逐渐衰退。例如，在最近 10 年中，西方世界一方面整个经济出现了多年的萧条和衰退，另一方面新兴产业却以年增长率 10% 以上的高速度发展，其中计算机工业及信息产业现在正以年平均增长 20% 的高速度发展，被世界各国认为，将成为先进国家的第一位工业。以美国为例，在 120 年前，农业人口占总人口的 47%~48%，其中从事信息工作的人仅占 5%~6%。但是，现在却发生了逆转：农业人口只占 2%，而计算机程序编制员、教员、职员、秘书、会计、证券经纪人、经理、金融、保险行业人员、官员、律师和技术员等从事信息方面工作的人已超过 60%。另外还有许多人在制造厂商公司里从事信息工作。目前美国只有 13% 的劳动力真正从事制造业。（约翰·奈斯比特《大趋势》）其他新兴部门也在发展。美国的设备投资，1955 年至 1963 年，高技术工业平均只占 9%，1982 年已占

28.3%。美国有人预测,到 20 世纪末,它们的信息产业可能成为仅次于能源产业的第二位产业。日本官方认为,到 20 世纪 90 年代初,电子工业将超过钢铁工业和汽车工业成为日本最大的产业。苏格兰地区的微电子工业的职工人数已超过造船、煤炭、钢铁三大传统工业的总和。我国香港的电子工业已成为最大产业部门。

上述产业结构的变化,新兴工业部门的发展,并不意味着就必然要减少就业人数。国内外许多事实也充分说明了这一点。70 年代后,电子技术迅速发展,许多工业发达国家广泛使用电子计算机进行生产和管理,并开始使用机器人代替人工操作,无人化车间,无人化工厂相继出现。于是,人们忧心忡忡:这样下去是不是会引起更大规模的失业?事实证明,这种担心是多余的。比如,日本是世界人口密度最高的国家之一,然而使用机器人最积极,工业用机器人的拥有量已占世界总量的 70%,但失业率并不高。前年许多西方国家的失业率达到了 10% 以上,而日本只有 2.3%,而在软件设计和制作等行业中,还感到人员不足。究其原因,根本的是,日本能大力采用先进科学技术,并以此来不断扩大生产规模和开发新兴产业,解决就业问题。在我国,只要采用先进科技,开发新兴产业,劳动力也不见得充裕。仅南海油田,从勘探到生产,一整套副产品加工,一整套后勤服务,该需要多少劳动力呀?

(二)新技术革命对就业结构的影响和就业条件的不断提高

所谓就业结构,就是劳动者在各种行业和职业上的分布。就业结构的变化是直接由产业结构的变化决定的。推动产业结构变化和决定产业结构变化趋势的基本因素是科技的进步和劳动生产率的提高。科技的进步和劳动生产率的提高,引起社会分工的进一步发展,新的生产部门不断出现,社会生产各部门的比例关系也不断发生变化。综观发达国家的就业结构的变化,可看出以下共同发展趋势:

由第一产业(以种植业为主的农业部门)→第二产业(制造业为主的工业)→第三产业(商业服务业等)→第四产业(信息情报业等)。

目前,发达国家在第三产业就业的人数大都超过 50%,其中又以科研、教育等与信息情报业直接相关的被称为第四产业者发展最快,一些未来学家估计,到 21 世纪,教育将是第一位产业。美国的学者分析了 10 年来就业人员构成的变化。在 1880 年,美国第一产业的劳动力占就业总人数的 50%,到 1920 年,第二产业就业人数占 53%,1956年,第三产业人数达到 49%,1976 年,第三产业人数已超过 67%,其中属于信息知识、教育事业的所谓第四产业已占总就业人数的 50%。预计到 1985 年,第三产业人数将达到 71%。

总之,新的技术革命将使服务行业的人数进一步增加。"信息化社会"或"后工业化社会"就是由产品经济转向服务经济,或从物质经济向信息经济的转变;传统工业部门的职业将受到威胁,新兴技术部门的就业人数将继续增长。

技术进步引起就业结构不断变化,从而使劳动者的职业和技能经常变换,即使劳动力结构发生变化。今后从事体力劳动的人数比重越来越少,而科学家、工程师、技术人员等专家的比重越来越增加。这种趋势,现在在美国已经看得比较清楚了,美国在 1956 年第一次出现从事管理与服务工作的白领工人"的人数超过从事体力劳动者的"蓝领工人"的人数。70 年代末期,80 年代初期,又进一步发展。可以看到从事物质生产的劳动者人数已降低到比第三产业的人数更少了,服务业的人数比实际从事物质生产的人数更多。

劳动力结构的上述变化,意味着就业条件的提高,要求加强劳动者对职业和技能变换的适应能力,因为在信息化社会下,许多老职业或传统职业将成明日黄花,适应新技术变化的新职业却如雨后春笋。在微电子技术、机器人等新技术普及的时代,人的素质成为企业成败的关键,也是一个劳动者获得就业职位及生存的关键。所以,在这方面,新的技术进步向劳动就业提出了最严重的挑战,调整和改革过时的教育结构,重视智力开发,劳动者的训练与再训练已是刻不容缓的事了。

三、在新的科技进步的条件下,扩大劳动就业的基本对策

面对新的技术革命的挑战,我们必须重新探寻和确立正确的劳动就业战略。由前面的分析知道,科技进步与扩大劳动就业在一般情况下,在本质上是一致的,或者说从长远来看,从全社会范围来看两者是一致的。发达的资本主义国家存在的失业问题,是社会制度决定的。新的技术革命的来临,导致就业结构的调整是必然的,但引起"结构性失业"和失业率上升,却在于资本主义制度本身,而并非科技进步的必然结果。我国在一个时期内存在着的大量待业,根源在于我国科技水平的低下,从而经济发展水平的落后,以及工作和方针政策中的失误,而不在于科技进步本身。但另一方面,在特殊情况下,在某些部门和一定时期内,科技进步与扩大劳动就业又确实存在一定的矛盾。因为科技进步意味着资本或资金有机构成的提高,有相对节约劳动力的一面。新技术的采用,从而新兴产业的兴起提供了许多新的工作机会,而传统产业因"结构性调整"所引起的失业,一时还难以得到缓解,劳动者从一个行业向另一个行业的转移,存在一定困难,因此,在处理科技进步与劳动就业关系这一劳动就业战略的关键问题时,必须要有正确的对策。我们有必要对过去那种抑制技术进步,以社会劳动生产率的降低来换取就业增长的战略作重新研究。我认为,在处理劳动就业战略的关键问题时,总的原则应该是在技术不断进步的前提下,进而生产不断得到发展的基础上解决就业问题。在具体对策上应注意以下问题:

第一，建立合理的产业结构，当前走以多层次技术发展经济的道路，逐渐向先进的产业结构过渡。

目前，在我国劳动密集型、资金密集型和技术知识密集型这三种类型的产业都有，但比例处于十分落后的状态，像我国经济最发达的上海，劳动密集型、资金密集型和技术知识密集型产业的比例大致为4：4：1，何况其他各地面对这种落后状况，我们必须坚定地迎接新的技术革命，使劳动密集型产业逐步向技术知识密集型产业过渡。但鉴于我国生产力水平低和生产力发展不平衡的具体情况，可以在坚持发展技术、知识密集型产业的方向下走多层次发展经济的道路。是否可以设想：在某些地区与部门实行以技术知识密集型为主，如京津地区、长江三角洲、珠江三角洲地区发展以微电子技术为中心的新兴产业，某些地区或部门以资金密集型为主，如东北及内地等工业较集中地区发展钢铁、汽车、纺织等传统产业，某些部门以资金与劳动密集型相结合，例如轻工业，某些部门以劳动密集型为主，例如一些服务行业、个体经营行业等。只有这样，我们才既能较充分地发挥我国劳动力的优势，避免资金少的短处，又能突出一些重点产业，为我国经济的发展起牵头作用，也就能有效地解决我国的就业问题。

第二，在坚持就业的基本方向的前提下积极发展非物质生产部门。

这里的非物质生产部门主要指商业、服务业等。近几年来这些行业在安置待业人员方面起了很大作用。从长远看，这些部门或行业的就业人数在总就业人口结构中的比重将继续上升，这是不可否认的。但是由此就把非物质生产部门看作是就业的根本出路，根据是不足的。如果不发展生产，商业服务业等发展到一定的限度就上不去了。以成都为例，据该市劳动部门同志介绍，商业、饮食、服务业的人数基本达到饱和，发展的余地不大了。非物质生产部门是以物质生产部门的发展为前提的，不能脱离物质生产部门的制约而孤立发展，而必须与其按比例协调发展。所以,劳动就业长远的、根本的出路或基本方向,只能是依靠科技的进步,从而劳动生产率的提高,生产的发展。

第三,从经济发展战略出发大力发展科技、教育事业,提高劳动力质量,为加速向技术知识密集型产业过渡创造条件。

现代经济发展史证明,一个国家劳动生产率的高低,经济发展的快慢和竞争能力的大小,不仅取决于技术革新和固定资本的投资,更主要的是取决于生产人员和管理人员的质量。新的技术革命对劳动力的质量提出了更高的要求,信息社会就是知识、智力的社会,知识的生产力已经成为发展生产力的决定性因素,智力的竞争是决定经济成就的关键。新技术的采用,产业结构的变化,特别是生产的综合自动化以及企业经营管理的改进,要求劳动者加强其对职业和技能变换的适应能力。

我国的劳动大军的现有水平同现代化建设、新技术革命的要求远远不相适应,主要表现在职工和农民队伍普遍存在文化水平低、技术水平低、管理水平低,专业技术人员少的情况。要改变这种状况,只有从战略的高度,着手改革我国的教育制度和教育结构,充分重视智力投资,使我国的教育事业在不久的将来,就能承担起既能培养新型的合格劳动者又能培训在职职工的重任。这样,技术、知识密集型产业的发展,才具备足够的人才支柱。

(原载于《四川大学学报》1985 年第 2 期,《新华文摘》1985 年第 2 期论点摘编,中国人民大学书报复印资料《劳动经济与人事管理》1985 第 10 期转载)

社会主义现代化内涵新探

　　长期以来,一提到社会主义现代化概念时,人们往往以为其内涵只包括工业现代化、农业现代化、国防现代化和科学技术现代化,即通常所讲的"四个现代化"。现在看来,这样理解社会主义现代化概念的内涵,是很不够的。总的来看,社会主义现代化的内涵至少包括三个方面:经济现代化、政治民主和人的现代化,也就是高度的物质文明、高度的政治文明和高度的精神文明三个方面。社会主义现代化建设的这三个方面是互相联系、互相依赖、互相制约、互相促进的,缺一不可。

"四个现代化"是社会主义现代化的基本内容

　　现代化是一个世界性、历史性的概念。所谓世界性,是指现代化的水平不是就一个国家而是就整个世界范围来讲的, 即一个国家的经济、科技文化、教育、国防以及政治民主程度、劳动者素质具有当代世界上的先进水平。所谓历史性,是指现代化的内容和标准不是固定不变的,而是随着时间的推移而不断发生变化的。在我国实现工业、农业、国防和科学技术四个现代化,就是要根本改变我国经济和科技落后状况,使我国的生产技术水平达到世界上当时的先进水平,使我国的经济发展进入世界先进行列。可见,四个现代化主要是就经济或物质方面而言的,是指国民经济现代化或物质技术方面的现代化。根据马克思主义历史唯物论关于生产力决定生产关系、经济基础决定上层建筑、物质生活的生产方式制约着整个社会生活、政治生活和精神生活过程的原理,以及三十多年来我国社会主义经济建设的实践,实现四个现代化,发展经济是我国社会主义建设的基础和核心。现阶段我国社会主义建设最根本的任务是发展生产力,因此必须把全党的工作重点放在经济建设上,搞好四个现代化建设。能否实现四个现代化,决定着我们国家的命运、民族的命运。在过去一个很长的时期里,忽视发展生产力,鼓吹"精神万能",空喊"政治第一",搞"穷过渡""宁要社会主义的草,不要资本主义的苗",使我们的党、国家和人民都吃尽了苦头。贫穷不是社会主义,坚决把工作着重点转移到以经济建设为中心的社会主义现代化建设上来,建设高度的社会主义物质文明,这是我们党自十一届三中全会以来对历史唯物主义关于生产力和生产关系、经济基础和上层建筑矛盾原理认识的极大提高,也是我国几十年来社会主义建设经验教训的总结。

我国实现四个现代化,是社会生产力的一场伟大革命,必然要求改变同生产力发展不相适应的生产关系和上层建筑,改变一切不适应的管理方式、活动方式和思维方式。当前,主要是要根据现代化生产发展的要求,对我国原有的僵化的严重阻碍生产力发展的经济体制进行全面彻底的改革,逐步建立起具有中国特色的、充满生机和活力的社会主义经济体制,以促进社会生产力的蓬勃发展。

建立高度的民主政治是社会主义现代化的重要内容和保障

历史唯物主义告诉我们,在经济和政治这两个范畴中,经济是基础,是最终起决定作用的因素;而政治则是经济的集中表现,又给经济以强大的反作用,它会促进或阻碍经济的发展。在社会主义现代化建设中,实现工业、农业、国防、科技四个现代化,建设高度的物质文明与实现政治生活民主化、科学化、法制化,建设高度的社会主义政治文明之间的关系大体上也是如此。

社会主义的实践也证明,没有民主就没有真正的社会主义,就没有社会主义的现代化。因为社会主义之所以优越于资本主义,关键在于在生产资料社会主义公有制的基础上能创造出高于资本主义的劳动生产率。正如列宁指出的:"劳动生产率,归根到底是保证新社会制度胜利的最重要最主要的东西。资本主义可以被彻底战胜,而且一定会被彻底战胜,因为社会主义能造成新的高得多的劳动生产率。"(《列宁选集》第四卷第 16 页)而社会主义之所以能创造出高于资本主义的劳动生产率,归根到底取决于劳动者个人或集体积极性、主动性、创造性和聪明才智的充分发挥。社会主义取代资本主义,生产资料社会主义公有制的建立,使广大劳动者由私有制条件下的奴隶、农奴、雇员变成社会化生产资料的主人,显示了无比的优越性,为劳动者积极性、主动性、创造性的充分发挥,提供了可能性和前提条件。但是,如果没有高度民主,广大劳动者便不能在经济、政治、思想文化领域充分实现当家作主的权利,发挥主人翁的作用。这样,就不能创造出最高的劳动生产率和最佳的经济效益,从而就会阻碍经济现代化的进程。

建设高度的社会主义民主,是社会主义的伟大目标和根本任务之一,也应为我国社会主义现代化建设的重要内容。在人类历史上,在新兴资产阶级和劳动人民反对封建专制制度的斗争,形成的民主和自由、平等、博爱的观念,是人类精神的一次大解放,在很大程度上以此为基础建立起来的资产阶级民主,从根本上说是为垄断资产阶级,为维护资本主义制度服务的,我们要看到它主要属于辩护性质的,是虚伪和片面的。但是我们也应该实事求是地看到资产阶级民主、自由、平等、博爱这些观念在历史上所起的巨大进步作用。马克思主义者在同这些观念保持原则区别的同时,也应批判地继承资产阶级的这些观念。

社会主义在消灭阶级压迫和剥削的基础上，为充分实现人民当家作主，把民主推向新的历史高度开辟了道路。但是要把这种可能性变为现实性，还需要坚持不懈地努力。我国社会主义建设中的一个重要历史教训，就是没有切实建设民主政治。

过去我们在经济建设上之所以走了不少弯路，发展蹒跚，固然有缺乏建设社会主义经验的一面，但是没有完善的民主政治，政治体制不适应经济建设的需要，也是一个重要的原因。正是由于政治民主不完善，并不断受到损害，才严重地阻碍了经济建设现代化的步伐。而近年来社会生产发展较快，经济现代化步伐加快，又恰恰是党的十一届三中全会以来一系列改革的启动并加速了政治民主化的进程的结果。民主政治不健全，不仅影响了经济建设，而且影响了整个社会生活。本来宪法规定了人民是国家的主人，规定了公民的基本权利和义务，但是我们过去缺乏具体的规章制度和切实有效的办法来保证实施，因此，民主和法制就缺乏应有的权威。在我国社会主义制度下，按照我们的政权性质，从中央到基层的各级干部，虽然担任着领导工作，但权力是人民赋予的，应该由人民掌握他们的命运。然而当民主受到破坏、法制不健全的时候，事情就走向反面，某些无法无天的"公仆"掌握了"主人"的命运，不但可以肆意侵犯公民的基本权利，而且可以随便地把主人打成专政的对象，给中华民族带来沉重灾难的"文化大革命"就是民主遭到严重破坏的直接后果。

我国是一个具有长期封建专制传统并且其残余影响至今很深的国家。目前，在社会生活中，像官僚主义、家长制、一言堂、领导职务终身制、门第等级等现象和思想作风、人身依附观念和奴化思想，还广泛存在着。这些封建主义腐朽思想的残余，是发展社会主义民主的障碍，严重地妨碍着党和国家政治生活民主化的进程，致使宪法中规定的人民应当享有的某些权力和权利，得不到切实有效的保证执行。因此，我们今后一个非常迫切的任务就是要在经济体制改革的同时，坚定不移地进行政治体制改革，大力发展社会主义民主，切实推进党和国家政治生活的民主化、经济生活的民主化和整个社会生活的民主化。

我们也必须明确，建设和扩大社会主义民主，必须健全社会主义法制。明确民主和法制、纪律不可分割。社会主义法制，体现人民意志，保障人民的合法权利和利益，调节人民之间的关系，规范和约束人们的行动，制裁和打击各种危害社会的不法行为。一方面，不要社会主义民主的法制，绝不是社会主义法制；另一方面，不要社会主义法制的民主，绝不是社会主义民主。从来就没有什么"抽象"民主或"绝对"民主。只有大力加强以宪法为根本的社会主义法制，加强劳动纪律和工作纪律，同实际生活中种种压制和破坏民主的行为作斗争，才能推进并保证经济建设和全面改革的顺利发展，维护国家的长治久安，以适应社会主义现代化建设的需要。

劳动者素质的全面提高，即人的现代化，是社会主义现代化不可缺少的一个方面

历史唯物主义认为，不仅经济与政治是相互依赖、相互作用的关系，而且经济、政治与思想、文化也是紧密联系、相互作用的关系。一定的思想意识和文化是一定的经济和政治的反映，并给其以很大的影响和作用。我国社会主义现代化建设中，经济现代化、政治民主化和人的现代化大体上也体现了这样的关系。因此，作为社会运行机制的一环，人的现代化，也是我国社会主义现代化建设系统中不可缺少的。

所谓人的现代化，主要是指劳动者具有较高的科学文化水平、强烈的民主意识、浓厚的法制观念、全新的价值观念和思维方式、高尚的道德修养和崇高的理想等等。没有这些方面,我们社会主义现代化就很难实现,也不是真正的社会主义的现代化。社会主义一方面要建立在用现代科学技术装备起来的社会化大生产的基础之上,实现四个现代化,建设高度的物质文明,建设高度的政治文明或社会主义民主;另一方面,社会主义还必须大力发展教育、科学、文化事业,培养人们的民主意识、现代思维方式和高尚的道德理想,增强法制观念,用全人类创造的优秀文化成果武装人们的头脑,提高整个民族的思想道德素质和科学文化素质,引导人们不断同一切愚昧落后、不文明的现象作斗争,建立新型的人与人的关系,逐步把人们培养成全面发展的新人。社会主义现代化必不可少地包含人的现代化,无论是经济现代化、政治生活民主化,都离不开人的现代化。劳动者各方面的素质、人的积极性、主动性和创造性的发挥在某种程度上具有决定性作用和意义。四个现代化中,工农业生产、管理技术、国防装备等,如果没有掌握现代科学技术知识、现代管理方法、现代价值观念和现代思维方式的人,它们就不会转化成为现实的生产力。我们要建设高度的社会主义民主,如果没有人们教育文化素质的提高,民主意识在人们中间的传播、渗透、融化,也会遇到难以逾越的障碍,高度的社会主义民主就会成为空中楼阁。试想,一个缺乏起码的科学文化知识、连民主的含义也闹不清楚,毫无民主意识和法制观念的人,怎么能正确地行使自己的权利呢?当一个社会有很多人还是文盲半文盲,甚至"科盲""法盲",这怎么能建设高度的社会主义民主、建成现代化呢?所以,没有人的素质的全面提高,建设高度的民主政治是无法深入的,真正意义上的社会主义现代化是建不成的。

因此,建设社会主义的精神文明,全面提高劳动者的素质也是社会主义现代化系统中一个非常重要的内容。近几年来,随着全面改革开放、大力发展商品经济,使广大劳动者的思想观念、精神状态、生活方式都发生了在封闭状态和自给半自给经济条件下不可能有的积极变化,学习科学文化知识的热情空前高涨。但也要看到,我国社会中封建意识影响根深蒂固,宗法思想、特权观念、专制作风还很严重,民主和法制观念淡漠,这些现象存在的一个很重要的原因就是不少人尚缺乏基本的文化素质,缺乏维护自己的正当权益的能力,愚昧无知。使某些人得以利用这些封建残余违法乱纪、败坏社会风气而横行无忌。因此,适应社会主义现代化建设的要求,目前我们的一个紧迫而又长期的任务就是大力加强社会主义精神文明建设,适应社会主义现代化建设的需要,培育有理想、有道德、有文化、有纪律的社会主义公民,提高整个中华民族的思想道德素质和科学文化素质。

人的素质是历史的产物,又给历史以巨大影响。在社会主义条件下,努力改善全体公民的素质,必将使社会劳动生产率不断提高,使人和人之间在公有制基础上的新型关系不断发展,使整个社会的面貌发生深刻的变化,这是我国社会主义现代化事业获得成功的必不可少的条件,也是社会主义现代化内涵的重要一面。

总之,社会主义现代化是一个总体性的概念,必须完整、准确地把握其内涵,应明确社会主义现代化系统中,经济现代化、政治生活民主化和人的现代化都是必不可少的。

（与孙秉文、冯湖、张佺仁等合作,执笔:刘进军。原载于《理论学习》1987 年第 1 期,《新华文摘》1987 年第 5 期论点摘编）

论建设社会主义商品经济新秩序

本文认为，中国的经济体制改革目前正面临着建设社会主义商品经济新秩序的关键时刻，由于"有计划商品经济"这一理论表述有不确定性和模糊性，因此，体制转轨成为建设商品经济新秩序的直接动因。作者认为，建立新秩序的前提在于明确产权关系，通过改革建立的商品经济新秩序，应该是公平竞争的、有宏观计划协调的市场经济新秩序；要用以市场机制为基础的资源配置方式取代以行政命令为主的资源配置方式。

中国的经济体制改革，已经跨入了第十个年头，现在又到了一个关键时刻，面临着新的战略性选择。建设社会主义商品经济新秩序思想的提出，重要又及时，无疑给人们以非常有益的启示。本文拟就建设新秩序的直接动因、实质或核心、前提或基础等问题作些探讨。

体制转轨——建设新秩序的直接动因

发生在本世纪七十年代末期的中国经济体制改革，经过长达十年的艰苦探索，使其社会经济生活发生了重大变化。原有高度中央集权的指令性计划经济体制已经发生变化，国民经济中计划控制的范围、行政约束的空间已经大大缩小；与此同时，分权决策的余地、市场调节的范围在不断扩大。中国现在所面临的是一个崭新的两种体制并存的体制格局：市场不再作为一种"补充"或"附庸"而存在，它已开始全面调节和覆盖国民经济生活；传统的以计划行政控制为主要特征的体制在不断衰退和萎缩，但对整个经济的运行仍然发生着重大影响。这种体制格局是一种由市场体制系列和计划体制系列组成的"二元体制结构"。这种"二元结构"表现在当今中国经济生活的各个方面，企业经营机制、市场协调机制、国家宏观调控机制等，无一领域能够例外。双重体制并存的"二元结构"有其产生的历史原因，也起过一定的积极作用。可问题的关键在于，计划与市场两种体制毕竟是依据完全不同的基础环境和运行规则运转的。市场体制是依据自由分权的决策原则、产权责任制度、市场盈利原则、公平竞争准则、完备的法律体系、契约神圣观念等运行的；计划体制则是依据计划控制的权威、行政命令、职务等级、同志式的信任关系等来运行的。譬如，在市场体系中，通行的最大原则是盈利原则，追求利润最大化是商品经营者的一种本能性的经济行为，而在计划体制下，通行的最大原则是依据行政权力关系来分配资源和调整利益。在一种制度中混杂着两种依据不同准则运行的体制，给国民经济的运行带来了一系列棘手的问题。旧的计划体制和新的市场体制谁也不能发挥有效地配置资源、调节经济运行的作用，使社会经济活动中出现谁也管不着的"真空"地带，成为中国目前经济生活中种种矛盾、冲突、撞车、失衡、不公正乃至腐败现象的直接根源，许多经济越轨行为，都可以从这里得到解释。在中国，现在政府和企业内部的管理中广泛实行着市场准则。奇特的是，各级政府及其部门，既是作为政府，又是作为企业在从事各种经济活动。表现在各级政府之间以及政府与下属主管部门之间都在签定有关投资、分配、奖惩的经济合同，它们都显然成了企业，只不过是官商合一的企业而已。而另一方面，在市场上却又奉行着等级鲜明的行政准则，企业远非真正意义上的商品生产者和经营者。这种被人称为"官场上通行市场原则，市场上通行官场原则"的现状向人们深刻地揭示，目前中国面临着一种真正的经济秩序混乱。它要求每一个理论与实际工作者对此进行冷静而深刻的理论和实践反思，加快建设新的社会经济秩序，把改革推向一个新的阶段。

我们认为，反思、校正十年来的改革措施固然重要，但对指导改革的理论思想进行一番认真思考则更为迫切。产生双重体制并存、经济秩序混乱的深层原因，除受旧的习惯势力影响和人们的自身素质制约外，主要出于理论准备的不成熟、不彻底和混乱状态。这又集中表现在经济改革目标模式的模糊和盲目上。十年来，在改革目标模式的选择上，曲曲折折，耽误了许多改革的关键时刻。改革伊始，允许在大一统计划体制经济的一边，引进市场因素，将其作为计划调节经济的"补充"和"附庸"，进而发展到"计划经济为主，市场调节为辅"，并一度成为改革的理论指导思想，后来发展成为有计划商品经济理论及其具体形态"国家调节市场，市场引导企业"模式。尽管理论是不断向前发展的，但人们的思想从未大体上统一过。中国为什么要进行经济体制改革？原有体制究竟有什么不好？改革将要建立一个什么样的体制，新体制的基本点又是什么？时至今日，不少人仍是模糊的。于是，当改革到了紧要关头，出现困难和挫折，不能给一些人暂时提供某种利益或对原有利益进行一点调整时，对改革的怀疑、失望、不满和反对情绪便接踵而来，不少人自觉或不自觉地站在了改革的对立面上，成为改革的阻力。从而，改革缺乏动力支持和"阻力膨胀"便成为改革中的一个棘手问题。

这里，我们有必要对有计划商品经济这一理论及其"国家调节市场，市场引导企业"的具体模式进行客观、公允的评价。严格地讲，有计划商品经济这一表述存在不确定性和模糊性。从"计划经济为主，市场调节为辅"到有计划商品经济的提出，是理论上的一个飞跃，因为它开始把商品经济看作社会主义经济内在的本质属性之一，为改革朝着商品经济方向的发展提供了可能性。有人把有计划商品经济理论看作社会主义经济理论发展中的一个新的里程碑是不无道理的。但由于人们所处的环境不同及解释上的差异,对有计划商品经济中谁主谁辅、谁先谁后的认识是很不一致的。因此,在中国的经济理论界出现了两大前所未有的分别代表不同改革思路的经济流派:计划经济学派和商品经济学派。两派的争鸣和分歧仍在继续进行之中。然而有代表性的观点则是认为社会主义经济是计划经济和商品经济的统一体,改革不是放弃或削弱任何一方,而是寻觅两者之间的最佳"结合点"。这种观点成了中共十二届三中全会以来占主流的思想,从此,中国的改革朝着两条线跋涉:一条线是商品经济—市场调节—微观搞活;另一条线是计划经济—计划行政控制—宏观协调。国民经济统一像整体被人为地分割成两大块,致使改革陷入进退两难、停滞徘徊的困境。当改革形势好转、环境宽松时,强调发展商品经济与市场调节;当经济形势吃紧时,则又强调计划行政控制,这不能不是当前经济秩序混乱的总根源。"国家调节市场,市场引导企业"这一新概括较有计划商品经济又前进了一步,因为它突出强调了市场的作用,使改革目标趋于明朗化。但这一提法也有其局限性,一是易使人陷入政府与市场谁是经济运行主体的争论,二是这一表述不够精练和概括。

因此,改革要产生巨大的凝聚力,必须确立一个为全体人民所认同的明确的目标方向,使全社会民众都认识改革,理解改革,进而支持改革。我们认为,中国的经济改革总的来讲是由传统的计划经济体制向现代商品经济的转变。社会主义经济首先是一种商品经济,然后才是有计划发展的经济。社会化生产本身就是一种计划经济。计划经济并不体现一个社会的阶级属性,并非社会主义特有的范畴。马恩所设想的那种意义上的"计划经济",现阶段尚不具备存在的条件,只是一种与产品经济相适应的理想而已。我们要从计划经济与商品经济结合的"二元论"中走出来,使大家的思想统一到发展社会主义商品经济上来。同时,世界经济的发展已不允许重复商品经济早期发展的混乱过程,在没有明确规划和秩序的情况下作长久探索。中国必须根据发展现代商品经济的一般规律和共同经验,使经济的发展和运行规范化、制度化、法律化,逐步建立起社会主义商品经济新秩序。

市场秩序——新秩序的核心

现代经济运行可概括为两种基本的秩序,即行政秩序与市场秩序。改革前中国旧体制中经济秩序的基本准则是用行政命令配置资源维持经济运行,这实质上是一种行政秩序。中国近四十年的经济建设实践表明,这种依靠行政命令维持的经济秩序,必然会抑制生产单位与劳动者个人的积极性、主动性和创造性,导致主客观、产需严重脱节,比例失调,资源浪费,必然伴随着"大锅饭"和低效率。与行政秩序相对应的是市场秩序,即为了保证市场交易公平地进行,它要求人们按照平等的公平交易的市场准则行事。世界经济发展史表明,对于高度社会化的现代经济而言,唯一可能较有效地配置资源、使经济协调运行的,是具有一个比较成熟的市场秩序,即实行市场经济制度。一个比较成熟的市场秩序或市场经济的基本内容和要求,就是主要通过市场来组织和协调经济运行……社会的生产、流通、分配、消费等经济活动,主要依赖市场与市场机制来实现。市场秩序是商品经济秩序的核心,建立市场经济秩序与建立商品经济秩序的要求是基本一致的。这里关键是要对商品经济和市场经济的关系有一个正确的认识。我们认为,市场经济作为一种资源配置方式,同商品经济的概念虽有所区别,但实质是一致的。首先,区分商品经济和市场经济的主要标志在于市场机制是否在社会经济运行及其资源配置中处于主导地位。无论从历史发展的进程透视,还是从理论研究的角度剖析,商品经济都是较之市场经济更为广泛的概念。市场经济必然是商品经济，但商品经济未必一定是市场经济。在中国历史发展的早期阶段，商品经济即有所发展，只是在中国古代经济中，自然经济仍占主要的支配地位，商品经济的发展还是很不成熟的，处于简单商品经济阶段。虽然有商品交换的地方就有市场，但市场机制在经济运行中并不处于配置资源的枢纽地位，利用行政权力配置资源仍占主要地位。因此，中国商品经济的早期产生与发展，并不等于说它在古代已是市场经济了。市场经济是一个高度社会化的商品经济概念，或者是指一种发达的商品经济。它是商品经济发展到一定阶段的表现形式。其次，无论是商品经济抑或是市场经济，起主导作用的规律是价值规律，即由社会必要劳动去衡量和检验一切生产者的经济行为，促使其竞相节约劳动耗费，以适应不断变化的社会需求。综观人类社会的各种经济行为，其实质说到底就是通过节约劳动和合理分配资源，提高效率，以适应社会需求，商品经济无非是通过市场及其运行机制去实现这一要求而已。价值规律的作用是客观的、自发的，无所谓什么主观性、盲目性或自觉性，相反，人们的经济行为却可能带有主观性和盲目性。那种把生产无政府状态说成是市场经济必然产物的论点，是难以成立的。

当然，严格地讲，市场经济也有不同的类型，各有其特点。主要可划分为没有任何宏观管理的市场经济与有宏观管理的市场经济。当今社会中，完全自由放任的市场协调与指令性计划行政协调一样，均不适应于商品化、社会化的大生产，具有典型意义的是有计划协调或宏观管理的市场协调机制。当代资本主义经济发达国家大都奉行这种形式的市场经济制度。我国经济体制改革的实质，就是用以市场机制为基础的资源配置方式取代以行政命令为主的资源配置方式。我们要通过改革建立的商品经济新秩序，就是公平竞争的、有宏观计划协调的市场经济新秩序。我们还认为,"国家调节市场,市场引导企业"这一经济运行模式的主体是市场,而非政府,政府的作用不是为了参与市场竞争,也不是"制造"一个市场或市场经济,而是为市场的成长和健全扫除体制上的障碍,提供法律和行政上的保证,使各生产主体处在大致平等的条件下竞争。总之,这一运行模式应该是一种把国家(政府)调节作用建立在市场经济基础上的模式。

明确产权关系——建立新秩序的首要前提

现代商品经济即市场经济秩序包括的内容非常广泛,诸如完备的法律、法规制度,完善的市场机制,市场化的价值观念,等等。但在传统公有制占绝对优势的中国,建立市场经济秩序的首要前提或基础条件则是明确产权关系,实现公有财产人格化。

在市场经济秩序中,企业理应是独立的商品经营实体。它作为市场活动的主体,置身于市场竞争之中,优胜劣汰是市场竞争的必然结果。盈利升迁发展,亏本衰退破产,迫使每一个生产主体都时刻关心着自己的命运。在市场竞争中,企业作为独立的商品经营者,各有其独立的利益,客观上要求有严格的责任制度,而这种责任和利益又主要取决于一定的财产权利。商品经营者对一定的财产承担明确的责任并享受相应的利益,这是现代产权制度的核心,是约束生产经营者经济行为的最主要条件, 也是市场经济秩序的基础。在私有制条件下,产权界限是明朗化的,财产私有使社会区分成利益显著差别甚至对立的各个集团或群体, 企业是完全独立的面向市场竞争的经营实体。但在传统的公有制条件下,财产名义上全民所有、全民负责,可事实上谁都不所有,也不负责。于是"产权模糊""产权大锅饭"便成了这种所有制的形象化概括。企业行为短期化、投资饥饿症、需求饥饿症、政企不分等等弊端,都直接源于此。全民财产最终演变为"一大二公三空"，且在实践中被分割成"地方、部门所有制"，极大地阻碍了社会经济的正常运行和全国统一市场的形成。在这种公有制条件下，即使市场发育成熟，价格体系正常合理，也会因为没法解决经营者的利益动机和行为约束问题而难以真正参加市场竞争，企业就不可能从原来政府部门的"附属物"中解脱出来，市场就缺乏运行主体，经济秩序也就无法建立。可见，传统的公有制产权制度与市场经济的运行之间存在尖锐矛盾。这是中国当今经济生活中诸如计划与市场、公平与效率、改革与发展、宏观控制与微观搞活等许多相悖现象产生的总根源。世界上改革中的社会主义国家都不同程度地遇到过这样一个两难选择问题，有的国家试图绕过去，可随之而来的是改革的停滞甚至夭折。中国现在面临着双重选择：要么继续沿袭传统的公有制，这必然导致市场经济制度在中国的失败；要么彻底改造原有的公有制形式，特别是国有制形式，探寻新的适合于现代商品经济即市场经济迅速发展的公有制形式。出路显然是后者。

商品经济或市场经济的发展意味着生产力的发展。与自然经济，产品计划经济相比较，市场经济是现阶段发展生产力最适宜的形式。而一定的公有制形式则属于生产关系范畴，生产关系的存在和发展须以适合于生产力的发展为前提，公有制形式的选择要为发展社会主义市场经济开辟道路。

解决产权模糊从而公有制形式与发展市场经济间的矛盾，其关键是改造公有制，寻找现存国家所有制的实现形式。进而通过产权边界的清晰化和产权的尽可能具体化、人格化，明确企业的责、权、利关系，将企业从政府的束缚中解放出来，实现政企职责分开，让企业到市场经济的汪洋大海中去游泳，接受市场竞争的考验。政府则作为新的经济体制的"权威"与"裁判"，逐步从市场竞争中超脱出来，成为公平竞争的市场秩序的维护者和规则的制定者。至于新的公有制形式是什么,实践中许多企业试验的股份制等为我们提供了有益的启示,限于篇幅,不再展开说明。但探寻没有私有产权的公有制形式来促进市场经济发展的道路, 这仍将是中国理论界与实践中需继续努力大胆探索的问题。世界经济的发展没有给我们提供先例和经验,迄今为止,发达的商品经济或市场经济都是建立在私有制产权的基础上,中国如果取得改革的成功,将给国际上一部分国家提供有益的启示,其意义是不可低估的。

(原载于《云南社会科学》1988 年第 6 期)

试论科学发展观、和谐社会观
与科学改革观的统一
——兼论科学发展观与和谐社会观的体制基础

　　坚定不移地以科学发展观统领经济社会发展全局，全面加强社会主义和谐社会建设，以更大决心加快推进改革，使关系经济社会发展全局的重大体制改革取得突破性进展，是"十一五"期间我国经济社会发展面临的重大理论和现实课题。深入研究和探索科学发展观、和谐社会观与科学改革观(以下简称"三观")的关系、促进三者的有机统一，是实现"十一五"时期经济社会发展主要目标的关键。但对此尚未引起足够重视，对科学发展观、和谐社会观的体制基础构建问题的研究明显滞后。事实上，没有体制的完善和进一步创新与突破，没有改革观的转变，就难以建立起科学发展观与和谐社会观。我国目前仍处在经济社会全面转型和体制转轨时期，无论是解决经济发展的问题，还是解决社会发展的问题，相当大程度上都依赖于改革，决定于体制创新和突破。本文拟就科学发展观、和谐社会观与科学改革观的关系与统一问题，特别是就科学发展观、和谐社会观的体制基础构建问题作些初步研究。

一、改革与体制创新是我国经济发展、社会进步的基本动力

　　党的十一届三中全会以来，我国经济、政治、社会生活的各个方面都发生了深刻的变化，经济迅速发展，社会总体稳定协调的基本原

因就在于通过改革成功地突破了传统的计划经济体制束缚，初步形成了社会主义市场经济新体制的基础框架，实现了由封闭型经济社会向开放型经济社会的转变，传统农业社会向现代工业和信息社会的转型，社会财富和人民生活的总体水平得到了显著提高。改革和体制变革所释放出来的巨大社会生产力发展，为形成一个充满生机活力的社会主义和谐社会奠定了重要的经济体制基础和物质条件。

首先，体制创新和制度变革是我国经济增长和经济发展的基本源泉。影响经济增长和经济发展的因素很多，除了劳动力、土地（自然资源）、资本、管理（组织或企业家才能）、技术、信息等基本生产要素以外，还有结构、政策、法律、文化、观念、制度、体制、机制、环境、机遇、思路等制度与非制度因素。通过对二十多年来对我国经济增长和经济发展贡献率的实证考察，制度变革和体制创新的贡献率大约在70%以上（樊刚，2004）。改革有力地促进了社会生产力的迅速发展、人民生活和国家经济实力的显著提高。具体表现在：经济增长速度，按国内生产总值计算，改革以前每年平均仅增长5%~6%，改革以来猛增长9.5%以上，增速加快了60%以上；居民实际收入，按可比价格计算，改革以前每年只增加2%左右，改革以来上升到每年增加6%以上，即提高了近两倍；进出口贸易，按美元计算，改革以前的1978年只有206亿美元，改革后到2004年已超过11500亿美元，即增加了50多倍；国家经济实力，按全国经济总规模计算，改革以前在世界各国中排在第10位以后，现在已上升到第七位；不少实物产品的产量如粮食、棉花、肉类、煤炭、钢铁、水泥等在世界已占第一位。这不仅标志着我国经济实力和在国际上的地位空前提高，而且显示着我国原有落后的经济面貌，已经发生了根本的变化。第一，非国有经济的崛起和壮大，给经济注入了活力，改变了中国经济的所有制结构，打破了国有经济在国民经济中的垄断地位，2004年非国有经济的规模已经达到了经济总规模的 70%以上,国有资本、集体资本和非公有资本等相互参股、融合的力度不断增强,混合所有制经济迅速发展,在有些地方已成为主要形式,在全国也正在成为主要形式,显示出强大的生命力。第二,市场化的程度不断提高,市场在资源配置方面的作用日益突出,越来越多的企业根据市场发出的价格信号,决策自己的生产和经营。自 1979 年以来,我国一直致力于扩大向市场放开价格的范围。截至目前,绝大部分的商品包括生产资料的价格已经脱离了政府的管制,由市场供求关系决定。第三,波澜壮阔的农村经济改革基本解决了困扰中国社会几千年的农民温饱和农村脱贫问题,正向全面小康社会迈进。第四,经济的开放化程度不断提高,2004 年,国内 GDP 按官方汇率折算是 16000 亿美元,进出口总额是 11500 亿美元。进出口总额占 GDP 的比重已经超过七成,大大地超过了美、日等发达国家的水平。改革开放以来,中国累计实际吸收外商直接投资金额接近 6000 亿美元。2003 年,中国吸收外商直接投资占 GDP 的比重为 3.8%,作为中国开放型经济的主力军,近年来外商投资企业对国民经济发展的促进作用明显增强。1994 年,外资占全社会投资总额的比重达到 22.75%;2004 年,外商投资企业固定资产投资占全社会固定资产投资总额的近 12%,工业增加值占全国工业增加值的比重达 28%,出口额占全国出口总额的 57%。外商投资企业中直接就业人员为 2400 万人,约占全国非农业劳动人口的 10%。

其次,体制改革是我国二十多年社会稳定与进步、人民安居乐业的基本力量保证。二十多年来我国经济社会发生的剧烈变革,涉及方方面面的切身利益,是一场既得利益的大整合、大调整。虽然变革过程中产生了诸多不和谐因素、尖锐矛盾和急需解决的问题,但总体判断,全社会趋于稳定,社会在不断进步,人们的观念在发生深刻变化,人民从变革中得到的实惠越来越多,自主意识、民主意识正不断加强。

二、科学发展观与和谐社会观的构建面临深层次的体制性障碍

二十多年来，我国的经济社会发展和社会主义市场经济体制的建立在理论上和实践上都取得重大进展和举世瞩目的业绩，但也存在许多深层次的矛盾和问题。比如，经济结构不合理，分配关系尚未理顺，农民收入增长缓慢，就业矛盾突出，资源环境压力加大，经济整体竞争力不强，社会不够全面和谐，还存在许多不稳定因素，主要表现为：经济发展与人的发展不协调；经济发展与政治、文化、社会、环境的发展不协调；城乡发展失衡，城镇化与工业化水平低；个人、地区发展差距过大，"马太效应"明显；行业发展畸形，弱势产业与垄断性产业反差和冲突严重；社会保障体系建设滞后、就业压力大，以及腐败现象蔓延等等。这些深层次的矛盾和问题产生的原因是多种多样的，但最根本的原因在于制度设计的缺陷和体制创新的滞后，如原有改革观缺陷造成的改革目标和改革任务不明晰、农村中计划经济的变种——二元经济社会结构的束缚、新形势下区域经济发展缺乏合理的机制支撑、行政性垄断部门改革的滞后、政治体制与经济体制的不配套，等等。为了适应经济全球化和科技进步加快的国际环境，适应全面建设小康社会的新形势，必须加快推进改革，用深化改革的办法解决发展中的问题，进一步解放和发展生产力，为经济发展和社会全面进步注入强大动力。否则，发展中的问题不仅解决不了，甚至会吞食发展的成果，阻碍发展，甚至于最终毁掉发展。

首先，全面建设小康社会和走新型工业化道路面临深层的体制障碍。小康社会内涵丰富，它不仅是指经济增长，也包括科教进步、法制建设、社会民主和人文关怀，是一种有利于全社会共同富裕、人与自然和谐共生的发展境界。从现代观念上讲，GDP 及其增长速度已经

不再是判断发展水平的最佳指标。全面建设小康社会必须以经济、社会、自然的协调发展为准则。这里,经济发展涵盖了结构均衡、充分就业和持续增长;社会发展不仅是指社会成员的机会均等和社会关系中的人际和谐,更重要的是指社会整体的稳定与文明进步;而自然发展则包含着自然界自身的均衡及多样性,以及适宜人类生存的自然环境。只有当经济、社会与自然界三者协调发展,才能使物质财富积累的同时,维护生态文明,创建精神文明。因此,全面建设小康社会的制度和体制需求来自于对转型中的发展观、政府角色、商业体制和社会体系的调整与创新。从提升制度效率和竞争力出发,社会主义市场经济建设的核心就是要在消除制度性歧视的基础上实现城乡、区域、经济与社会、人与自然、国内与国外等多个层面的均衡发展。世界强国的发展历史不断揭示和印证了经济体制和经济制度在形成国家竞争力和促使后进国家崛起方面的重要作用。在全面建设小康社会的进程中,对现行制度的进一步变革和完善将为未来 20 年我国经济的持续增长与和谐发展提供更为坚实的动力。新型工业化道路的实质是实现工业化和城镇化、信息化的互动和相互促进,但必须有市场化的支撑以及与经济全球化的配套,我国工业化水平低,除了原有基础薄弱的影响外,根源仍在于传统的计划经济体制以及由此形成的发展思路的制约。

其次,农民收入增长缓慢、城乡关系失调、"三农"问题突出的症结在于传统计划经济在农村的变种——二元社会经济结构的惯性与影响以及家庭承包制的固有缺陷。二元社会经济结构下的歧视性制度安排实际上将农民作为二等公民,无法享有起码的国民待遇,这是导致城乡对立、城乡分割、城乡差距拉大的根本性原因。目前,"三农"问题已经从粮食短缺和食品安全问题演变成以收入、消费和就业为中心的重大经济和社会问题,城乡差距在进一步拉大:一是农村投资严重不足,要素外流,工业的过度扩张,导致了非农产业在大量抽取农业、农村资源的同时,排斥大量劳动力进入,造成农民占有的资源和财富份额下降;结构转换中财富过度向城市集中,强化了城乡二元结构;二是基础设施和社会保障等公共产品的供给明显滞后,同城市的差距越拉越大;三是城市居民的收入与农民的收入差距越来越大;四是农民的消费增长同城市居民的差距也在拉大,农村市场需求明显偏冷;五是城市和工业对"三农"的反哺能力太弱。所有这一切都严重制约着国民经济的发展。总之,现阶段"三农"问题的核心是农民的生存权和发展权与城市居民的差距越来越大,其症结和主因仍在于体制创新的滞后,特别是城乡二元体制(结构)的惯性。突出表现在对农村的体制改革重视不够,农村社会主义市场经济发育水平低;土地不能市场化;民间金融机构发展受到限制,农村金融从资金总量和机构双重供给不足;粮食流通体制市场化改革滞后,限制非国有的市场主体进入粮食收购领域;城乡财税体制改革滞后,财权和事权不对称,越是基层政府财权越小、事权越大,加重企业和农民负担;家庭承包制面临农户超小规模经营与现代农业集约化生产要求之间、按福利原则平均分包土地与按效益原则由市场机制配置土地资源要求之间、千家万户分散经营的小农生产与千变万化日趋激烈的社会化市场竞争之间的尖锐矛盾。

再次,区域经济关系的失衡也在于缺乏必要的体制和机制安排与创新。我国东中西三大地带发展的差距以及老工业基地面临的难题既有历史的遗留和沉淀,又有体制转型过程中面临的新情况、新问题。但主因还在于依据传统计划经济体制形成的开发模式。"一五"重点建设、"三线建设"、"两西"开发虽然也考虑到经济规律的要求,但主要基于政治稳定、国防建设和民族和睦的初衷。在目前市场经济充分发展的条件下,利润回报率低、投资环境差、历史包袱重的中西部及东北地区越来越处于发展的不利地位,西部大开发、东北老工业基地改造、中部地区崛起,如果缺乏合理的制度与机制安排,难以实现预期的目的。当前区域经济发展中面临的一个突出问题就是如何通过健全市场机制和区域协调互动机制,统筹区域发展,有效缩小区域发展差距,在不影响东部发展的前提下解决"西北现象"、"东北现象"和"中部现象",其中关键又在于如何正确处理好市场与计划"两只手"的关系,按市场经济的法则和规律规划区域经济的发展蓝图。

第四,经济增长方式转变步履维艰,可持续发展能力弱、经济整体竞争能力差、国有企业效益低、经济开放度低均受制于传统计划经济体制的制约和深层次改革的久攻不下。一定时期的经济增长方式是在一定的社会历史条件下形成的,它受到经济发展水平、劳动者素质、科技水平、管理水平、经济政策、自然资源状况以及思想观念等多种因素的制约。其中能否使经济增长方式置于合理的体制保障之下,是决定能否转变增长方式和提高经济整体素质的关键。

经济学的一般原理告诉我们,在既定的经济发展阶段内,经济增长方式是它所依赖的经济体制的函数,即与传统计划经济体制相对应的必然是靠高投入、靠外延扩张的粗放性增长方式。我国早在"九五"计划时期就确定了"双转变"(经济体制由计划经济向市场经济转变,经济增长方式由粗放经营向集约经营转变)。十多年来,从中央到地方、从部门到企业都为实施新的经济发展战略与新的经济增长方式付出了巨大努力,某些方面也取得一定进展,但从总体上观察,传统经济增长方式并没有根本改变,经济生活中仍然普遍存在重速度轻效益、重数量轻质量、重投入轻产出、重外延扩张轻内涵提高的现象。2003 年,我国实现的 GDP 按现行汇率计算为 1.4 万亿美元,约占全世界 GDP 的 4%,但为此消耗的能源,包括原油、原煤、铁矿石、钢材、氧化铝、水泥等,分别约占世界消费量的 7.4%、31%、27%、25%和

40%。我国当前全社会从业人员的劳动生产率仅相当于美国的1/46，德国的1/32，资源产出率和土地利用率均低于世界水平。20世纪的后十年，中国的石油、天然气、钢、铜、十种有色金属的消费量分别增长100%、92%、143%、189%、276%。但是，中国的石油储量仅占1.8%，天然气占0.7%，铁矿石不足9%，铜矿不足5%，水资源量不足7%。中国单位产值的矿产资源与能源消耗是世界平均值的3倍，单位面积的污水负荷量是世界平均数的16倍多。如此高的消耗速度，迅速枯竭着中国的资源。从消费总量看，到2010年，中国的石油对外依存度将达到57%，铁矿石将达到57%，铜将达到70%，铝将达80%。另外，中国现有荒漠化土地面积267.4万多平方公里，占国土总面积的近三成，而且每年仍以平均一万多平方公里的速度增加；中国近四亿人口的耕地正受到不同程度的荒漠化威胁，而与此同时，经济建设也在占用着大量的耕地，去年一年建设占用耕地达到22.9万公顷；中国目前的废水排放总量为439.5亿吨，超过环境容量的82%；中国600多座城市中有400多座供水不足，其中100多个城市严重缺水，而且还有3.6亿农村人口喝不上符合卫生标准的水。中国的资源和环境再也难以支撑当前这种高污染、高消耗、低效益的粗放经济的增长方式的持续扩张。粗放型的经济增长方式只是经济增长的表象，行政计划配置资源或政府主导型才是问题的实质。现代西方经济学不从体制属性上来解释经济增长方式，主要原因是他们假定体制为既定，资源投入产出比主要是靠市场调节。但是在我国经济转轨时期，不从资源配置方式或体制上来界定经济增长方式，就无法找到经济增长方式形成的内在机理。仅从粗放型这个表象出发，认为我国的经济增长方式应当实现由粗放型向集约型转变，最后得出的对策必然要更多地依靠科技进步、改变不合理的经济结构，以及节约资源和保护环境等。而这一切又只能通过政府干预才能解决，从而进一步强化行政配置资源。我国经济增长质量低的深层次原因,在于市场经济体制不完善,缺乏经济增长方式转变的制度和体制基础。

主要表现为:一是投资体制改革滞后,既不利于通过市场提高投资的经济效益,又不利于政府弥补市场缺陷造成的社会代价;二是财政税收体制不规范,不利于消除政府过多干预经济的内在动因;三是金融体制不健全,金融参数失真,不利于国内产业结构优化升级和提高资本配置效率;四是环境和资源的使用成本过低,难以形成相应的替代、节约资源的激励和约束机制,容易导致不计成本、忽视效益的低水平扩张;五是土地资源配置缺乏规范、长效的管理制度,引发盲目投资和新的社会矛盾;六是政治领域的改革滞后于经济领域的改革,导致增长速度攀比和数量扩张冲动。

二十多年的改革探索,使我国的体制格局发生了重大变革,传统的计划经济体制已被冲得支离破碎,竞争性经济领域和一般商品市场,市场配置资源的基础地位基本确立;垄断性经济领域与生产要素市场处在市场包围之中,相当多的行业和要素还限于政府行政垄断配置,如烟草、盐业、电力、邮政、电信、铁路、民航、自来水等行业与劳动力、资金、技术、信息、房地产、企业产权等要素;非经济领域的市场化改革则刚刚起步或处在孕育或破题阶段,如上层建筑、科技、教育、文化、卫生等领域,基本上是政府决定这些行业的资源配置;各级政府往往从发展当地经济的本位出发,制定具有极强政府导向性的产业发展规划。总体判断,我国目前仍处于经济体制转轨阶段,已确定的改革目标尚未完成,一些新建立的制度、体制和机制仍是框架性的,尚很不完善和稳固,存在诸多漏洞。同时,经济与社会发展中产生的突出问题又对改革提出了新的更高的要求,完善体制、加快体制转轨的任务依然异常艰巨。

第五,从近期看,深化改革是巩固和发展宏观调控、消除经济运行不稳定、不健康因素的根本性措施。经济运行的周期性波动和一定范围的重复建设,是市场经济运行和发展中的必然现象,也是市场经济规律发挥作用的实现形式和条件,从某种意义上讲,没有重复建设就没有市场经济。但发达或成熟的市场经济中为重复建设买单的是个人,同时能够顺利地通过市场的产权交易自动地消解重复建设的状态。而宏观经济运行大起大落,大量低水平重复建设和低层次恶性竞争,则是我国经济运行的特殊现象。新中国成立以来包括改革开放以来国民经济经历的几次大的波动都造成资源的巨大浪费和经济社会的剧烈震荡。集中和突出的表现是需求特别是投资需求过度膨胀,宏观调控一直在"紧(收)—死—叫—松(放)—乱"和"膨胀—紧缩—膨胀"的怪圈中徘徊。由于烟草的暴利性,全国 30 个省均有自己的烟厂。20 世纪 80 年代,各地竞相上马以彩电、冰箱、洗衣机为代表的家电制造业。10 年间,上马彩电生产企业上百家,彩电业总投资达 280 亿元,工业领域重复建设的第一次浪潮出现。20 世纪 90 年代,汽车、钢铁成为投资热点。全国 23 个省、区、市建有轿车整车生产线,在全国 123 家整车厂中,产量在 5 万辆以上的仅有 18 家,绝大多数产量在 1 万辆以下,有的仅有百十辆,且有 1/3 的产能闲置。全部产量不足美国通用汽车一家的 1/6。据我们测算,截至 2004 年底,我国东部地区的产业结构相似率为 94%,中部与东部的相似率为 93.5%,西部与中部的相似率为 97.9%。从 2000 年开始到现在,在钢铁、轿车生产线和钢铁产业重复建设回潮的基础上,以电子信息、新材料、生物医药工程为代表的"高新"项目成了各地竞相争夺的焦点和招商引资的重点。近两年,我国经济出现了高速增长的态势,2003 年和 2004 年 GDP 增长速度达到 9.3% 和 9.5%。但是,经济增长的粗放方式,也导致建设规模过大、投资需求膨胀、煤电油运紧张、价格水平上涨、经济结构失衡等一系列问题,特别是带来了十分严重的重复建设。这些重复建设主要是国家即国有商业银行买单，即使经营不善，也很难被淘汰出局，长期处于低效率运行的状态。而且为保证这些产业不亏损，许多地方政府人为地为外地商品进入本地区设置障碍，地方保护主义、诸侯经济和市场分割现象严重。每当经济高速增长时，往往伴随着投资和消费需求失控、结构失衡和效益下滑，引发经济剧烈波动，被迫进行强制性调整，结果造成资源的极大浪费，甚至错失发展机会。这是长期困扰我国经济生活的一个痼疾和顽症。究其原因，固然与一些地方对发展观、政绩观的片面和模糊认识有关，但更深层次的还是体制和机制问题。社会主义市场经济体制建设虽然已取得重大进展，但传统计划经济条件下由于产权模糊和虚置产生的预算软约束导致的"投资饥渴症"仍然在发挥作用：一是企业改革特别是国有企业改革不到位，体制转轨时期，国有企业缺乏来自产权主体和治理结构等方面的约束机制，两只眼睛一只盯着市场，另一只盯着"市长"，第二只眼睛更大更亮；二是政府职能转换滞后，"缺位""错位""越位"现象突出，一些官员驾驭社会主义市场经济能力低下，习惯于用计划经济的思路、方法搞市场经济，在抓改革、抓发展、资本运作、抓项目以及招商引资和投资决策过程中，越俎代庖，直接干预市场主体的经营活动；公共财政体制建设缓慢，各级政府依靠财政出资或推动企业出资培植税源，投资失败后，加剧政府和企业负担，财政状况进一步恶化，再度投资培植税源，如此循环往复，陷入恶性循环，难以自拔；三是国有商业银行改革处于起步阶段，距离作为市场经济条件下信贷投资主体的真正商业银行还很漫长，依然靠增发贷款、扩大分母的办法降低不良贷款，助长了投资膨胀；四是政治体制改革明显滞后于经济体制改革，干部人事制度设计的缺陷，导致增长速度攀比和数量扩张冲动。我国经济波动的"政治周期效应"十分明显，经济增长和投资增长的高峰，往往正是地方党委和政府换届的时间。现行干部选拔、考核制度和行政管理体制都存在明显缺陷,对权力运行的社会监督机制也很薄弱。强调任期、偏重数量扩张、忽视素质提高的干部考核、评价和使用体制在急于求成的思想驱动下,必然形成政治周期与经济周期的联动。当前围绕宏观调控面临的激烈争论,一个焦点问题就是调控机制与调控方式的选择问题。如果忽视体制障碍的影响,仅仅围绕政府权力运用和政府行为调整做文章,到头来还是治标不治本。

最后,改革尽管取得了明显成效和重大进展,但市场秩序紊乱,腐败滋生蔓延,改革动力不足,改革阻力不断加大,改革的边际收益递减,也是不容否定的事实。究其原因除了改革进入攻关阶段,牵涉到广泛的利益调整难度加大外,与对改革目标的认识误区及改革配套措施不到位有直接联系。实践表明,没有宏观经济改革与微观经济改革、经济领域改革与社会领域改革、城市改革和农村改革、经济体制改革和政治体制改革的协调配套,仅仅通过经济体制改革是不能建立起社会主义市场经济新体制的。

三、进一步扫除影响科学发展和社会和谐的体制性障碍,努力实现"三观"的统一

坚持科学发展观、和谐社会观与科学改革观的统一,当前要突出解决以下问题:

1. 准确把握社会主义现代化的内涵,努力实现工业化、产业化、信息化、城镇化、全球化、市场化、民主化的统一。

对现代化内涵的理解,在我国经历了一个渐进的认识过程,从改革开放之初的农业、工业、国防、科技现代化的构想到经济现代化、政治民主化、人的现代化的提出,再到物质文明、精神文明、政治文明以及构建和谐社会的部署,社会主义现代化的内涵不断丰富和趋于完

善。笔者以为，从操作层面上讲，社会主义现代化的构建和"三观"的统一应着力于上述"七化"的有机统一。应当讲，我国当前面临在多条战线作战的艰巨任务，既有提升工业化、农业产业化的任务，同时要补城镇化甚至原始积累的课，又要迎接信息化、全球化的挑战，还要进行改革，推进市场化、民主化。

2. 正确处理改革与发展、稳定、开放的关系，改革的力度与发展的速度、开放的深度广度、稳定的程度相结合，以改革促发展、开放、保稳定，用深化改革和市场经济的办法防范、化解风险，增强经济机体的抗冲击能力，在保持稳定和有利于发展的前提下推进改革。

3. 坚持以科学改革观统领经济社会发展全局，努力构建和完善落实科学发展观和谐社会观的体制基础与体制保障。当前贯彻科学发展观、构建我国社会主义和谐社会的关键是要克服改革疲倦症，加快改革和体制创新，努力构建科学发展观、和谐社会观的体制基础。根据我国二十多年经济体制改革的启示，借鉴国外市场经济发展与体制变革的经验，体制创新或科学改革观的基本内涵包括以下方面：

一要坚持以人为本、共同富裕的改革观，按照兼顾公平与效率的原则，实现解放和发展生产力与解放和发展人的统一，市场化和国际化、法制化的统一。改革的"合法性"乃至程序的公正性已经越来越重要。坚持以人为本的改革观，就是坚持改革成果能够为社会成员普遍认同、普遍分享的改革观，这是改革获得"合法性"即社会公正性的基本前提，也是构建社会主义和谐社会必须坚持的改革观。在改革的基本目标趋向上要由单纯地强调解放和发展生产力向既强调以经济建设为中心、继续解放和发展生产力，又要促进人自身的解放与发展、实现以人为本转变，坚持把以人为本和解放人、发展人、实现共同富裕作为改革的最终目标，从人民群众的根本利益出发谋改革、促改革，不断满足人民群众日益增长的物质文化需要，切实保障人民群众的经济、政治和文化权益,使改革和发展的起点(机会平等)与成果能更多地惠及社会大多数成员;在改革新阶段,还必须赋予解放和发展生产力以新的内涵,既要破除旧的影响现有生产力发展的计划经济体制障碍,又要破除影响先进生产力发展的体制性障碍。

二要在改革的路径选择上要由主要依靠"摸着石头过河"式的"试错法"与"体制外""迂回法"改革向强调协调配套和正面突破式改革转变,重点是宏观经济改革与微观经济改革的协调、经济领域改革与社会领域改革的协调、城市改革与农村改革的协调、经济体制改革与政治体制改革的协调。

三要在经济体制改革的战略趋向上由单纯强调市场化向兼顾深度市场化与国际化、法制化转变,即:(1)深化改革的层次,以深度市场化为宗旨,推动改革的"战车"向计划经济最坚固的地方推进;(2)拓展改革的视野,立足于国际化,正确处理好国际惯例、国际标准与中国特色的关系问题;(3)强化改革的秩序(由人治向规范化、法制化转变)。

四要在改革的具体方略上,实现"五个统筹":一是统筹城乡发展,重点突破阻碍"三农"发展的城乡二元经济结构。二是统筹区域发展,为区域经济的协调发展提供体制和机制支撑。三是统筹经济与社会发展,重点解决政治体制、社会转型与经济体制的配套问题,按照建设中国特色社会主义和发展社会主义市场经济的要求,稳步推进政治改革,坚持经济改革与政治改革的互动。只有社会主义民主与法治携手并进,政治改革才能真正取得实质性进展和成功。政治改革在宪法和法治框架内的逐步展开,将有力地推动社会主义民主政治的确立与完善,并为构建社会主义和谐社会提供坚实的政治体制保障。四是统筹人与自然和谐发展,将人的全面发展和人与自然的和谐发展作为改革的基本目标趋向。五是统筹国内发展和对外开放,关键要为国内市场与国外市场的对接以及资源在全球范围内的配置和提高对外开放水平提供体制保障。

五要兼顾公平与效率的关系,既要通过继续拉开差距刺激效率,同时要充分估计到使广大老百姓不断分享改革的成果,是新阶段面临的重大课题。要更加重视社会公平,使全体人民共享改革发展成果;通过深化改革,使多数人都能够不断享受到国家应当给予他们的公共产品和公共服务;要有一个好的产权制度,确保多数人能获得产权,并且能够得到法律上的认可;不仅要保护民营企业的产权,同时也要保护全体公民的私有产权,要确立多数人的产权,并且有严格规范的制度约束和保护;要确保公众的知情权,建立不同利益主体尤其是弱势群体的利益表达机制;要尊重和保护人权;要使多数人都能享受到基本的权利,满足基本的需求,分享到改革的经济成果、社会成果和政治成果。要加快社会保障制度的改革与转型,建立以利益调节为核心的社会整合机制,避免、抑制和化解社会利益关系方面的过度失衡和矛盾。当前要特别关注广大农民和下岗失业职工城镇弱势群体的利益。

六要深化行政性垄断部门的改革。在市场经济条件下,行政性垄断只应存在非营利性公共产品和服务领域,其评价不是来自"市场",而是来自社会。

七要推进以政府行为规范为重点的职能转变。政府改革和政府职能转变既是经济体制改革的重要内容,也是决定经济体制改革进程的关键。从改革初期的"政企职责分开""简政放权",到建立社会主义市场经济宏观调控体系,直到近年来提出"责任政府""法治政府"的理念,中国的政府改革大体保持了与经济体制改革近似的"渐进"过程和特征。可以说,离开政府改革的渐进展开和深化,市场经济体制的形成与完善是不可能的。进一步实现政府转型是确立科学改革观与和谐社会观的重要保障,坚持科学发展观与和谐社会观,要求政府必须根据不同历史时期、发展环境和条件的变化,适时调整发展思路,正确处理和把握集中与分散决策的关系。一是从计划经济体制向市场经济体制转型;二是从经济建设型政府向公共服务型政府转型;三是从统治型政府向治理型政府转型;四是无限政府向有限政府转型;四是由管理控制型向法制型转变,树立政府管理新理念:有限政府、法治政府、责任政府、服务政府、信用政府;五是确立政府只能做法律规定的事情的理念;六是明确政府公共职能;七是完善政府行为的监督机制。

(原载于《甘肃社会科学》2005 年第 6 期)

社会主义市场经济若干实质问题探讨

确立"社会主义市场经济"命题,建设社会主义市场经济新体制,标志着我国经济体制改革新阶段的到来。当前,有必要进行较为系统的理论储备,特别是对社会主义市场经济发展的一些最基本的问题做深入的研究,以取得相对一致的看法。

一、市场经济究竟属于什么范畴

市场经济的属性问题,目前实际上存在三种不同的看法。一种是把市场经济主要看成是社会制度的范畴,认为市场经济是资本主义特有的经济制度形式。这种观点在邓小平同志南方谈话后,在公开场合已不多见,但实际上仍存在于一些人的潜意识和观念中。另一种是把市场经济等同于市场调节,是调节经济的手段或具体工作方法,认为市场和计划不是区分资本主义与社会主义的标志,资本主义有计划,社会主义有市场。社会主义可以利用计划与市场两种手段,实现经济的协调、稳定发展。还有一种是把市场经济主要当作经济运行机制的范畴,认为市场经济是以市场机制为基础的经济运行方式和资源配置方式。这是目前一种较为普遍的观点。

应该看到,市场经济的社会属性问题是一个非常重要的问题,已直接关系到"社会主义市场经济"命题的确立。对其研究还是应贯彻"双百"方针,允许人们对问题的认识有一个由浅入深、有先有后的过程,切忌用政治原则、行政指令来裁决学术问题,应留给人们一个较为广阔的思维空间。

笔者认为,市场经济既不属于社会制度范畴,也不单纯是一种经济运行机制,更不是一种简单的经济调节工具和工作方法。而是一种受制度因素影响的经济体制模式,它主要反映经济体制的特征。把市场经济当作社会制度属性的观点,理论界已有多方位的分析和批判,其中已形成一些初步一致的看法,笔者不再赘述。关于那种把市场经济仅仅看成是经济调节手段和工作方法属性问题的观点更是不可取的,因为这种观点降低了市场经济的重要性,把市场经济当作随心所欲、任人处置的工具,肯定不会得出正确的结论,甚至还会加进许多主观因素,扭曲和阻碍市场经济的发展。现在需要着重说明的是,能否将市场经济等同于经济运行机制。笔者以为把市场经济仅仅归结为经济运行机制,进而仅仅着眼于计划与市场的关系,仍然是片面的,甚至是有害的。诚然,把市场经济当作经济运行机制的这种理解,同传统的市场恐惧症和抑制论相比,是一大进步,也是改革以来继计划与市场的"对立论""主辅论""板块论""渗透论"等等几个认识阶段之后的新境界。但是,市场经济不仅是计划与市场的关系问题,也不简单是一个市场机制的作用过程。市场经济必须与特定的或相应的体制框架和社会经济环境相联系,否则,它便不会有生存的空间和条件。这种体制框架的内容至少包括:①产权、收益边界明确的市场主体,②发育成熟、功能齐全、反应灵敏的市场体系和市场机制,特别是要具备真实灵敏的价格形成机制,③以经济手段、指导性计划为主体的宏观间接调控体系,④有法制保障、运转健康的市场规则与市场秩序,⑤相应的市场环境(包括经济环境、市场观念与社会文化环境),等等。缺乏上述起码的体制框架,就不会有真正的市场经济运行。可见,市场经济主要是一种体制概念,忽视这种认识,就会低估我国经济改革的深刻性和真正困难所在,阻碍改革的深入,甚至把改革导向歧途。这就是回避难题,轻易放过体制创新,把改革仅仅理解为单纯运行机制的转变,又把运行机制的转变归结为计划与市场关系的协调,试图在原有体制框架基本不变的条件下,"引入"市场机制。这种改革思路尽管也使传统体制和经济运行机制受到很大冲击,主要表现在指令性行政机制的作用大大减弱,市场的作用逐步增强。但是,这种变化还属于外在性的比重和范围的增减变动,并非传统体制和运行机制的根本改造,因此出现了经济按行政运行和按市场运行二者并存的双轨制局面。由于双轨之间依然存在互不相容的排斥性,在经济运行中产生了一系列互相矛盾、摩擦和冲突的现象,致使许多改革措施难以出台,即使出台也走样变型。这种复杂局面表明,对经济运行机制的改造不能长期停留在"行政一块""市场一块"的板块状态中,必须寻找新的统一的运行机制而与此相关联又必须与建立什么样的经济体制模式的重大问题结合起来。经济体制是经济运行机制的基础,经济运行机制是经济体制的实现形式,二者必须互相适应。只有确立市场经济的体制地位,才能实现经济运行机制从行政化到市场化的彻底转变,从而达到计划与市场的真正的内在统一。

二、社会主义与市场经济能否统一

社会主义与市场经济能否统一?在什么意义上实现统一?这是当前摆在人们面前的一个亟待解决的重要问题。

我们承认市场经济是商品经济的范畴,区分了市场经济和资本主义经济,并不意味着从根本上解决了市场经济与社会主义的统一问题。市场经济所要求和反映的是一种体制特征,它有其内在的规定性和基本要求,并非只要存在商品、货币、交换、市场的经济就是市场经济。市场经济运行必需的独立的市场主体、充分健全的市场体系和市场机制、完善的宏观间接调控体系、法制化的市场秩序等条件,在原有体制模式中很难找到生长点。

我们现在面临的主要难题是：一方面，现时中国的基本国情和近代以来中国历史的发展决定了我们只能走社会主义道路，另一方面，当代中国生产力的基本性质与社会发展水平，以及国际经济发展的成功经验，决定了我们只有建立和发展市场经济才能有效地推动生产力的发展和社会的进步，这是我们通过几十年痛苦的经验教训所明确的一个真理。把发展市场经济与坚持社会主义道路两者内在地统一起来，并非无条件的。笔者认为，要达到社会主义与市场经济的内在统一或相互兼容，关键在于我们如何理解社会主义。如果我们把社会主义仅仅理解为传统的社会主义经济模式而根本不愿意加以变革，那么，我们的确不能实现社会主义与市场经济的统一，因为传统的社会主义理论的一个基本观点是：社会主义与商品经济是根本对立的，从而与市场经济也是不能相容的，按照这种传统理论建立的传统的社会主义经济体制的基本特征是排斥商品经济关系与市场经济。实践还证明：传统的社会主义体制模式不仅在某些枝节方面，而且在基本属性方面都不能适应市场经济发展的需要。这也就决定了我们不可能通过把这种体制与市场经济的简单机械式相加方式实现社会主义与市场经济的统一。现在有一种观点，是在区分了市场经济与资本主义经济，把市场经济看作是商品经济的成熟或高级形态的同时，又在马克思主义经典作家的著作里寻找发展社会主义市场经济的依据和答案，如说什么"马克思主义创始人只讲过社会主义社会是不存在商品货币的社会，而从来没有说过社会主义就不能发展市场经济……"云云。我们认为，这是一种自相矛盾的观点。这种观点在认识上逻辑上是悖理的，在实践上是有害的。市场经济问题无论从什么意义上讲，都是马克思主义的科学社会主义理论发展中的一个新问题，绝不可能在马克思主义经典著作中找到现成答案。

　　如果我们把社会主义理解为可以变化和发展的制度，从而可以改变它的存在形态，那么，我们就完全可以实现社会主义与市场经济的统一。其统一的方式和关键不是用传统体制的一般原则去改造市场经济运行规则，而是在对社会主义进行重新认识的基础上，通过对传统社会主义体制的根本性改造，建立起一种新的、适应市场经济发展需要的社会主义体制模式，由此创造公有制、按劳分配等社会主义经济制度的新的实现形式。事实上，我们的改革就是以对社会主义的重新认识和对原有体制的批判改造作为发端的，没有对社会主义的再认识，没有思想的解放和观念的转变，也就没有十一届三中全会以来的路线方针政策，更没有十多年改革开放的巨大成就。因此，"解放思想是法宝、是精髓"的论断是切中要害的真知灼见。

　　用市场经济的运行规则改造传统体制而非用传统体制的一般原则去改造市场经济，是有深刻的理论与实践缘由的。我们知道，马克思主义创始人在考察经济体制和社会经济形态时，主要围绕两条基本线索：一条是从人们对劳动产品关系的分析入手，揭示他们在经济活动中的劳动交换关系。自然经济、商品经济（市场经济）、产品经济分别是劳动交换关系所采取的几种历史的经济形式；另一条是从人们对生产条件（要素）的关系的分析入手，揭示他们在物质生产过程中的地位和作用以及由此决定的收入分配方式，这一类经济关系可以概括为经济制度（包括所有制关系和分配关系）。我们所说的社会主义经济制度、资本主义经济制度，指的就是所有制关系或分配关系所采取的具体形式。在任何具体的经济体制中，特定的劳动交换关系与特定的经济制度关系总是融为一体的，而不可能仅仅是一种劳动交换关系或仅仅是一种所有制关系与分配关系。但在一种体制结构中，劳动交换关系与所有制、分配关系的作用并不是并列的。自然经济、商品经济（市场经济）、产品经济作为经济形式，是一种与生产力发展的不同水平相联系的依次衔接、递进的关系。自然经济与生产力发展的较低水平相联系；商品经济(市场经济)既是生产力较高程度发展的产物，又是生产力发展不足的表现；产品经济则与高度发展的生产力水平相联系，这种经济形式在当代和可看得见的未来不具备实行的条件。我们说商品经济(或市场经济)是社会经济发展不可逾越的阶段，其主要理由就在于一种经济形式的存在和发展，直接由生产力发展水平决定，逾越了经济形式，也就意味着逾越了生产力的发展。可见，劳动交换关系比起所有制关系、分配关系来说，受生产力水平的限定程度更大，具有更大的稳定性，从而更不容易被人们的历史活动所取消和改变，这就决定了在历史发展过程中，是劳动交换关系的发展和变化决定所有制、分配关系的发展和变化，而不是相反。这一原理在我国经济体制改革的实践中得到了验证改革以来，商品经济、市场机制的引入和发展，已使原有的社会主义所有制关系和分配关系发生了重大的变化，生产资料公有制的实现形式由单一的国有制向能体现市场经济发展要求的新的多元化公有制形式转变；按劳分配由产品经济型向市场经济型转变。这样，通过对传统社会主义经济模式的根本改造，建立一种新的确保劳动者能够通过直接占用和支配生产资料财产为自己获取收入和财产的经济制度。由此，使社会主义经济制度获得更加发达和完善的存在形式。我们党正是在此意义上确立了"有中国特色社会主义"这一命题，提出了建设有中国特色社会主义经济的要求。现在，有一些同志对建设有中国特色社会主义问题缺乏足够的认识，忽视甚至贬低这种理论的重要性。笔者认为，不能把"有中国特色社会主义"的建设看成是权宜之计或具体对策措施。"有中国特色社会主义"应为社会主义的一种新形态。这种社会主义与马、恩的"经典社会主义"、传统的"斯大林模式"社会主义都有重大区别。它的内涵非常丰富，其中有中国特色社会主义经济的核心问题就是实现社会主义与市场经济的内在统一与兼容渗透。所以，对社会主义进行重新认识，建设有中国特色的社会主义，这是我们实现社会主义与市场经济有机统一的基本依据和根本出发点。

三、社会主义市场经济体制建设的关键何在

确立了"社会主义市场经济"命题后，我们面临的主要任务，就是全力构造社会主义市场经济新体制的问题。社会主义市场经济体制建设是一项庞大、复杂、艰巨的系统工程，包含有非常广泛的内容。其基本框架构成是：①独立的市场主体；②完善的市场体系与市场机制；③间接式的市场调控；④规范化、法制化的市场规则与市场秩序；⑤宽松的市场环境等。其中关键在于产权制度的建设。这是社会主义市场经济新体制的基础和前提。

产权制度本质上是社会的基本利益形成机制。无论是经济学的理论研究或是国际经验都表明，从长时期看，一个国家的经济体制模式及其运行机制同其产权制度之间存在严格的对应关系。一元的国家所有制一般与高度集中的产品计划经济模式相联系；多元的产权制度则往往同市场经济模式及其运行机制相联系。如果在长时期内，产权制度与经济体制模式不相适应，那么，各种经济摩擦及日益增大的社会成本将迫使社会在产权制度与体制模式的差异之间做出选择，或者改变产权制度，使之与经济体制相适应，或是改变经济体制及其运行机制，使之适应既定的产权制度的要求。与计划经济体制不同的是，在市场经济制度下，资金、物资、人员等都不是政府的各行政部门之间通过行政渠道来分配，而是在市场交换中流动。公平竞争的市场的最低要求就是买卖各方的平等地位。买卖各方之所以愿意做交易，完全是出于他们各自对自身利益的认识。他们必须知道在交易中能获得多大的利益，同时，又面临着多大的风险。因此，财产关系明

晰、产权界定是市场经济发展的基本要求,在市场经济条件下,任何经济活动都严格地体现为泾渭分明的权力、责任和利益关系,这是财产及资源有效利用和取得资产收益的保证。产权问题的重要性就在于此。

明确产权关系,要求在所有的投资者之间建立一种平等的关系。没有人能够不通过公平交易来占用他人的财产。用这样的观点来观察,就会发现我国传统的产权制度与市场经济体制的要求有很大的差距。我国传统的产权制度源于传统的公有制理论,即:公有制的最高、最佳形式是国有制,国有制进一步体现为国家对全民财产的所有权,国家所有权又表现为国家通过其委托管理的各级政府机构对资产进行管理。这种产权制度存在明显的缺陷和内在矛盾,它不仅阻碍了公有制本身的发展,而且直接阻碍着我国社会主义市场经济新体制的建设,主要表现在:①企业(主要是国有企业)不能成为完整的商品生产者与经营者,从而无法奠定市场经济运行的微观基础。市场经济的发展客观上要求企业具有独立的财产和收益,成为自主经营自负盈亏的商品生产者。而在传统的一元国有产权制度下,企业预算约束软化的问题始终是难以医治的顽症。由于所有权、经营权集中于国家一身,企业缺乏资产权约束,因此,资产关切度低、营运效率差,企业只负盈不负亏。同时囿于"破产"等于"破国家之产"的困扰,企业事实上不存在真正的破产淘汰机制。②生产要素难以合理配置、优化组合。在一元国有制产权制度下,企业不可能对企业内资产享有完全的支配权和处置权,投资方向和投资规模由行政主管机关定夺,存量资产和其他要素的流动(出卖和转让)也受制于行政主管部门。这就使生产要素被限制在固有的、狭窄的纵向调拨渠道内,从而导致资产、要素在一些部门、企业严重闲置,而在另一些部门、企业短缺的局面。③价格缺乏合理的确定依据。在传统产权制度下,价格只被当作核算工具，它既不反映价值也不反映供求，价格确定的基础在于行政机关的行政决策，不能作为市场信号来引导社会资源的配置。④政企难以分开，宏观间接调控体系无法建立。传统的产权制度是政企合一、政府用行政手段直接控制企业、干预经济的经济基础。不改变这种产权制度，政府与企业只能是一种行政依赖关系，政府职能的转变更无从谈起。

由此可见，传统公有制形式与市场经济的矛盾，说到底是传统公有制产权制度与市场经济的矛盾。社会主义市场经济体制框架中的一些基本构成要素形成，都受到传统产权制度的阻碍，因此，要发展社会主义市场经济，构建社会主义市场经济新体制，必须首先进行产权制度的改革。

我国产权制度的改革目标是要构造与市场经济发展相适应的公有产权制度。这一产权制度的基本点应包括：①公有资产的所有权必须具有"人格化"的体现者和明晰、具体的法律表现，所有者与经营者之间有明确的责、权、利界限；②公有资产的所有权主体应是多元的、独立的，并相互竞争的；③公有资产的所有权必须从行政权中分离出来，成为一种只依财产利益而不依行政意志地独立行使和实施的权利；④公有资产的产权应是流动的，各权利主体在追求自身财产安全和增值中，可以依法转让各自的财产权。

根据上述要求，可考虑对产权制度进行如下改革：首先，将一元国有资产转变为多元的公有财产；其次，按照终极所有权和法人所有权、财产所有权与行政支配权、财产所有权与财产经营权相分离的原则，形成公有企业独立的法人产权制度；再次，按现代股份有限公司制度改造企业经营机制；最后，改变公有资产的营运形式，建立竞争性的资产及其产权经营市场；此外，在形成多元公有制的产权基础上，还应建立相应的社会产权结构。把以公有制为主、多种所有制并存的原则进一步具体到建立适当的社会产权结构上。其适当与否的标准和依据,在于使各种所有制形式之间能够形成一种相互激励和促进、相互竞争的总体态势,使各种所有制形式强弱互补,共同促进市场经济的发展。

实践表明,单一的所有者及其产权主体难以发展起市场经济,单一所有者内部的各经济单位之间可以"引入"市场、"模拟"市场,但不能使市场机制内生化,从而不可能建立起真正的市场经济。所有权主体的多样性是市场经济的竞争机制得以发挥作用的前提条件。因此,为适应社会主义市场经济发展的需要,必须大力发展以多种形式的公有制为主导、多种所有制成分共同存在、相互竞争的新型的所有制关系。具体到产权的社会结构上,要在发展多元公有产权主体的同时,继续支持和发展其他所有制产权主体。为此,当前需要进一步明确以下两点:第一,把是否有利于社会主义市场经济的发展(从而生产力的发展),作为调整和选择所有制结构和社会产权结构的根本标准。各种经济成分在整个经济中的比重、作用,应主要通过市场竞争去决定,而非简单地"抑制"与"保护";明确公有经济的活力也只有在竞争性市场经济的环境中才能够真正显示出来。其次,要在基本环境上为其他非国有制产权的发展创造条件。在法律上明确个体、私营经济、三资企业经济的存在与发展等是有中国特色社会主义经济的重要组成部分,在促使国有经济转换经营机制,提高效率上起着不可替代的作用。

(原载于《甘肃理论学刊》1992 年第 6 期;中国人民大学书报复印资料《政治经济学》1993 年第 1 期转载)

全面深化经济体制改革若干实质问题探讨

改革再起航，我们又一次燃烧着激情，憧憬着梦想，但还应保有清醒的理性和高度的警觉。面对全社会对过去改革的反思和争论，重新审视"为什么还要改革"并非"多余"的话题。实现全面建成小康社会和中华民族伟大复兴的中国梦，坚持中国特色社会主义的"三个自信"唯有坚定不移推进改革。经济体制改革在全面深化改革中具有基础性和决定性意义，必须毫不动摇。中国全面深化改革的关键与基础性工程在于破解社会主义与市场经济能否统一这个最大难题，社会主义与市场经济能否统一取决于在对社会主义进行重新认识的基础上，通过对传统社会主义体制的根本性改造，建立起一种新的、适应市场经济发展需要的社会主义体制模式，在此意义上来讲，坚持社会主义市场经济改革方向就是坚持市场取向的改革目标。深化经济体制改革需要深入破解改革理论创新、改革规划设计与改革目标细化、改革内容攻坚、利益调整与补偿、改革动力积累等难题。全面深化经济体制改革要找准正确处理政府与市场、经济体制改革与其他体制改革关系，构建深化经济体制改革的动力与约束机制，加强和改善对经济体制改革的顶层设计，着力凝聚和蓄积改革的正能量，积累推进改革的社会力量，增强改革的公信力等几个着力点和突破口。

一、我们为什么还要改革

改革 30 多年后的今天提出这个问题，似乎完全多余。30 多年来,我们的改革尽管磕磕碰碰、曲曲折折,却没有完全间断过。她成长了,强劲了,并以不可阻挡和逆转的势头向前延伸着……由此看,文中提出的问题,似乎已经获得了相当的解决。但问题远非如此简单。中国的改革是新兴的、复杂的、未竟的事业,国家的强盛、民族的复兴、百姓的富庶,全赖改革事业不间断的持久。

当我们回顾反思过去、展望未来,全面深化改革之际,不能不求溯于那个曾经启动我们改革意志的话题,让她警钟长鸣,激励和提醒我们战胜迷惘与险关。曾记否,当年我们改革的初衷:"国民经济到了崩溃的边缘""我们再也不能这样生活下去了""不改革就没有出路!"30多年前,我们是这样来回答"我们为什么要改革"问题的。十年"文化大革命"内乱的巨大破坏,阶级斗争的沉重创伤使百姓生活极端贫困,形成"人心思变""人心思改"的社会氛围,从而奠定了发动改革的比较雄厚的社会基础。随着改革的深入和环境的变化,特别是伴随着人们利益关系的调整,人们对改革的认识和评价出现了明显的差异,原有在朴素情感层面上形成的改革推动力分化疏淡,改革创新释放的制度变革效应与"制度红利"迅速衰减,改革不完善、不彻底的后遗症与负效应也不断显现。当前在深化改革进程中,普遍存在明显的"改革疲倦症""改革迷茫症""改革虚幻症""改革冷漠症"和"改革恐惧症",面临改革阻力加大、动力不足的巨大压力。主要表现在:一是对改革的质疑在增加,改革的动力在减弱,对为什么再改革缺乏基本共识。二是对改革的畏难情绪在增加,普遍存在"不愿改、不敢改、不会改"等畏难情绪,借口"不成熟""条件不具备""路径不清楚""阻力大"等理由等待观望。三是对市场化改革有质疑,认为发展和稳定中面临的许多问题皆由此产生。四是对社会主义市场经济体制建设的复杂性、艰巨性、长期性缺乏足够认识,认为搞市场经济是可以一蹴而就、一步到位的,把建立市场经济的新体制看得过于简单,对何时改革、为何改革、为谁改革、改革什么、谁来改革等基本问题缺乏清晰认识。五是"放空炮""口号改革",主要表现是空谈改革和实际不改革,或借口"不成熟""条件不具备""路径不清楚""阻力大"等延误和阻止改革。当一些人的利益在改革中得到调整或减少时,他们往往只从自身利益出发,怀疑、冷淡改革,甚至为旧体制的复归提供某种机会和条件。六是谈"改"色变,闻"革"心悸,以往积极献身改革者担忧"改革者无好下场"而等待观望,绝大多数弱势群体惧怕利益再次受损而抵制改革,少数利益既得群体为保住既得利益而恣意扭曲和阻挠改革。30多年中这方面的例子举不胜举。可怕的是,持这种主张的人多了,还会形成一股社会力量,进而影响决策者的取向,导致改革的局部、暂时的停滞和徘徊。改革进入深水区和攻坚区,面临的一个巨大阻力很可能就来自改革者自身,改革者不仅是最大的既得利益者,也是改革方案的制定者。改革很容易陷入"改革主体与改革对象一体化""改革是革自己命"的悖论。有一些人在改革中扮演着一种非常矛盾的角色:他(她)们既是旧体制的反对者,又是改革的反对者。旧体制有权给他们使,新体制有钱供他们花,用权时否定改革,花钱时打倒僵化,左右逢源,"为什么要改革"的初衷早已置之度外……

"改革疲倦症""改革迷茫症""改革虚幻症""改革冷漠症"和"改革恐惧症"现象对深化经济体制改革极为不利,必须引起高度警惕。应该看到,经济体制改革步入攻坚期和深水区后对现实利益格局的调整前所未有,风险大、矛盾多、见效慢将成为常态,许多关键领域的改革仍需进一步解放思想,大胆探索,局部的试错不可避免。为此,要以防止和克服"改革疲倦症"和"改革虚幻症"为抓手,增强改革动力,稀释和化解改革阻力,争取改革新空间。

今天,我们有了中国特色社会主义伟大实践的"三个自信"(理论自信、道路自信、制度自信),可以比较充分地回答"我们为什么改革"

这个最初的简单问题了,但要使"三个自信"坚定不移,并转化为现实的理性、扎根于国人的思维和行动中,尚需一个艰难的探索过程。因此,为了全面深化改革,我们仍有必要在新的基础上回答"我们为什么改革"的问题,以高度理性认识改革。"不改革只有死路一条",这是当年发动改革时改革开放总设计师的真知灼见,"改革开放是党在新的时代条件下带领全国各族人民进行的新的伟大革命,是当代中国最鲜明的特色。改革开放最主要的成果是开创和发展了中国特色社会主义,为社会主义现代化建设提供了强大动力和有力保障。事实证明,改革开放是决定当代中国命运的关键抉择,是党和人民事业大踏步赶上时代的重要法宝。实践发展永无止境,解放思想永无止境,改革开放永无止境。面对新形势新任务,全面建成小康社会,进而建成富强民主文明和谐的社会主义现代化国家、实现中华民族伟大复兴的中国梦,必须在新的历史起点上全面深化改革,不断增强中国特色社会主义道路自信、理论自信、制度自信。"这是今天中国执政者对新形势下"为什么还要改革"问题的远见卓识和胆略智慧。

当前,我国经济体制改革处于不进则退的十字路口,社会主义市场经济体制建设的许多理论与实践难题尚未真正破题,改革的时间约束也日益趋紧,必须以时不我待、只争朝夕的精神和壮士断腕、破釜沉舟的勇气冲破思想观念的束缚,突破利益固化的藩篱,在重大难题面前不退缩,推动经济体制改革实现新突破。

二、如何定位新阶段的经济体制改革

党的十八大报告指出,经济体制改革是全面深化改革的重点,要充分发挥经济体制改革的牵引作用。对此,学界和实践层面仍然存在不同认识,亟待深入研究,达成共识。笔者以为,经济体制改革在我国全面深化改革中具有基础性和决定性意义。"经济体制改革是全面深化改革的重点"的概括符合改革的理论逻辑,顺应改革实践的发展,是当前和今后我国全面深化改革的正确抉择。

首先,经济发展是破解我国一切发展难题的关键。发展是社会进步的综合概念,包括诸多方面。但是,社会发展的各个方面并不是平行并列的,其中社会生产力和经济发展居于基础和决定地位。改革开放以来,我国面貌发生了翻天覆地的变化,人民生活水平得到显著提高,取得的成绩有目共睹。同时,我们也要清醒地认识到,国内外环境都在发生极为广泛而深刻的变化,发展中面临一系列突出的矛盾和新的挑战,我国仍然处于社会主义初级阶段、人民日益增长的物质文化需要同落后的社会生产之间的矛盾这一社会主要矛盾相当尖锐、我国处于发展积累期爬坡期和重点突破期,且发展差距仍在继续拉大的基本国情没有根本性变化,当前与发达国家发展差距主要仍然表现在经济差距,发展落后主要是经济落后。由此决定了我们必须要排除一切干扰,坚定不移地坚持以经济建设为中心不动摇,牢牢抓住主要矛盾和矛盾的主要方面,坚持聚精会神搞建设、一心一意谋发展,着力把握发展规律、创新发展理念、破解发展难题,把加快经济发展作为解决一切问题的基础与关键,不断解放和发展社会生产力,提高综合实力和省域竞争力,为解决其他方面的问题提供坚实的物质基础,为其他各方面的改革才能创造更加有利的社会条件。当前我国经济发展进入战略机遇期和结构调整阵痛期、增长速度换挡期并存的"多期叠加"时期,到了爬坡过坎的紧要关口。不深化改革,发展就难有活力、难以持续,甚至可能陷入"中等收入陷阱"。

其次,发挥经济体制改革的牵引作用是全面深化改革总体思路的核心所在。生产力决定生产关系,经济基础决定上层建筑。这一社会发展的基本规律决定了要以经济体制改革为先导,发挥其牵引作用,为全面深化改革创造条件、提供动力。发挥经济体制改革牵引作用,与以经济体制改革为重点和"六个紧紧围绕",构成了全面深化改革的顶层设计和总体思路。经济体制改革具有牵一发而动全身的作用,经济体制改革的许多内容贯穿于其他领域改革,经济体制改革每深入一步都为其他改革提出了更进一步的要求。建立完善的社会主义市场经济体制,涉及经济、政治、文化、社会、生态文明等各领域的改革,除了要求继续深化经济体制改革,坚持和完善公有制为主体、多种所有制经济共同发展的基本经济制度外,也要求其他各领域改革的方向、目标、任务、举措等必须围绕着完善社会主义市场经济体制这一战略目标来谋划和推进。牵住深化经济体制改革这个"牛鼻子",可以有力促进其他领域深层次矛盾的化解,促进其他领域改革的协同深化。同时,改革发展到了一定阶段,进一步深化经济体制改革也迫切需要统筹推进政治、文化、社会、生态文明等其他领域的改革,实现经济体制改革、政治体制改革、文化体制改革、社会体制改革、生态文明体制改革相互协调、相互支撑。这就要求我们在设计和推进全面深化改革时必须坚持以经济体制改革为主轴,突出经济体制改革这个重点,解放和发展社会生产力,进一步把"蛋糕"做大,让老百姓得到实实在在的利益。以此牵引和带动其他领域的改革,使各方面改革协同推进、形成合力。

当前,改革发展稳定既面临长期积累下来的体制机制性深层次矛盾,又有不断涌现的新情况新问题,还有诸多难以预料的风险与挑战,发展进入关键期和转型期、改革进入攻坚期和深水区后,面临的任务更重,涉及范围更广,遇到难题更多,群众期待更高,破解难度更大。以经济建设为中心与以经济体制改革为重点本质上是统一的,必须要把经济体制改革和扩大开放作为全面深化改革的重中之重,充分发挥经济体制改革的牵引作用和市场在资源配置中的决定性作用,以更大的勇气和决心扫除阻碍发展和稳定的体制性障碍。

再次，以经济体制改革为核心是符合改革规律和我国现实的基本改革路径选择。党的十一届三中全会以来，经济体制改革始终是全面推进改革的"突破口"和"重头戏"，在理论和实践上不断取得重大进展，极大地解放和发展了社会生产力，推动了社会进步。以经济体制改革为重点牵引其他方面体制改革是经过实践检验的成功经验。改革开放30多年来，我国从农村经济体制改革起步，到城市经济体制改革，体制外到体制内，从对内搞活到对外开放，从经济领域到政治、文化、社会、生态文明等其他领域，改革的领域不断扩大，但始终没有偏离经济体制改革这个重点，并依据经济体制改革的客观需要逐步推进其他领域的改革。理论研究与实践发展表明，市场化取向的改革解放了生产力，经济发展和改革开放是几十年我国各项事业发展和社会进步的基本动力，经济发展与经济改革取得的巨大成就和成功经验为其他领域的发展和其他改革提供了有益启示和借鉴，也增强了广大干部群众对改革的决心和信心。我们坚持从实际出发，摸着石头过河，先从人民最关心最现实最直接的利益问题入手，先易后难，在确保经济发展和社会总体和谐稳定的前提下逐步深化其他领域的改革，实践证明这是符合我省实际的基本改革路径选择。

第四，当前制约我国发展稳定的体制机制障碍主要集中在经济领域。以深化经济体制改革为重点，是适应形势变化、推动我国转型跨越发展的迫切需要。当前，我国正处于"结构调整阵痛期、增长速度换挡期、中等收入陷阱攻坚期、转型跨越关键期"的"四期"叠加阶段，面临着跨越要素红利衰减和发展动力不足的严峻考验，发展中不平衡、不协调、不可持续问题依然突出，一些领域的潜在风险不断加大，原有的发展方式难以为继，稳的压力增加，调的难度上升，爬坡过坎的唯一路径是改革。相对于发展而言，近些年来我国在改革方面一直停滞不前，发展和稳定中遇到的许多深层次体制性障碍都源于改革的滞后与体制的僵化,特别表现在经济体制改革的停滞不前。从某种意义上讲,我国与发达国家经济发展的差距实际上是体制的差距。突出表现在:计划经济惯性大,所有制结构不合理,公有制和国有制、国有企业比重过高,非公有制发展严重滞后,经济社会发展缺乏强劲动力。市场主体发育不良,不能实现公平竞争,国有企业攻坚任重道远,非公资本进入市场存在诸多隐形壁垒,成为阻碍发展稳定的基础性体制瓶颈;市场经济的组织功能不完整,政府与市场关系不协调,政府改革明显滞后,职能严重错位,社会组织在市场经济中应有的作用明显偏弱和缺位,导致发展方式属于典型的政府投资拉动型模式,经济社会的发展主要靠资源、资本和一般劳动力等生产要素的投入和中央政策的扶持,缺乏增长和发展的后劲和潜力,也不断累积了发展与稳定的诸多矛盾与风险;市场体系构成不完善,生产要素市场发育滞后,资源与公共产品价格严重扭曲,资源配置失衡,市场机制尚未能有效发挥决定性作用;部门分割、地区封锁、行业垄断问题突出,财权与事权不匹配,财税制度不健全;金融市场体系不健全,金融服务发展能力低;二元结构矛盾突出,城镇化、市民化进程缓慢,城乡一体化体制机制没有形成;人口、土地、资源、环境、资金等要素的红利明显衰减,进一步可持续发展缺乏基础动力,客观要求变压力为全面深化改革的动力,以改革的红利来弥补发展的不足;产能过剩问题突出,迫切需要建立健全防范和化解产能过剩的长效机制;资源开发利用和生态环境保护的合理利益分配机制尚未形成,亟待形成资源价格的形成机制、生态环境补偿机制、资源开发利益的分配机制。因此,我们必须以更坚定的决心、更大的勇气、更多的智慧,加大经济体制改革的力度,加快完善社会主义市场经济体制,努力在重点领域和关键环节改革上取得新的突破,为推进转型跨越发展提供制度保障,为其他领域改革提供强大动力,创造更好条件。

三、社会主义与市场经济能否统一

　　全面深化改革的总目标是完善和发展中国特色社会主义制度，推进国家治理体系和治理能力现代化。全面深化改革的具体目标和方向是坚持社会主义市场经济，以促进社会公平正义、增进人民福祉为出发点和落脚点，但社会主义与市场经济能否统一？在什么意义上实现统一？这是当前全面深化改革面临的一个亟待解决的重大理论和实践问题，也是我国全面深化改革的基本难题。我们承认市场经济是商品经济的范畴，区分了市场经济和资本主义经济，强调紧紧围绕使市场在资源配置中起决定性作用深化经济体制改革，并不意味着从根本上解决了市场经济与社会主义的统一问题。市场经济虽与社会制度无必然联系，但它也不仅仅是一种经济运行机制，更非简单的可有可无的经济调节手段和具体工作方法。市场经济是一种受制度因素影响、制约的，以经济运行机制为主要内容的资源配置方式和经济体制模式，它所要求和反映的是一种体制和制度特征。市场经济运行有其内在的规定性和基本要求，并非只要存在商品、货币、交换、市场的经济就是市场经济。市场经济运行必需的独立的市场主体、充分健全的市场体系和市场机制、完善的宏观间接调控体系、法制化的市场秩序等条件，在原有体制模式中很难找到生长点。

　　我们现在面临的主要难题是：一方面，当代中国的基本国情和近代以来中国历史的发展演变启迪决定了我们只能走社会主义道路；另一方面，当代中国生产力的基本性质与社会发展水平，以及国际经济发展的成功经验，决定了我们只有建立和发展市场经济才能有效地推动生产力的发展和社会的进步，这是我们通过几十年痛苦的经验教训所明确的一个真理。把发展市场经济与坚持社会主义道路两者内在地统一起来，并非无条件的。笔者认为，要达到社会主义与市场经济的内在统一或相互兼容,关键在于我们如何理解社会主义。如果我们把社会主义仅仅理解为传统的社会主义经济模式而根本不愿意加以变革,那么,我们的确不能实现社会主义与市场经济的统一,因为传统的社会主义理论的一个基本观点是:社会主义与商品经济是根本对立的,从而与市场经济也是不能相容的,按照这种传统理论建立的传统的社会主义经济体制的基本特征是排斥商品经济关系与市场经济。实践还证明,传统的社会主义体制模式不仅在某些枝节方面,而且在基本属性方面都不能适应市场经济发展的需要。这也就决定了我们不可能通过把这种体制与市场经济的简单机械式相加方式实现社会主义与市场经济的统一。现在有一种观点,是在区分了市场经济与资本主义经济,把市场经济看作是商品经济的成熟或高级形态的同时,又在马克思主义经典作家的著作里寻找发展社会主义市场经济的依据和答案,如说什么“马克思主义创始人只讲过社会主义社会是不存在商品货币的社会,而从来没有说过社会主义就不能发展市场经济……”云云。这是一种自相矛盾的观点。这种观点在认识上逻辑上是悖理的,在实践上是有害的。市场经济问题无论从什么意义上讲,都是马克思主义的科学社会主义理论发展中的一个新问题,绝不可能在马克思主义经典著作中找到现成答案。

如果我们把社会主义理解为可以变化和发展的制度,从而可改变它的存在形态,那么,我们就完全可以实现社会主义与市场经济的统一。其统一的方式和关键不是用传统体制的一般原则去改造市场经济运行规则,而是在对社会主义进行重新认识的基础上,通过对传统社会主义体制的根本性改造,建立起一种新的、适应市场经济发展需要的社会主义体制模式,由此创造公有制、按劳分配等社会主义经济制度的新的实现形式。事实上,我们的改革就是以对社会主义的重新认识和对原有体制的批判改造作为发端的,没有对社会主义的再认识，没有思想的解放和观念的转变，也就没有十一届三中全会以来的路线方针政策，更没有几十年改革开放的巨大成就。在此意义上来讲，坚持社会主义市场经济改革方向就是坚持市场取向的改革目标。那种借改革过程中出现的问题和批判经济自由主义为由否定和责难市场取向改革的思潮在理论上缺乏依据、在实践上是非常有害的。

用市场经济的运行规则改造传统体制而非用传统体制的一般原则去改造市场经济，是有深刻的理论与实践缘由的。我们知道，马克思主义创始人在考察经济体制和社会经济形态时，主要围绕两条基本线索：一条是从人们对劳动产品关系的分析入手，揭示他们在经济活动中的劳动交换关系。自然经济、商品经济（市场经济）、产品经济分别是劳动交换关系所采取的几种历史的经济形式，另一条是人们从生产条件（要素）的关系的分析入手，揭示他们在物质生产过程中的地位和作用以及由此决定的收入分配方式，这一类经济关系可以概括为经济制度（包括所有制关系和分配关系）。我们所说的社会主义经济制度、资本主义经济制度，指的就是所有制关系或分配关系所采取的具体形式。在任何具体的经济体制中，特定的劳动交换关系与特定的经济制度关系总是融为一体的，而不可能仅仅是一种劳动交换关系或仅仅是一种所有制关系与分配关系。但在一种体制结构中，劳动交换关系与所有制、分配关系的作用并不是并列的。自然经济、商品经济（市场经济）、产品经济作为经济形式，是一种与生产力发展的不同水平相联系的依次衔接、递进的关系。自然经济与生产力发展的较低水平相联系；市场经济既是生产力较高程度发展产物，又是生产力发展不足的表现；产品经济则与高度发展的生产力水平相联系，这种经济形式在当代和可预见的未来不具备实行的条件。我们说市场经济是社会经济发展不可逾越的阶段，其主要理由就在于一种经济形式的存在和发展，直接由生产力发展水平决定，逾越了经济形式,也就意味着逾越了生产力的发展。可见,劳动交换关系比起所有制关系、分配关系来说,受生产力水平的限定程度更大,具有更大的稳定性,从而更不容易被人们的历史活动所取消和改变,这就决定了在历史发展过程中,是劳动交换关系的发展和变化决定所有制、分配关系的发展和变化,而不是相反。这一原理在我国经济体制改革的实践中得到了验证。改革以来,商品经济、市场机制的引入和发展,已使原有的社会主义所有制关系和分配关系发生了重大的变化,生产资料公有制的实现形式由单一的国有制向能体现市场经济发展要求的多元化公有制形式转变;按劳分配由产品经济型向市场经济型转变。这样,通过对传统社会主义经济模式的根本改造,建立一种新的确保劳动者能够通过直接占用和支配生产资料财产为自己获取收入和财产的经济制度,由此,使社会主义经济制度获得更加发达和完善的存在形式。我们党正是在此意义上确立了中国特色社会主义的理论、道路和制度自信,提出了建设中国特色社会主义经济的要求。现在,有一些同志对建设中国特色社会主义问题缺乏足够的认识,忽视甚至贬低这种理论的重要性。笔者认为,不能把中国特色社会主义的建设看成是权宜之计或具体对策措施。中国特色社会主义应为社会主义的一种新形态。这种社会主义与马、恩的"经典社会主义"、传统的"斯大林模式"社会主义都有重大区别。它的内涵非常丰富,其中国特色社会主义经济的核心问题就是实现社会主义与市场经济的内在统一与兼容渗透。所以,对社会主义进行重新认识,建设中国特色的社会主义,这是我们实现社会主义与市场经济有机统一的基本依据和根本出发点。

四、深化经济体制改革的难点何在

首先,改革理论突破的难题。十八届三中全会《决定》将市场在资源配置中的作用提高到"决定性"的高度,并将解决政府与市场的关系上升到治国理政方略的高度,进一步明确了改革的目标,实现了改革理论的又一次重大突破。但在发挥市场在资源配置起决定性作用的同时如何更好地发挥政府的作用,厘清政府与市场"两只手"的行为边界,防止市场失灵与政府失效,仍然是亟待破解的重大难题。比如,通过加大简政放权力度,促使政府从"不该管、管不好"的领域彻底退出来,"不该管、管不好"的领域如何界定? 能否以混合所有制为主体构建我省所有制结构? 如何确立企业投资主体地位,政府与企业的投资项目范围如何划定? 如何明确界定中央和省,以及省与市、县、乡之间的财权与事权范围,健全公共财政体制? 如何按照市场在资源配置中起决定性作用的市场经济核心原则分类(公益性、功能性、竞争性)推进国有企业改革,加快建立现代企业制度? 今后中央和省上国有企业的生存点与作用点如何确定? 国有企业比重大小与公有制的主体地位有无必然联系? 实施资源有偿使用制度和生态补偿制度的现实可行性有多大? 新一轮农村土地制度改革赋予农民多少财产权利? 如何通过开放倒逼改革? 等等。

其次,改革规划设计与改革目标细化难题。深化经济体制改革要发挥中央与地方以及地方各级的积极性,坚持顶层设计与局部试点相结合原则已成为基本共识。但如何准确界定中央与地方以及地方各级的改革边界与重点,明晰地方各级改革的具体目标、重点与步骤,涉及对省情市(县乡)情与改革形势的科学判断问题,但许多改革内容相互交叉重叠,难以在中央和地方各级政府间进行清晰划分。

再次,改革内容攻坚的难度。按照中央的部署,深化经济体制改革包括坚持和完善基本经济制度、加快完善现代市场体系、加快转变政府职能、深化财税体制改革、健全城乡发展一体化体制机制、构建开放型经济新体制等六大方面,今年的主要任务是加快转变政府职能、深化财税体制改革、完善金融市场体系、构建开放型经济新体制、注重依靠改革推进结构调整。类似转变政府职能、深化财税体制改革、完善金融市场体系这样的改革内容事关全局,配套要求高,甚至超出了经济体制改革范围,其进展很大程度上取决于中央顶层设计,地方有所作为的方面相对有限。

第四,利益调整与补偿难题。经济体制改革进入攻坚期和深水区涉及利益关系深刻调整,触及深层次矛盾,包括中央与省上、省上与市县乡、集体与企业、企业与个人,以及城乡之间、城市居民与农民之间、干部与群众之间的利益关系重组。既要破除旧体制,又要创立新体制;既要冲破思想观念障碍,又要破除利益固化藩篱,各个环节改革的关联性、互动性明显增强,改革的复杂程度、敏感程度、艰巨程度前所未有。改革不可能不产生矛盾和冲突、不可能不出问题,改革不可能马上使所有人普遍受益,而是有人受益,有人不受益,有人也可能要损益。我省经济实力薄弱,构建经济体制改革利益补偿机制尤为艰巨和紧迫。

第五,改革动力不足难题。如前所述,当前在深化经济改革进程中,一些干部群众特别是领导干部中存在明显的"精神懈怠病""改革疲倦症""改革迷茫症"和"改革虚幻症",面临改革阻力加大、动力不足的巨大压力。不仅表现在对改革心存疑虑,导致求稳怕乱、患得患失、形式主义、等待观望、空谈改革现象普遍,也表现在由于能力缺失导致的延误和迟滞改革;还表现在对何时改革、为何改革、为谁改革、改革什么、谁来改革等基本问题缺乏清晰认识。

五、什么是全面深化经济体制改革的着力点

全面深化经济体制改革的关键是要找准着力点和突破口。从当前我国经济体制格局看,重点需要解决以下几个问题:

首先,要正确处理政府与市场的关系,使市场在资源配置中起决定性作用和更好发挥政府作用。如何认识和处理政府与市场的关系,即在资源配置上,究竟是市场起决定性作用,还是政府起决定性作用?这是一个必须回答的问题,理论上的含糊必然造成实践上的摇摆乃至错位,深化经济体制改革要求深化理论上的认识。应该说,正确处理政府和市场的关系是我国几十年经济体制改革的主线。党的十四大确立了建立社会主义市场经济体制的改革目标,提出要使市场在国家宏观调控下对资源配置起基础性作用。20多年来,我们的认识不断发展,先后提出:"在更大程度上发挥市场在资源配置中的基础性作用""从制度上更好发挥市场在资源配置中的基础性作用""更大程度更广范围发挥市场在资源配置中的基础性作用"。党的十八届三中全会实现了新的突破,明确地把市场在资源配置中的"基础性作用"修改为"决定性作用",这是在理论上的又一个重大贡献。党的十八届三中全会指出:"市场决定资源配置是市场经济的一般规律,健全社会主义市场经济体制必须遵循这条规律,着力解决市场体系不完善、政府干预过多和监管不到位问题。"这就为深化经济体制改革进一步指明了方向,即市场取向改革方向。笔者以为正确处理政府与市场的关系问题仍然是全面深化经济体制改革的核心、关键和主攻方向,在全面深化改革中具有根本性意义。当前亟待在市场与政府关系认识上取得新突破,有必要从广度和深度上推进市场化改革,要着力解决市场体系不完善、政府干预过多和监管不到位问题。找准市场功能和政府行为的最佳结合点,严格界定政府、市场、企业与消费者之间的关系,大幅度减少政府对资源的直接配置,推动资源配置依据市场规则、市场价格、市场竞争实现效益最大化和效率最大化。政府的职责和作用主要是保持宏观经济稳定,加强和优化公共服务,保障公平竞争,加强市场监管,维护市场秩序,推动可持续发展,促进共同富裕,弥补市场失灵。通过正确处理好政府与市场关系这个核心,切实把市场、企业、社会和政府的优势都充分发挥出来,更好地体现社会主义市场经济体制的特色和优势。

其次,要正确处理经济体制改革与其他体制改革的关系,以经济体制改革为重点全面协调推进各方面改革。十一届三中全会以来,我们的改革一直以经济体制改革为重点。发展以经济建设为中心,改革理所当然地应当以经济体制改革为重点,这是完全合乎逻辑的,也是中国改革成功的一条重要经验。在这个问题上,我们要始终保持清醒头脑,不为任何干扰所惑,像坚持以经济建设为中心不动摇那样,坚持以经济体制改革为重点不动摇。这是由社会基本矛盾运动规律所决定的,是由社会主义的根本任务所决定的,是由我国社会主义初级阶段的主要矛盾所决定的。以经济体制改革为重点,充分发挥经济体制改革在全面改革中的牵引作用,是推动生产关系同生产力、上层建筑同经济基础相适应,推动经济社会持续健康发展的历史唯物主义的科学方法论。社会主义改革是一项系统工程,各个领域的改革也是系统工程。在当前改革的攻坚阶段,面临错综复杂的深层次矛盾,单靠某个领域、某个层次的改革,已经难以奏效,必须加强顶层设计、整体谋划,协同推进、有序展开。单刀突进不行,畸轻畸重也不行。非平衡是事物发展的规律,但非平衡不等于失衡,我们要在非平衡中努力追求相对平衡。只有既解决好生产关系中不适应的问题,又解决好上层建筑中不适应的问题,才能产生综合效应。

(原载于《甘肃社会科学》2014 年第 6 期)

论社会主义市场经济的文化精神

江泽民同志在党的十五大报告中指出："有中国特色社会主义的文化是凝聚和激励全国各族人民的重要力量，是综合国力的重要标志"，同时也将建设有中国特色社会主义文化作为党在社会主义初级阶段基本纲领的有机组成部分。结合我国实际，借鉴国外有关理论和成功经验，探讨有中国特色社会主义经济即社会主义市场经济的文化精神，是一个全新而又重要的历史性课题。本文试图集中讨论如下问题：1.何谓市场经济？市场经济是否仅仅为一经济范畴？2.近现代市场经济有无文化伦理基础？3.社会主义市场经济的文化精神是什么？如何塑造这种精神？

一、市场经济的文化属性

市场经济究竟属于什么范畴？目前主要有三种不同的看法。一种是把市场经济主要看成是社会经济制度的范畴，即市场经济为资本主义经济制度的代名词。这种观点主要为国外一些经济学家所持有，国内自"社会主义市场经济"命题确立以后，在公开场合已不多见，但不排除仍存在于一些人的潜意识和观念中。另一种是把市场经济等同于市场调节与市场机制，是调节经济的手段或具体工作方法。还有一种是将市场经济视作经济运行机制的范畴，认为市场经济是以市场机制为基础的经济运行方式或资源配置方式，这是目前较为普遍的一种看法。

　　现在看来,市场经济既不属于社会制度范畴,也不单纯是一种经济运行机制,更不是一种简单的经济调节工具和工作方法。把市场经济当作社会经济制度属性的观点,理论界已有多方位的分析和批判,已初步形成一些比较一致的看法,这里不再赘述。至于那种把市场经济仅仅看成是市场调节的观点更是经不起理论与实践的检验,把市场经济当作随心所欲、任人处置的调节工具,肯定不会得出正确结论,甚至还会加进许多主观因素,扭曲和阻碍市场经济的发展。这里需要着重说明的是, 能否将市场经济等同于经济运行机制或资源配置方式。我们认为,把市场经济仅仅归结为资源配置方式,进而着眼于计划与市场的关系,仍然是片面的、有害的。诚然,把市场经济当作经济运行机制或资源配置方式的这种理解,同传统的"市场恐惧症"和"市场抑制论"相比,是一大进步,也是改革以来继计划和市场的"对立论""主辅论""板块论"等几个认识阶段之后的新境界,但市场经济不仅是个计划与市场的关系问题, 也不简单是一个资源配置方式的作用过程。看不到这一点,就会低估市场取向改革的深刻性和真正困难所在,导致在改革实践中回避难题,轻易放过体制创新,把建立市场经济的改革仅仅理解为单纯运行机制的转变, 又把运行机制的转变归结为计划与市场关系的协调, 试图在原有体制框架与基本经济关系保持不变的条件下,"引入"市场机制。这种改革思路尽管也使传统体制受到很大冲击, 主要表现在指令性行政机制的作用大大减弱,市场的作用逐步增强。但是,这种变化还属于外在性的比重和范围的增减变动,并非对传统体制的根本改造,新体制的基础仍然非常脆弱。而且与此直接关联的体制双轨制的出现,使各种"寻租"行为猖獗,腐败现象蔓延,社会风气败坏,经济秩序混乱,加大了改革难度。以上分析显示, 有必要对市场经济的属性问题进行深层次的反思。市场经济作为社会生产力发展阶段上的一种实现形式,并非仅仅是一种经济运行机制与交换行为,也不只是创造物质财富的过程;市场经济的确立,并不是简单地作为经济手段与经济行为被植入,更为重要的是,它是一个社会诸因素交互作用的错综复杂的漫长过程,有着赖以产生的内在的经济技术条件和人文条件,其中,文化精神是市场经济发展与运作的重要内在动因。首先,市场交换行为的本质是一种社会文化行为。无论从简单的、偶然的只有两个商品交换者进行的价值交换形式分析,还是从扩大的、发达的、以货币作为交换媒介,由多个商品交换者参加的价值交换形式观察,交换的实现,客观上都遵循着一定的、被所有交换主体共同认可的市场规则,每一次交换行为的实现,都是交换主体对其共同认可的市场规则的一次实践和维护。市场规则是任何市场行为主体(企业、家庭、个人、政府等)都必须遵守的,它构成市场的精神与灵魂,这种规则的科学、明确固然重要,但更为重要的是,它必须为人们所认可,存在于市场行为主体的内心深处,成为大家的共同意志。市场经济条件下,商品生产者之所以要进行市场交换,而不以暴力掠夺、欺诈偷盗等超经济方式获取财富,有其客观必然性。这个必然性在于:一是商品交换者的“文化伦理自律”价值准则,对“能”干什么和“不能”干什么,“应该”干什么与“不应该”干什么,有基本的判断与规定,从而交换才能成为可能。二是商品交换主体的“文化伦理信赖”与道德理解。只有交换行为主体双方具有这种“自律”与“信赖”时,市场交换行为才能成为可能,反之,一个无人格、靠欺诈、掠夺为生的“交换者”,在正常的市场秩序下,是无人与其交换的。因此,市场交换本身就含有丰富的文化内容。从某种意义上讲,人们之所以要进行市场交换活动,其目的在于借此从总体上实现人类共同的文明、理想与精神价值,优化自己的生命,这应该是市场经济同文化之间存在的最基本的联系。如果作进一步分析,市场行为与人的文化素质的发展也密不可分。如果一个社会的人们普遍缺乏市场经济正常运行所需要的基本文化素质，则该社会很难形成真正的市场。市场活动要求人把自己、同时也把他人当作"人"来看待，并承认人与人之间以"文化"文明方式而非野蛮式进行交换的可能性。而且，市场与表现交换者共同利益的文化的规模与水平交相辉映，共同发展，最终在一国或世界范围内形成维护市场得以存在的"国家意志"与"全球意识"即市场理性。世界贸易组织等国际性经济组织都是这种理性的体现。市场理性一方面表现为市场内部的行为规范，同时也表现为市场的外部社会文化环境对市场的维护和支持。没有一定的社会行为规范及社会意识观念的支撑、维系与滋养，市场经济将成为无源之水、无本之木。其次，市场经济体制的构建需要文化伦理上的合理性与正当性来维系。任何一种制度或体制，只有在它拥有为全社会、至少是为大多数人们所接受的文化伦理及道德的合理性与正当性时，才能被大众视为是正义的，才能为大众所认可与接受。这里的合理性或正当性是指一种体制能否形成并维持这种信念：现有的体制最适应于这个社会。制度与体制通常由一套文化伦理观为之辩护，文化观又要求具体的制度及体制层面体现其道德的合理性。如果大多数人都承认的关于信念的通常制度尚未确立，那么一切新体制的设计都是无效的。如果体制及其准则与现存文化准则相脱节、相冲突，同样会归于无效。市场经济体制建设如果缺乏文化伦理及道德上的合理性与正当性的支持，同样不能成功。在市场经济研究中，不仅要关注市场、分工、交换这些基本因素，也必须考察这些因素赖以产生的文化基础与精神特征。

二、近现代市场经济的文化精神基础

市场经济作为人类社会发展一定历史阶段的产物，并非人们单纯的经济活动本身发展的结果，而有着更为丰厚、全面的人文原因。

首先,关于市场经济的人文条件,许多经典作家都曾有过精辟的论述。在古典经济学时期,亚当·斯密等人把自爱、同情、怜悯、追求自由的欲望、正义感和相互交换之倾向看作市场经济秩序必不可少的文化伦理与道德基础。亚当·斯密还以个人主义、利己主义价值观为基础,建立了自己的自由主义经济观,特别强调个人主义不仅是个人生命、财富、自由,而且是个人文化精神的发展以及自我完善、自我实现、自我解放。19世纪末20世纪初最著名的西方社会学家马克斯·韦伯在对东西方诸大宗教的比较研究中,提出新教(加尔文教)精神是推动现代资本主义形成的主要精神支柱。他认为:"现代资本精神,以及全部现代文化的一个根本要素,即以天职思想为基础的合理行为,产生于基督教和禁欲主义。"在韦伯看来,新教伦理精神的合理内容是:提倡勤劳致富,反对不劳而获;提倡敬业态度,反对不务正业;提倡取财有道,反对敲诈勒索拐骗等不义行为;提倡节约、节制,反对贪图享乐、挥霍纵欲。这样,新教伦理既使获取财富、发展经济有了一种光荣奉献的精神动因,又使经济生活有了一个正当原则和节俭的精神自律,这就是资本主义之所以没有在中国、印度、巴比伦、埃及等古代文明世界中发展起来,而在西欧产生的主要原因。韦伯还认为,文化理性等本身自有其独立性,在客观条件的配合下,文化与精神理性也可以成为推动历史发展的决定力量,在缺乏理性精神和动机力量的情况下,即使是最有希望的制度性条件也不可能被有效地运用于理性的经济目的。虽然韦伯的研究结论中尚有值得商榷之处,特别是对东方宗教与伦理的观点(如认为缺乏新教伦理精神,亚洲国家就不能发展资本主义)失之偏颇,但他深刻地揭示了经济发展所必需的精神文化因素,阐明了文化对于经济发展的重要作用。这种作用既体现在文化与精神价值为发展经济提供精神动因,也体现在文化价值为经济活动方向定位。这对我们深入理解建立现代市场经济与塑造文化价值观间的内在联系有重要启示：一个社会的经济活动如果缺乏一种文化含量与精神动因，最终必将是低效甚至无效的。

除亚当·斯密与马克斯·韦伯以外，作为西方经济学"异端"的新制度经济学派也探讨了市场经济发展与文化精神变迁间的关系。该学派把文化精神看作是一个民族、一个国家乃至一个利益集团共享的公共物品或人力资源，其功能在于降低交易成本。并且认为，人类的经济生活之所以区别于动物之间的相互作用，是因为人类活动是在特定的社会环境中与特定的约束条件下进行的。这种约束条件就是人类在长期的社会发展中形成的非正式制度安排与正式制度安排。文化的功能就在于通过它本身特有的"传导""渗透""遗传"等机制，去影响和形成这些约束条件。缺乏文化的作用，人们之间的分工和交易成为不可能。

其次，追溯近代市场经济的起源，每个国家市场经济的产生，都有其丰厚的文化背景或文化禀赋。在人类历史上，真正意义的市场经济或称近代市场经济，发源于欧洲的文艺复兴时代。在 14 世纪与 15 世纪之交的欧洲、地中海沿岸、大西洋沿岸和中、西欧的一些大河流域，先后程度不同地出现了近代市场经济的萌芽及一定规模的发展。近代市场经济之所以能在这些地区产生，除了它居于世界的东西方文化的交汇处、文化氛围浓厚外，主要得益于文艺复兴时代的人文主义运动与席卷整个基督教世界的宗教改革运动。文艺复兴冲破了中世纪教会统治所形成的专制主义文化束缚，为近代自由商人阶层的形成开拓了精神教化的道路；马丁·路德领导的宗教改革运动，解放了整个欧洲人的精神世界，加尔文新教所倡导的勤俭、节欲、积累财富、公正等伦理规范为基督教创设了新的生活准则，从而塑造了一批追求自由平等、独立人格与积极进取的市场行为主体。西班牙、葡萄牙、意大利、荷兰、英国、德国等国家近代市场经济的成长，概莫能外。

概括地讲,近代西方市场经济的文化精神主要包括两方面的内容:一是由文艺复兴所唤起的个人自由、独立人格的世俗思想;二是由宗教改革运动形成的新教所倡导的禁欲、勤俭及聚集财富的近代观念。没有这一文化伦理基础,现代市场经济所要求的产权明确界定、公平交易原则等均无从谈起。

再次,从现代市场经济的几种主要模式来分析,每一种模式都以一定的文化背景与文化存量作为铺垫。英美式的"自由市场经济模式",以经济自由作为其经济哲学及文化价值基础,推崇"适者生存"的竞争意识,强化"个人奋斗、个人决策、个人创造、个人价值",提倡自由企业制度、"消费者主权"与地方分权制,其价值取向一般是:消费者追求效用最大化,生产者追求利润最大化。虽然在不同时期存在不同程度的国家干预,但经济自由主义始终居于主导地位。这种市场经济模式的文化精神可概括为:(1)个人主义;(2)物质主义;(3)自由精神;(4)平等精神;(5)法律精神;(6)务实精神;(7)冒险精神;(8)实验精神;(9)开拓精神;(10)创新精神。

德国的"社会市场经济"以倡导"自由+秩序""经济效率+社会公平"而独具特色。其核心内容:一是建立起能够保护竞争、实现经济效率而又有序的市场机制;二是为实现社会公正和社会进步而提供的社会保障。"社会市场经济"中的"社会"一词包含着社会公正和社会安全的含意,构成了这种市场模式的文化特征。日本的"社会协商型或社团式市场经济"模式,则强调社团价值,信奉"生产者主权"。这种市场经济模式包含的主要文化精神是:(1)报效国家与民族自尊的精神;(2)团队精神、家族精神、"命运共同体"精神;(3)和亲一致的精神;(4)永不满足的追求卓越与学习精神;(5)人本精神等。西方国家在研究日本式市场经济体制模式及其经营管理时提出了著名的"七S管理模式"与"十一C管理模式",对我们理解这种市场经济模式的文化禀赋有重要启示。所谓"七 S 模式"是指企业管理效率的高低要取决于七个因素，即：战略（Strategy）、结构（Structure）、制度（Systems）、人员（Staff）、作风（Style）、技能（Skills）、最高目标（Superordinate Goals）。由于这七个因素的英文词都是以 S 开头的，所以叫作七 S 管理模式。该模式以"最高目标（即企业精神）"为中心，结合成为一个整体，其中：战略、结构、制度是所谓"硬"要素，组成一个"硬三角"，另外四个要素则属于"软"要素（详见下图一）。日本与英美等国管理的区别是，英美比较重视"七 S"中的前三个"硬"要素，而对四个"软"要素重视不够。日本企业则对"七 S"全面重视。"十一 C 管理模式"认为，日本式经营管理成功的奥秘在于其独特的管理风格与企业文化，具体讲是一种以十一 C 模式的思想为依据的企业文化，由于十一个因素的英文词都是以 C 开头，因此叫十一 C 模式（详见图二）。

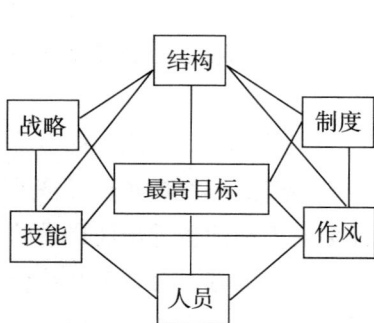

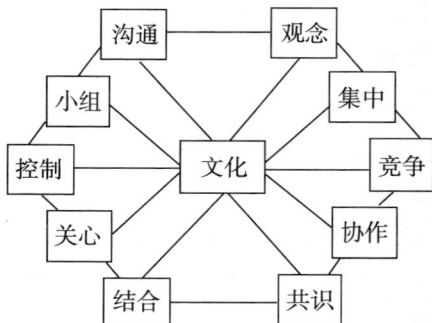

图 1　七 S 管理模式　　　　图 2　十一 C 管理模式

可见，任何市场经济模式的运行，都离不开文化传统，都与一定的文化力交织在一起，客观地起作用。尽管由于具体国情的差异，与各类市场经济模式相关的文化精神呈现出较大的差异，但市场经济的发展决定文化力，而文化精神又对市场经济发生着强大的影响、推动、促进作用，是社会经济发展的共同规律。

最后，从现代市场经济的发展趋势与国际经济竞争的总态势来观察。一方面,经济与社会的"一体化"发展日趋明显,现代经济增长与劳动生产率提高中,文化含量、文化附加值越来越高。在现代商品生产中,降低资源、能源、财力的有形投入即"硬投入",提高文化、科技、教育、管理等的无形投入即"软投入",已经成为现代企业生存与发展的重要趋势。由此得出的结论是:必须高度重视智力因素、人才培养和教育发展,重视科技实力和"文化力"的增长。另一方面,当前国际竞争的实质是综合国力(Comprehensive National Power)的较量。一个国家的综合国力除包括资源状况、经济活动能力、对外经济活动能力、科技能力、军事能力、政府调控能力、外交能力等等外,还必须包括"文化力"(Culture Power)在内。"文化力"是近些年来国际范围内生产力与市场经济理论研究中提出的重要概念,它集中反映文化在经济社会发展中的地位与作用,揭示文化变迁与经济发展、经济增长、体制变迁的关系;阐明生产力提高与经济增长中的文化含量与文化附加值。文化力在综合国力中具有巨大的凝聚、动员、激励力量,发挥着定位与推动作用。

三、社会主义市场经济的文化精神构建

发展社会主义市场经济,实现由传统计划经济体制向社会主义市场经济体制的转轨,是前无古人的艰巨事业。十多年改革的经验与教训表明,建立市场经济新体制,绝非仅仅是一经济改革、经济发展与经济增长的过程,更非单纯的利益调整与物质财富创造过程,而是一场涉及社会各个层次的深刻革命。它在广泛的领域势必引起价值观念、道德规范、生活方式发生重大变化。一个物质财富匮乏的社会固然不是一个好社会,可一个单纯物质财富丰裕的社会也同样是病态或扭曲的社会。对我国传统文化中"仓廪实而知礼节,衣食足而知

荣辱"的观念要作辩证理解。市场经济活动的直接目的是利用市场价格、竞争等信号实现资源的优化组合与合理配置，从而提高一个组织以至整个社会的经济效率。但一个社会的终极目标并不是为了经济效益。市场经济活动除了追求"效率"外，还必须注意社会效益、生态效益与人文价值（保持和优化人的生命存在）的实现。

从一定意义上讲，我们不能为改革而改革。为选择经济体制而进行的经济改革，其终极目的是要创造一种人尽其才、地尽其利、物尽其用的机制与环境，从而为社会的进步与人的全面发展提供前提基础。中国市场取向改革的初衷，发端于 80 年代初对经济发展与改革人民生活极端重要性的强调，这种强调对"国民经济到了崩溃的边缘""人民再也不能那样生活下去了"的中国社会现实来说，无疑是正确的、必然的。但在具体实践中，一些人对这种强调产生了片面的理解，似乎经济建设是社会发展的终极目标，只要经济搞上去了，人们"富庶"了，一切问题都会迎刃而解。这种认识上的偏差，导致一些人把经济发展、经济增长肤浅地归结为单纯的产值、数量等速度指标的增加，忽视了作为经济发展价值基础的人文条件，由此产生了一些人的"一切向钱看""拜金主义""享乐主义""极端个人主义"及伦理道德、民族精神的沦丧与社会文化事业发展的滞后。在社会的一些阶层与区域中，对物质财富的急剧占有与社会文化伦理道德的衰落，形成强烈反差。"理想淡漠""精神空虚""社会风气不好"成为不容回避的事实。总的观察是，体制转轨时期，旧的文化价值体系已被冲击得支离破碎，新的价值体系尚处在孕育之中，中间出现了"断裂带"与"真空区"。因此，对社会主义市场经济文化精神的深层思考与构建已刻不容缓。笔者以为，这种构建应着重解决以下几方面的问题：

1. 社会主义市场经济的文化精神要体现市场经济的共性。市场经济在其发展中逐渐形成了一系列适应社会化大生产，有利于提高效率、促进社会进步的基本规范与机制，这是全人类集体智慧的结晶，并不反映特定的社会制度属性，如产权明晰、公平竞争、法制基础、开拓进取、效率优先、宏观调控等。社会主义市场经济文化精神的构建必须注意吸收这些全人类创造的先进、文明成果，站在"巨人"的肩膀上，实现"赶超式"发展。当前，特别是要树立公平、公正、平等的文化价值观。何谓"公平"，每个历史时代"公平"观的内容是什么？这并非抽象、一成不变的概念，而取决于社会经济和文化的发展。在市场经济条件下，公平观集中反映了市场交换的本质要求和交换当事人的基本关系。它要求每人个都应该有平等生存、享受、发展的权利和机会，诸如择业、致富教育训练、参与民主管理，以至参政的机会，等等。这种机会平等不承认任何种族、性别、年龄、血统、门第、封建宗法等级的差别和特权，只承认劳动者自身能力和努力程度的差别。这种机会平等观与效率优先原则是相适应的，而根本区别于根源于小生产者的平均主义的"分配均等观"，因此它理应成为社会主义市场经济公平观的基本取向。

2. 社会主义市场经济文化精神的形成要体现社会主义市场经济的特殊性，并着力构建全社会的共同理想和精神支柱。社会主义市场经济是市场经济与社会主义基本制度的有机结合，它必然要反映社会主义制度和价值理想的基本要求。在我国社会主义制度下，占统治地位的价值理想是以马列主义、毛泽东思想、邓小平理论为指导，以社会主义、集体主义、爱国主义为核心内容的思想文化。因此，社会主义市场经济的文化精神，应充分反映社会主义、集体主义、爱国主义的要求。当前要把在全社会形成共同理想和精神支柱作为构建社会主义市场经济文化精神的根本。为此，要始终不渝地用邓小平理论教育干部和群众，认清党在社会主义初级阶段的基本纲领、基本路线，树立建设有中国特色社会主义的共同理想，深入持久地开展以为人民服务为核心、集体主义为原则的社会主义道德教育,加强民主法制教育和纪律教育,引导人们树立正确的世界观、人生观、价值观;大力弘扬爱国主义、集体主义、社会主义和艰苦创业精神,发扬社会主义的人道主义精神;要坚持不懈地提倡共产主义思想道德,同时把先进性要求和广泛性要求结合起来,鼓励一切有利于国家统一、民族团结、经济发展、社会进步的思想道德。

3. 社会主义市场经济的文化精神要兼顾经济效益、社会效益、环境效益、人的价值。建立社会主义市场经济体制,发展市场经济本身并不是我们的最终目的,我们的最终目的是实现社会的全面进步和人的全面发展。这就要求社会主义市场经济的生产经营活动在追求利润最大化的同时,兼顾社会效益、生态环境效益与人的全面发展。克服那种忽视社会效益、破坏生态环境、扭曲人的价值的错误做法。同时还必须看到,一个社会客观上存在一些具有"特殊价值判断准则"的领域,这些领域属提供"公共品"的非竞争性领域,在此领域从业的准则不是"为了赚钱",而是体现"公平、公开、公正"的"裁判"法则,因此也称"负效益"或"外部经济"领域,显然在这种领域,经济效益与社会效益、生态环境效益、人文价值实现间存在矛盾与冲突。这些领域包括政府、公安、司法、军队等公务员系统与教育、医疗卫生、社会保障、环保等部门。这些部门追求的最高价值应是为市场公平竞争提供外部保证条件与基本构件,而绝非仅为"赚钱"。其中公务员系统的主要价值目标是提供公共服务与维护市场经济秩序;教育、文化部门则以提高全民的整体文化素质作为最高目的;医疗卫生、社会保障部门的首要目标应是救死扶伤、提高全民的健康水平与保障人们的基本生活权利。因此,在"社会主义市场经济"命题确立以后,必须强化对全体公民特别是政府官员、企业经营者及改革组织者、指挥者的市场经济基本知识及相应的文化价值观的教育。使人们懂得"市场能干什么"与"市场不能干什么",防止把市场经济当作"万应灵丹",一切都可以"市场化"的偏颇。

4. 社会主义市场经济文化精神的构建要着力塑造能够适应和推动现代市场经济发展的文明主体。我国现代化和社会主义市场经济的进程,在很大程度上取决于国民素质的提高和人才资源的开发,培育适应社会主义市场经济要求的高素质(有理想、有道德、有文化、有纪律等)的劳动者和专门人才,发挥我国巨大人力资源的优势,是社会主义市场经济中文化精神建设的基础工程,关系改革开放、发展市场经济与社会主义现代化建设事业的全局,必须将社会主义文化精神建设的根本任务定位在人的素质提高和人的全面发展上。人是社会生产力中的首要因素,人的全面发展是社会发展的最高目标。通过建立市场经济新体制来解放和发展生产力,归根到底是为了解放和发展人,决不能把人变成生产力与某种体制的附属工具。再好的体制如果离开高素质的人,都可能被扭曲、呆滞甚至葬送。为此,一要在注意提高和改善人的物质生活的同时,提高人的精神境界与文化修养,并努力创造一种关心人、尊重人、理解人、信任人、爱护人的以人为中心的宽松环境与社会氛围,最终实现经济发展、社会进步与人的现代化的有机统一;二要加大培育"文明市场主体"的力度,把在实践中学习和用理论知识武装及基本技能的培养相结合,既提高全民族的思想道德和科学文化及市场经济素质,也造就公平竞争、等价交换、开拓进取、开放开发、自主自立等市场经济必需的价值观念。

5. 社会主义市场经济的文化精神建设要注重继承和弘扬民族优秀文化历史传统。任何文化环境都是历史的产物。历史传统在相当大程度上决定了一国的文化特征,从而成为决定一个国家市场经济类型划分的重要因素。虽然在历史发展过程中会产生种种本国内生和外来的新因素,这些因素会使一国的文化特征发生变化,但是历史的传统总是要和各种新因素交互作用，在一国的文化特征中发挥自己的作用，通过它对文化环境的作用，历史传统极大地影响着一国经济体制及其体制模式的选择，从而造就了一国的历史传统、文化环境与它和市场经济类型之间的关系。马克思主义与中国革命和建设的实际相结合，也必然包含着与中国的历史文化相结合的内容。因此，我国社会主义市场经济的文化精神建设，不仅仅是一个面向今天和未来的问题，还有一个面向昨天和前天的问题。文化精神应是历史文化的积淀，现实文化的总结，未来文化的起点。

（原载于《甘肃社会科学》1998 年第 2 期）

二、经济体制改革理论研究

深化经济改革的两难选择

中国的经济体制改革正面临着严峻挑战,并进入了关键阶段。随着改革的深化,一些难度很大而又不能绕开的问题摆在了人们面前,改革面临两难抉择。

1. 在改革目标上面临公有制与商品经济的兼容问题。承认以公有制为基础的社会主义经济不能逾越商品经济的充分发展阶段,是理论上的一大突破与进步。但这无非是对客观现实的一种认可而已,并没有从根本上解决公有制(特别是国有制)与商品经济的统一或兼容问题。迄今为止,在人类历史上只有建立在私有制基础上的商品经济。私有制与商品经济、市场机制是兼容的,因为商品经济所要求的一系列条件,诸如产权的明晰化、人格化,公平竞争的市场,独立的企业制度,政府行为规范化等,在那里都是具备的。而在传统公有制尤其是国家所有制条件下,产权恰恰是模糊的,在这种公有制形式下,政企合一,企业不能实行自主经营、自负盈亏,国家与政府对经济的管理很难由主要依靠行政手段进行直接控制转向主要依靠经济手段、法律手段进行间接控制,也难以建立起完善的、公平竞争的市场环境。同时,财产上的"大锅饭"又必然导致分配上的铁饭碗与平均主义,以及整个经济发展中的"过热"现象,如追求高产值、高速度、高投入,实际上是低产出、低效益,产品严重短缺和需求膨胀,伴随着隐性与显性的通货膨胀。理论和实践都说明,传统的公有制形式与商品经济的发展存在尖锐矛盾。试图在既定的所有制前提下引进市场机制,发展商品经济,这在世界历史上还没有先例,是一个需要认真研究和解决的重大理论问题和实际问题。如何把公有制与商品经济兼容起来,是正确处理计划与市场、宏观协调与微观搞活、集权与分权等一系列关系的前提,是最为困难的选择。改革时至今日,对公有制问题的实质性讨论不容继续回避。改革中的其他一些社会主义国家试图绕过这一难题,结果不是改革夭折,就是停顿,陷入进退两难的境地。我们应吸取这一深刻教训。按照马克思主义的最基本原理,作为一定阶段生产关系组成部分的所有制形式,要为一定阶段上生产力的组织形式的发展开辟道路,公有制要探寻新的与商品经济、市场机制相兼容的形式。这里还需明确的是,不能抽象地、孤立地看待任何一种所有制形式,作为历史范畴,公有制与私有制各有其强点和弱点,二者的并存与结合可起到相互竞争、扬长避短、强弱互补的功效。在设计和选择所有制结构时必须考虑到这一点。

2. 在价值取向或价值标准上面临公平与效率的两难选择。以经济效率的最优化为追求目标,还是以社会公正和平等为主要原则,即是公平第一,还是效率至上,可称为"经济效率观"和"社会伦理观"。一方面,不打破平均主义,拉开差距,不牺牲一定的"公平",就必然导致经济的低效率、发展的低水平和人们竞争意识的弱化,使社会主义成为贫困的代名词,最终失去吸引力;另一方面,"平均主义""大锅饭"又有其深刻的社会经济根源,与现行的公有制形式有直接的联系,因为"财产共有"必然要求"利益均沾",有人吃"大锅饭"、端铁饭碗,是有人开大灶。同时,从理论上讲,社会主义社会本来就是为了反对以往社会的剥削、压迫、收入和地位差别等现象而出现的,意识形态宣传和大众心理都很自然地把有保障的工作和收入、有补贴的生活水平、产品的直接供给等视为社会公民的应有权利和享受,长期的制度效应使得改变这种宣传和心理十分困难。改革以来,平均主义不仅没有被彻底打破,而且在一些部门出现了更高层次的复归,这迫使人们深刻思考:为什么在中国平均主义具有如此强盛的生命力? 怎样才能打破平均主义? 可见,如何既坚持社会主义原则,又增强经济的效率和社会的活力:是在保持平均的原有结构中去争取效率,还是在促进效率提高前提下体现社会公平,的确是两难选择。现在看来,离开经济效率来处理平等问题,只能陷入共同贫穷,这种低层次的"平等"谁也不再留恋。根据发展社会主义商品经济总要求,在价值取向上应优先考虑刺激效率,以尽可能小的不平等或不公平换取尽可能高的经济效率。同时,不能把社会公平看成绝对平均,应选择与商品经济、市场机制相适应的权利和机会的平等作为我们社会的公平观念。

3. 在经济发展战略上,面临着工业结构高级化与农业劳动力转移争夺资金的矛盾。当今我国的经济结构,一方面是迅速发展的城市工业部门,另一方面是传统的农业部门,现代工业和落后农业并存,二元经济结构特征比任何发展中国家都更显明。这种强化的二元经济结构,给未来经济发展带来了尖锐矛盾:从我国工业发展所处的阶段看,下一步发展的目标应当是向成熟的工业化的社会迈进,加强资金密集型的基础工业和基础设施,以及资金—技术密集型的重加工工业建设,这需要大量资金;而农村经济体制改革后,有大量剩余劳动力要向非农业领域转移,也需要大量资金。由于我国的现实生产力水平所限,国家每年可用于积累的资金有限,这就出现了工业结构高级化与农业劳动力转移争夺资金的矛盾。继续沿用传统强制的办法已不可能,况且不解决8亿多农民走向工业化的问题,中国的工业化过程也不可能真正完成。但允许大量人口进入非农领域,又无疑会降低非农业领域的有机构成,使工业化结构向轻型化倾斜,阻碍我们推行工业结构高级化的步伐。这个矛盾是当前与今后发展战略选择的主要矛盾之一,也是我国商品经济发展的至关重要问题。怎样摆脱二元经济结构所导致的两难处境,实现向一元经济结构即现代化经济结构的转化? 理论界有多种战略选择思路:一种选择是优先发展农业、轻工业,补上农动力转移这一课;第二种选择是大力发展乡镇企业,使其成为吸纳农村剩余劳动力转移的主要基地;第三种选择是走借外债的道路,用国外资金补足国内积累;第四种选择是发展机电产品出口,通过国际交换为重工业自身积累资金;第五种选择是把农村剩余劳动力转移纳入"国际大循环",通过劳动密集型产品出口,一方面解决农村剩余劳动力的出路,另一方面在国际市场上换取外汇,进而取得重工业发展所需要的资金、技术。上述五种发展战略选择,各有侧重点和积极作用,也有局限性。看来不能孤立地只强调某一种战略。应从我国的现实国情出发,借鉴国内外经验教训,通过权衡对比,选择一种既能兼顾各种战略思路的优点,又避其不足的"综合性发展战略"。

4. 在改革的指导思想上面临经济稳定、经济发展与经济改革的两难选择。一方面,改革需要有一个宏观经济比较协调,国家财政、物资、外汇等后备比较充裕的总供给略大于总需求的较宽松的经济环境,表现在市场上就是需有一个有限的买方市场。只有这样,才能有比较雄厚的物资和资金后备,以减少经济利益调整过程中的摩擦和冲突,也为价格、工资等难度较大的改革措施的出台提供前提条件。同时,也才能形成卖方的竞争,迫使生产经营者改进技术、改善经营、服务态度,企业才有改革的动力和压力。否则,如果主要是卖方市场,市场紧张,"皇帝的女儿不愁嫁",企业根本不必犯愁去改革技术,改善经营和服务态度。而且在物资、资金、外汇等供应都绷得很紧的情况下,改革(如价格工资改革)过程中利益关系调整对于资金、物资、外汇等需要和其他不时不测之需,就难以解决。最终就不得不借助并强化行政手段的办法来分配资源,结果必然使改革受阻。另一方面,在新旧体制转换之前建立买方市场又是不现实的。深化改革、体制转轨只能在紧张的状况下进行。总供给略大于总需求的宽松环境,只能是改革的结果,而不应是其前提。有限的买方市场在旧体制下很难形成,改革之所以必要,就是因为卖方市场的存在。总之,比较稳定的买方市场与相对宽松环境的最终形成和确立,要在对传统体制进行彻底改革后才有可能,而我们又不能够坐等宽松的环境出现后再进行改革,这本身就是一对矛盾,存在两难抉择。笔者认为,在这个问题上,唯有把经济稳定、经济发展与经济改革有机地结合起来,才是正确选择。为此,深化改革应明确这样的指导思想:最终用确立新经济体制的主导地位来实现改革的目的,并根本解决经济运行的现实矛盾,最终实现经济持续、稳定、高效率地发展;而目前必须先通过种种过渡性措施治理经济环境、整顿经济秩序,以为体制转轨的重大改革措施出台创造条件。因为无论是在严重的通货膨胀环境中,还是在经济停滞的情况下,改革都不可能取得突破性进展,甚至在新、旧体制相持中导致旧体制的因素重新抬头和复归。基于这样的认识,在近期内,可考虑做好如下改革准备工作:第一,尽快推出一些本身不需要多少前提、但又是作为经济体制转轨必不可少的前提的改革措施,如企业产权制度的重构,住宅私有化,资金、劳动力市场及社会保障制度的建立,等等;第二,在尽可能减少对下一步改革设置障碍的前提下,通过各种措施的并用,控制总需求(尤其是压缩投资需求与社会集团购买力),改善和增加有效供给,调整经济结构,以为经济体制转轨过程创造一个比较稳定、相对宽松的经济环境。

5. 从改革作为系统工程来看,存在政治民主、人的现代化与经济现代化的协调问题。就政治民主与经济现代化的关系来讲,是先有经济民主,后有政治民主,还是先有政治民主,后有经济民主? 一方面,没有商品经济的充分发展、从而实现经济现代化,很难有政治上的公开化与民主。从历史上看,经济落后、平均主义、"大锅饭"盛行,就必然伴随着政治上的高度集权和专制。唯有通过发展商品经济,摧毁高度集权的经济基础,才能最终真正实现政治民主化;另一方面,不进行政治体制改革,不改变旧的权力结构,经济体制改革从而经济现代化也难以成功,即使一些出台的改革措施,在实践中也往往发生扭曲和变形,甚至导致"官商合一""特权经济",产生腐败。从人的现代化与经济现代化的关系来看,一方面,经济现代化的实现要以人的素质的全面提高从而人的现代化作为保证,另一方面,人的公民意识的形成,人的价值观念与思维方式的转变,人的思想道德和文化素质的提高都需要一个比较长的历史过程,短期内是无法从根本上解决的。可见,如何正确认识和处理政治体制改革、人的素质的提高与经济体制改革、经济现代化的关系,仍有进一步探讨的必要。现在看来,只强调某一方面的改革,是不可能成功的。社会主义商品经济新秩序要求有相应的民主政治条件和人们素质的显著提高作为配套。经济体制改革的深度和广度在很大程度上取决于政治体制改革与人的素质改善的"允许度"。

6. 在改革步骤上,存在着单项突破与综合设计的两难选择。一方面,根据我国的现实国情(如生产力水平低,经济上存在二元结构,地区发展不平衡,管理技术与人才缺乏,旧体制惯性大、影响深等)与国外的改革经验,各个方面的改革很难同时同步,也不可能一蹴而就,搞总体设计、综合配套、协调改革是不现实的,只能波浪式地逐渐进行,边走边看,单项突破,"撞击反射",使改革引起的社会、经济震荡分散化;另一方面,改革各个环节的不衔接、不配套也潜伏着巨大的风险,使得任何单项措施的出台难见成效,而且导致某些"真空"或"断层"的出现,给改革和发展造成新的困难。新旧体制的矛盾和摩擦，经济生活中的无序现象，相当部分是由于相关的体制没有能够配套改革造成的。笔者以为，在改革步骤的选择上，"一揽子方式"，一次性地改革到位，虽然理想，但显然不具备条件，单项突进，"试错法"式的改革，实践证明也是不成功的。况且像我们这样人口众多的大国，过多的反复是承受不起的。为使改革的震荡减少到最低程度，今后应选择"渐进式"加小配套的改革方式，即在通盘考虑、总体设计、综合配套的同时有所侧重。企业—所有制改革，市场—价格改革，政府—宏观调控机制改革的三环节应有机结合、协调配套，并以企业—所有制改革为关键环节，带动政治体制改革，解决财产与分配的"大锅饭"问题，为其他改革提供前提条件。

综上所述，中国的经济改革到了关键时刻，面临两难选择，要么复归旧体制或继续保持目前的双重体制胶着状态，要么正视难题，将改革推向前进，出路显然在后者。同时要清醒地看到，下一步改革是异常艰难的，不承担一定风险，不付出一定代价甚至作出巨大牺牲是不现实的。这也就决定了改革将经历一个较长过程，在这期间的某些停滞甚至局部性后退也是可能的，但改革的大趋势不可逆转。

（载于《未定稿》，该刊物为《中国社会科学》副刊 1989 年第 4 期）

把握重点·理清思路·转变观念
——我国国有经济深化改革新探

一、何谓我国经济体制改革的关键与真正难点

　　经过 10 多年的艰苦探索,我国经济体制改革围绕一系列重大理论和实践问题逐渐取得共识,而且日趋深化。其中最有代表性的是以计划和市场关系为主线,最终确立了社会主义市场经济体制的改革目标,但这一目标的确立并未终结人们对我国改革思路的探索,而是为更广、更深层次上的思考铺垫了基础。目前,一种比较普通的观点认为,从深化经济改革的角度看,我们面临的最基本的问题是计划和市场的关系问题,计划和市场作为经济运行机制或资源配置方式,是中性概念,同资本主义和社会主义均可结合,从传统的计划经济向市场经济过渡的实质,是解决计划与市场的有机结合与合理配置问题。笔者以为, 这种认识同传统的市场恐惧症和抑制论相比, 是一大进步,是改革以来对计划与市场关系问题认识达到的新境界。但这种观点有重大的缺陷, 即忽视了市场经济必须与特定或相应的体制框架以及社会经济制度环境相联系的事实, 从而对市场经济体制建设存在简单化理解,低估了我国经济体制改革的深刻性和真正困难所在。诚然,计划与市场作为资源配置方式,其本身不等于社会制度,不是区别社会主义与资本主义的标志,但必须看到,资源配置方式或经济运行机制从来都不是独立存在的, 它总是受制于一定社会的经济体

制与社会经济制度环境,特别是它不能脱离开一定的所有制关系。市场经济的发挥资源配置的功能需要相应的所有制结构作为市场机制正常运作的客观基础和必要保证,在不同的所有制结构和现实状况下,计划与市场的动作轨迹、规模、规则及运行后果有明显不同。从原则上或一般意义讲,所有制性质不同,决定了两种性质不同的市场经济模式与体制,但从改革的理论和实践来看,如何在以保持公有制主体地位(在我国尚有国有制的主导作用问题)的条件下,建立起市场经济体制,是依然需要着力探索解决的重大课题。传统的公有制实现形式与所有制结构是排斥市场机制的,国有经济体制本质上是政府采用行政手段配置资源的一种方式,是计划经济模式的体制基础,国有企业则是政府实现其经济和社会目标的工具。国有经济的属性与产权形态决定了在其内部难以培育成市场经济运行的微观基础,这一点已得到多数同志的深入分析和认可。改革以来,传统的所有制结构有了重大变革,以公有制为主体,多种所有制形式并存的所有制结构格局已经形成,市场机制的作用日益明显。但传统国有制与市场经济的矛盾和摩擦问题并没有从根本上解决,市场机制仍然未能发挥基础性配置资源功能,整个体制仍处在双轨并存阶段,在国有经济比重已降低到 1993 年的"半壁河山"以下(43.1%)的情况下,我国资源配置的基础依然不是市场机制,除了缺乏客观灵活反映资源稀缺程度的要素价格体系(市场体系)与有效的宏观调控机制外,更主要的是市场主体缺位,对国民经济全局具有根本影响的国有经济的改革滞后,国有经济部门分布过宽,仍旧保留着传统计划经济配置资源的基础,国有制与市场经济的关系问题无论在理论上,还是在实践中都需要深入探索和研究。因此,计划与市场的关系等问题与公有制(在我国目前又以国有制为主导)和市场经济的兼容性相比,相对讲还是浅层次的问题。我国国有企业目前面临的严峻形势与改革中面临的困难与制约,已充分说明了这种判断的合理性。总之,深化经济体制改革,不能回避对国有制经济的改造,体制的转轨要以所有制、产权、收入分配方式、价值观念等深层体制的变革为基础,国有制经济与市场经济的兼容性问题既是改革的难点问题,又是改革最关键的问题。我国经济改革的深化在很大程度上取决于这一问题解决的进展程度。

二、国有经济改革的深化需要新思路

国有制经济和市场经济的兼容是有条件的,其中必要的条件是改革传统的国有制,根据其特殊属性与功能,界定其适宜领域和范围。严格地讲,国有经济与国有企业是不同的范畴,国有企业虽是国有经济的主体,但已不能包含全部国有经济的内容。国有经济在总体上应该包括国有企业和其他非国有企业中的国有资产所产生的经济效能。从更广泛的意义上讲,国有经济的载体是国有资本,凡是有国有资本的地方,都体现为一种国有经济的活动。以下分析将以国有企业为重点。

目前,在我国工业总产值中,非国有经济与国有经济已"平分天下",客观形势的发展与世界各国市场经济运作的经验,都要求对国有经济的经营发展或适宜范围作出某种分工和界定。与非国有经济相比,国有经济的特殊性在于:①国有经济与非国有经济的社会功能不同。国有经济及其国有企业具有国家的属性,从来都是国家的改革工具,要服从国家总体的、多元的目标,把国家安全、社会经济稳定置于首位,赢利则是第二位。必须明确,保留一定数量的国有经济,无论资本主义市场经济,还是社会主义市场经济都是绝对必要的,那种认为只要发展市场经济就要取消国有经济,或国有经济已走到尽头的观点是片面的、幼稚的。保持一定数量的国有经济或国有企业,是政府克服市场失效,纠正市场偏向,维护公平,促使国民经济持久协调发展的必要手段。由于国有经济的特殊产权结构,决定了其财产和预算约束没有非国有经济强硬,加之其承担着一定社会目标,有的企业本身就处在非竞争性领域,因此,国有经济同非国有经济相比总体上必然存在效率差异,一定范围内的少量国有企业竞争能力弱化、效率偏低,在某种意义上是全社会开展有效竞争的重要保证(即外部经济性),这也可看作是政府调节经济所付出的社会成本。国有经济与非国有经济的这种分工是由其性质内在地决定的, 人们不能随意增减变动。②国家或政府对国有经济和非国有经济的管理方式不同。对各种经济成分实行分类管理是由其所有制性质决定的。管理方式的差异,又反过来决定了企业经营自主权的限度。目前,我国对国有经济(企业)的管理较非国有经济直接、严格,这与世界各国政府对国有经济和非国有经济的管理大体接近。从各类所有制经济成分的现状和发展趋势看,我国对国民经济的管理不可能、也不应局限于某一种模式。我们既不能因为非国有经济在发展中产生了一些问题,就按管理国有经济的方式去比照管理;也不能因为国有经济缺乏活力,就试图引入三资企业、乡镇企业等的机制,比照管理非国有经济的方式管理国有经济。只有根据不同经济领域在国民经济中的地位和作用,来决定国家或政府对该领域的控制程度与方式, 从而决定国有经济与非国有经济的合理分工。③国有经济和非国有经济适宜的范围或领域不同。一般来说,市场需求相对稳定、需求量大、生产规模效益显著、生产过程透明度高、容易处理国家与企业间的分配关系,且不以营利为直接目的的非竞争性行业及其产品,适宜国有经济运营,这些行业主要包括自然垄断性、社会公益性、基础设施性、国民经济命脉性等部门。而一般竞争性领域,价格多变,市场要求变化难测,且以盈利为直接目的,适宜非国有经济和其他混合经济发展。

　　根据以上分析与分类，国有经济作用的发挥不主要是一数量问题，而关键在于界定其范围，发挥其特殊功能。从近中期的时间跨度着眼，我国国有经济应主要在下列非竞争性领域和国民经济命脉领域发挥作用：一是自然垄断性行业。主要是指那些在特定的市场空间中，只有保持独家或少数企业才最经济、社会成本才最低的行业。如电力、供水、供气、邮电、造币、铁路、军工、烟草等行业。这类行业及其企业凭借其对自然资源的垄断和市场条件的独家占有，容易损害消费者的利益（如通过卖方市场提供恶劣的服务、制定垄断价格等）。二是社会公益性行业，即直接服务于民众，以社会公益为目标，体现社会公平的行业。这类行业的社会公益目标与盈利目标有直接冲突，不能滥用市场规则和盈利规则。如环境保护、公共交通、市政建设、公共行政、司法、基础教育等领域。三是基础设施、基础工业与高科技领域，如公路、大型桥梁、水利工程建设、重要能源和原材料的生产、航空航天、生物技术等。这类行业建设周期长，耗资多、风险大、利润小，又事关全局，在我国短期内非国有经济难以大量进入。

　　除以上三个领域外的一般轻工业、制造业及农业，以及相当部分第三产业等大量竞争性领域，是盈利为直接目标，并参与市场公平竞争，优胜劣汰。从许多市场经济国家的情况看，这些领域并非国有经济的优势所在。一般地说，受国有制产权关系的制约（软预算约束等），国有经济与非国有经济难以竞争，也难完全摆脱政府对其经营活动的干预（政企不分的根源在于产权制度），以及运营的低效率。当然也不排除有少数国有企业在竞争性领域的高效率，但这是以政府的大量"输血"或政策倾斜为代价的。总体上竞争性行业不宜国家所有，国有经济在此领域应逐步让出市场。总之，区分国有经济与非国有经济、竞争性行业与非竞争性行业，严格界定各自的产权关系、性质、功能和作用领域，是按市场经济原则改革国有企业的前提。在此基础上,国有企业的改革可遵循以下思路来进行。

1. 国有企业原则上应分步骤地、主动退出不宜国有企业经营的竞争性领域。退出方式可多样化:①继续鼓励和引导各种非国有企业的发展,壮大其实力,提高其比重,同时也为国有企业的改革创造有利的外部环境;②从资产增量入手,国家主动向非国有企业让出空间,减少以至停止向某些领域投资,把国有资本金投入适合国有企业运营的部门,当前特别要加强对国民经济最需要的基础产业、基础设施以及高新技术产业的投入;③在资产存量方面,通过发展企业集团,进行股份制改造,以及租赁、兼并、拍卖、合作等多种形式,实现资产存量的流动与重组。对一般小企业可以通过租赁方式,在一定时期内改组其产权结构,也可通过拍卖等彻底民营的方式,重塑企业产权结构,使其率先成为真正的市场竞争主体。对除少数资源约束性较强、生产特殊产品的具有自然垄断与社会公益特征的非竞争性企业外的多数国有大中型企业,进行以股份有限公司和有限责任公司为主要形式的现代企业制度改造。

为避免引起强烈的社会震动,考虑到各方面的承受能力,上述退出过程可能持续较长时间。同时从体制转轨和市场经济尚处在起步或完善阶段的现实考虑,即使在竞争性领域也应保留少量国有企业或国家控股企业,以利于调控市场、纠正市场失灵、维护市场秩序、保证公平竞争。随着市场经济发育的成熟,这部分企业将逐渐退出。

2. 对于应该保留或必须保留的国有企业(主要是自然垄断性与社会公益性两类),由国家直接经营和管理,但营运方式必须改进,即必须在发展社会主义市场经济这一大环境中,与传统的计划经济管理方式区别开来。对自然垄断型企业,可继续实行国家独资方式,也可改组为国家控股企业,具体经营管理也可采用股份制中的董事会领导下的经理负责制形式。设立必要的审计、监督、监察机构,对这类企业进行检查和监督。社会公益性企业的改革必须首先确立其社会公益的运作目标,尽快将盈利目标和任务排除掉。这类企业要将改善和加强内部管理、增强市场需求与公众服务意识、减少浪费、降低服务成本、自觉接受社会公众的检查和监督作为改革的主要内容。

3.改革国有资产管理体制,从宏观上理顺产权关系,实现政企分开。一是要在政府作为社会经济管理者和所有者代表的职能和机构分开的基础上,明确国有资产管理机构为独立的国有资产所有权机构,进行国有资产所有权管理;二是通过各种方式建立国有资产经营体系;三是在大中型企业中实行董事会制,作为工商企业的所有权结构,进行生产经营的重大决策。据此,形成国有资产保值的约束机制和增值的激励机制。

4.将绝大多数竞争性国有企业按股份制形式改造,建立现代企业制度,以解决国有制与市场经济的矛盾。理论探索和实践经验都表明,股份制是理顺国有产权关系,转换国有企业经营机制的关键,它必然成为我国社会主义市场经济中多数国有企业制度的主要实现形式。由于各种主客观条件的限制,股份制在试行中尚存在诸多问题,但它作为我国多数国有企业(竞争性企业)改革方向的大趋势是不能怀疑和动摇的。

三、深化国有经济的改革必须解决的观念障碍

笔者认为,国有经济改革要取得实质性进展,必须越过观念滞后的障碍。当前,需要更新和确立的观念有:

1.公有制与市场经济的兼容渗透,即探索和选择能够兼容并完善市场经济特性的公有制形式,是实现社会主义与市场经济有机结合与统一的关键。公有制不仅表现在它的形式上,更表现在它的运行后果上,即公有经济的运行是否实现了公有资产的增值与整体经济

实力的壮大。

2. 公有制为主体,是就各种形式的公有制经济的整体而言的,不等于国有制为主体。公有制经济除国有经济和集体经济外,还包括由国家和集体出资而生长起来的经济。如改革开放以来产生的股份合作所有制、混合所有制、社会集团所有制等经济成分中,虽有一定量的私有经济成分,但国家或集体控股的占多数,因此它们基本上属公有制经济的范畴。

3. 公有制占主体,是从全国和整个国民经济而言的,并非要每一个经济领域、地区、产业、行业和企业公有制经济都占主体或绝对优势,也不是通过限制其他经济成分的发展来保持公有制的主体地位,而是要求根据不同经济领域和地区的实际状况来确定公有制经济所占的比重,从全国经济总体上保证公有制经济的主体地位。

4. 公有制占主体,国有制为主导,根据不是它们所占比重的数量优势,即不绝对表现在它的比重占大部分上,而在于它所处的地位及其发挥的作用,即主要表现在它在关键领域里的统治力和对其他经济成分的辐射、规范与影响力上。在社会主义市场经济体制建设中,坚持公有制与国有制的"主体""主导"地位,目的在于提供一种经济上的保证,使国家能够有效地对宏观经济活动进行必要的干预和引导,纠正市场偏差,补充市场失效,在促进效率提高的基础上实现收入的公平分配与共同富裕,从而真正体现社会主义市场经济的特殊性。给国有经济和非国有经济规定一个数量的比例的做法不仅没有必要,而且也难以在实践中行得通。

5. 调整、选择和衡量所有制形式的根本标准是生产力发展水平。在一定历史阶段上的各种主客观条件下,什么样的所有制形式或"比例"更有利于效率的提高和生产力的发展,就应积极去发展,在尚不清楚什么比例最优的情况下,应由市场竞争本身去进行选择,根据成本或收益的比较,在实践中加以确定,使所有制结构逐步趋于合理化。

6. 破除用一种所有制去评价另一种所有制是否优越的习惯定势。诚然,就公有化程度而言,公有制高于私有制,国有制高于集体所有制,集体所有制高于个体、私营、外资经济,但这并不意味着公有化程度越高,优越性就越强。公有化程度的高低与优越性的大小并不成正比。脱离生产力实际,抽象地谈论和评价所有制,是典型的空想社会主义论调。离开生产力、社会化水平的所有制,公有化程度越高,对经济发展的破坏越大。如果作进一步深入分析,从经济发展与社会进步的角度来讲,所有制只是手段。我们不能为了巩固某一种所有制关系而去发展经济,而是为了发展经济、发展社会生产力而去调整、改革所有制关系。我们坚持和发展公有制的最深层的原因,是因为这种所有制形式能够实现生产力的发展和最终达到全社会的共同富裕,从根本上讲,公有制的产生是生产社会化发展的必然结果;我们调整和改革公有制的根本原因,则是因为我们还没有找到一种适合现实生产力水平和经济形态要求的公有制形式。

7. 把国有制当成公有制最高、最好或唯一形式的思想经不起实践检验,必须予以修正和发展,适应现阶段生产力水平状况的公有制实现形式要通过改革来解决。国有制本身的改革不容回避。

8. 国有经济的主导作用由其功能所决定。经过改革后的国有经济,在整个国民经济中的比重会有所下降,但仍将发挥主导作用。从长远看,这种主导作用表现在:①社会安全功能,即通过国有经济掌握战略资源、军工等,以维护国家的安全;掌握稀有资源以平衡地区行业间的差距与矛盾。②经济稳定功能,即国家依靠国有经济的物质基础和经济实力,以弥补单纯运用宏观经济政策调节经济、实现经济目标的有限性。从某种意义上说,一定数量的国有经济的存在,是市场经济条件下经济主体间有效竞争的重要保证。③诱导、服务和示范功能,如通过对高新科技的吸收、消化向非国有经济的转让、辐射、推广等。

9. 通过继续发展非国有经济,为国有经济的改革提供"生存压力""利益补偿""就业机会"和"行为示范"。经济体制改革归根到底是人们之间利益关系的重新调整、分配过程,以及与此相适应的思维观念转变过程。国有经济改革的最现实难点就在于如何打破在传统体制下形成的各种经济利益格局及思维定式。在既要维护社会稳定,又要触动国有经济内最大既得利益集团的利益的两难抉择中,仅强调付出、牺牲和共渡难关是不行的。要减少改革的阻力,必须要有"利益损失补偿",在国家财力有限,无力解决时,必须寻找其他途径。非国有经济的发展正好能够充当这一角色。同时,非国有经济成分的发展,通过其"示范""带头"作用能在许多方面影响人们的行为方式、传统观念与社会习惯,使得国有经济中工作、生活惯了的人们在潜移默化中学会适应新体制。

(原载于《经济理论与经济管理》1996 年第 1 期)

构建深化经济体制改革的动力与约束机制

经济体制改革由易而难、由外围向核心推进,利益冲突、利益摩擦在不断增加,改革的难度也越来越大,改革中组织与环境之间的关系趋于复杂化,客观需要以必要的制度和法律来保障改革,通过建立推动经济体制改革的良好环境,形成有利于深化改革、保护改革、促进改革、减少改革风险、提高改革效率的运行调控和安全保障机制。

建立经济体制改革的运行监测与调控机制

要按照"问题导向""需求导向"和"共识导向"的原则,即以解决改革时间表上制约发展最突出的问题、老百姓最期盼的领域、社会各界最容易达成共识的环节为导向,确定经济体制改革的重点领域和关键环节,促进和带动其他领域改革;从正在推进的、即将启动的、近期要突破的、长期要努力的等四个层面明确经济体制改革的路径、方法和步骤,力求改革效益的综合化和最大化;率先启动那些具有明显效益且有利于稳增长、惠民生、控风险的领域推进改革,以改革总揽全局,以改革稳增长、保稳定、促开放;要加强对重大改革问题的调研论证,凡是涉及全局和人民群众切身利益的重大改革事项,要在广泛听取各方意见,特别是要在倾听基层一线声音,注重发挥专家学者和思想库对全面深化改革的参谋咨询作用的基础上进行顶层设计,使"自上而下"改革和"自下而上"的改革相结合,使改革决策的过程成为倾听民声、反映民意、汇集民智的过程,推进改革决策的科学化、民主化,最大程度减少改革误判;凡是有损群众利益,群众不满意、不支持、不答应的改革措施,坚决不予出台。对那些出发点是好的,方向是正确的,但群众一时不理解的,要积极做好宣传解释工作,争得支持后再予以推行;强化和发挥体制改革领导机构的组织协调作用,在摆脱和超越部门、地区利益的基础上,研究经济体制改革中的重大问题和出台各类体制改革措施,统领经济体制改革;注重改革方案实施的运行监管、及时反馈和快速反应,在更大范围内推动改革。

建立健全有利于深化改革的利益协调与补偿机制

改革涉及重大利益关系调整,包括中央与省上、省上与市县乡、集体与企业、企业与个人,以及城乡之间、城市居民与农民之间、干部与群众之间等。改革要充分尊重群众的意愿,充分保障人民最关心、最直接、最现实的经济利益,把争取和维护群众利益作为部署经济体制改革的重中之重来全盘考虑,使改革成果切实为广大民众所共享;要照顾和体现弱势群体和弱势地区利益,对改革过程中的利益受损者或者利益弱化者加以补偿,强化和保障社会公平,维护市场主体的自由竞争与公平竞争权,防止以大欺小、以强凌弱现象发生,形成扶贫、扶弱的社会救济与社会援助制度;为了保障经济体制改革的顺畅进行,建议在加快收入分配体制改革和社会保障制度建设的同时,构建全面深化改革的利益补偿机制,确定补偿的方式、范围、重点和数额。

建立有利于深化改革的动力和约束机制

建立深化经济体制改革的容错机制。当前在深化改革进程中,普遍存在明显的"改革疲倦症"和"改革虚幻症",面临改革阻力加大、动力不足的巨大压力。主要表现在:一是对改革的质疑在增加,改革的动力在减弱,对为什么再改革缺乏基本共识;二是对改革的畏难情绪在增加,普遍存在"不愿改、不敢改、不会改"等畏难情绪,借口"不成熟""条件不具备""路径不清楚""阻力大"等理由等待观望;三是对市场化改革有质疑,认为发展和稳定中面临的许多问题皆由此产生;四是对社会主义市场经济体制建设的复杂性、艰巨性、长期性缺乏足够认识,认为搞市场经济是可以一蹴而就、一步到位的,把建立市场经济的新体制看得过于简单,对何时改革、为何改革、为谁改革、改革什么、谁来改革等基本问题缺乏清晰认识;五是"放空炮""口号改革",主要表现是空谈改革和实际不改革,或借口"不成熟""条件不具备""路径不清楚""阻力大"等延误和阻止改革。"改革疲倦症"和"改革虚幻症"对深化经济体制改革极为不利,必须引起高度警惕。应该看到,经济体制改革步入攻坚期和深水区后对现实利益格局的调整前所未有,风险大、矛盾多、见效慢将成为常态,许多关键领域的改革仍需进一步解放思想,大胆探索,局部的试错不可避免。为此,要以防止和克服"改革疲倦症"和"改革虚幻症"为抓手,增强改革动力,稀释和化解改革阻力,争取改革新空间。要建立有利于改革的舆论和法律机制,在舆论环境上理解支持和宽容改革,依法维护改革者的正常权益和保障改革措施不受干扰地加以实施,依法保障改革创新,探索建立容错机制。

加强和改善党和政府对经济体制改革工作的领导。经济体制改革进入攻坚期和深水区,任务更加艰巨繁重。党的领导是实现改革目标的根本保证。改革发展稳定任务越是繁重,就越要加强和改善党的领导,越要保持党同人民群众的血肉联系。合理的市场秩序需要党和政府加以监管,改革的安全网需要党委和政府加以构造。要充分发挥党总揽全局、协调各方的领导核心作用,提高党驾驭经济体制改革的能力。应该看到,改革进入攻坚区,很容易陷入"改革主体与改革对象一体化""改革是革自己命"的悖论。因此,各级党政领导干部是突破既得利益的关键。要对改革的组织者、参与者的行为加以规范和约束,努力构建深化经济体制改革的约束机制,包括风险防范体系、纠错机制和问责机制。只有建立"改革者上、不改革者下"的奖惩机制,才会有改革的实质性突破。

着力凝聚和蓄积改革的正能量

深化经济体制改革是一项非常复杂的系统工程,牵涉面极广,不可能一蹴而就,也不可能不产生矛盾和冲突,不可能马上使所有人普遍受益,而是有人受益,有人不受益,有人也可能要受损。要未雨绸缪,做好化解改革风险的准备。除了要强调党员干部特别是党员领导干部识大体、顾大局、树立正确利益观、正确对待改革和建立保障改革顺利进行的利益补偿机制外,必须要营造有利于改革的良好氛围和环境,树立改革信用,防止和杜绝"口号改革",确保全面深化改革不放空炮,不走形式。为了保持改革的初衷,当务之急是凝聚和蓄积改革的正能量,增强改革动力,稀释和化解改革阻力并从理性高度认识改革。我们的改革是千百万人的共同事业,是为众人谋利益。在总体上,绝大多数人都是拥护改革的,但具体到某一项改革措施或某一个改革阶段,不同的人又有不同的态度和见解。有的人不赞成某些具体的改革,并不意味着他反对整个改革;有的人不赞成某些改革,并非已触及他的利益,而是由于观念的差异;有的人希望改革,但不希望改革动作太快、太猛;有的人则需要改革肯定能取得成功才赞成改革。凡此种种,都要求改革的组织者理解和掌握群众心理,注意协调处理好各个方面的利益关系,使改革能够引起大多数人的共鸣和支持。只有当改革的力量上下贯通时,改革才可望有真正意义上的突破。

(原载于 2014 年 8 月 13 日《光明日报》,《红旗文稿》2014 年第10 期转载)

既要问责追责又要容错纠错

实现"两个一百年"奋斗目标和中华民族伟大复兴中国梦，离不开党员干部队伍的风清气正，离不开他们改革创新、干事创业的火热激情。在这个过程中，加快完善问责追责与容错纠错相统一的约束与动力机制尤为必要。

中央高度重视完善问责机制与容错机制

推进改革开放和社会主义现代化建设事业没有现成模式可循。十一届三中全会以来，我们党大胆探索、勇于试错，按照"摸着石头过河"的渐进式策略，对那些必须取得突破但一时还把握不准的重大改革，鼓励先行先试。通过营造允许试验和失败的氛围，极大地调动了改革者啃硬骨头、勇涉险滩的积极性。应该说，坚持顶层设计与基层探索的良性互动、有机结合，是我国改革发展取得巨大成就的重要经验。

在新的历史时期，以习近平同志为核心的党中央对建立和完善党员干部问责追责机制和激励机制、容错纠错机制，给予了高度重视。

中央近期颁布实施的《中国共产党问责条例》，是以问责倒逼责任落实，推动管党治党从宽松软走向严紧硬的党内重要法规。《条例》聚焦全面从严治党，突出管党治党政治责任，着力解决一些党组织和党的领导干部党的领导弱化、党的建设缺失、全面从严治党不力，党的观念淡漠、组织涣散、纪律松弛，不担当、不负责等突出问题。着力构建"有权必有责、有责要担当、失责必追究"的问责惩戒机制,体现了以习近平同志为核心的党中央全面从严治党的政治定力和坚强意志。

与此同时,我国改革已进入攻坚期和深水区。习近平总书记指出:"要注重调动各方面推动改革、参与改革的积极性,鼓励广大干部既当改革促进派又当改革实干家,盯住干、马上办。"争当改革的促进派和实干家,离不开营造鼓励改革、支持改革的良好环境,离不开激励机制和容错纠错机制的完善。为此,中央明确提出坚持"三个区分开来"的要求——要把干部在推进改革中因缺乏经验、先行先试出现的失误和错误,同明知故犯的违纪违法行为区分开来;把上级尚无明确限制的探索性试验中的失误和错误,同上级明令禁止后依然我行我素的违纪违法行为区分开来;把为推动发展的无意过失,同为谋取私利的违纪违法行为区分开来,保护那些作风正派又敢作敢为、锐意进取的干部。

解决干部"不敢为"的问题十分迫切

各级党组织和党员干部是党的事业的骨干,是党的方针政策的执行者,是促进改革发展维护稳定的组织者、协调者,从某种意义上说,各级党组织和党员干部是促进改革发展与维护稳定的"第一推动力",发挥着主体和关键作用。

十八大以来,伴随着全面从严治党的强力推进,干部"乱作为"现象得到了很大遏制。但干部队伍中能力不足"不能为"、动力不足"不想为"、担当不足"不敢为"的问题仍然比较突出。改革由浅入深、由易到难,进入攻坚区和深水区,涉及的利益调整越来越多,遭遇的现实阻力越来越大,推进改革的敏感程度越来越高,任务重、难度大、风险多,复杂程度前所未有,对干部的胆略与智慧提出了更高的要求。一些干部存在"少干避祸"心态而不作为、不担当。因此,解决"不敢为"的问题更加迫切,更加艰难。一些干部不是不想为,也非不能为,而是"多干多错、少干少错、不干没错"的所谓"洗碗效应"和消极等待心态作祟,担心洗碗多难免要打破碗,难免要被责骂,还不如少洗碗、不洗碗。通过完善激励与容错纠错机制,将问责机制与容错机制相统一,既对不作为、乱作为严肃追究问责,又合理区分探索性失误与利己性错误的性质、界限和问责标准,对广大干部在工作中出于公心但因经验不足或不可控的客观因素而出现的失误和不足,酌情予以宽容并给予纠正的机会,形成鼓励探索、宽容失败的改革与创新发展氛围,为敢担当、善作为的领导干部撑腰鼓劲,才能够最大限度激发干部的改革热情,最大限度调动干部的积极性、主动性和创造性,为全面深化改革和创新发展提供更有力、更持久的动力支撑。

完善机制使问责和容错更具科学性和可操作性

在统筹推进"五位一体"总体布局和协调推进"四个全面"战略布局的进程中,要把严格管理干部和热情关心干部结合起来,处理好全面从严治党和支持保护干部的关系,坚持依法依规、实事求是和宽严相济原则,区别对待探索失误和违纪行为。

在实践中,既要防止纪律"松绑"、作风"减压",又要鼓励探索、促进创新、允许试错、宽容失误,完善防止犯错、减少怕错、可以试错、错了容错的制度机制,形成让改革者有位、让担当者无忧、让实干者出彩的鲜明导向;既要旗帜鲜明地为担当者担当,为负责者负责、为改革创新者撑腰鼓劲,又要坚持容错不容偏、容错不容贪、容错不容罪原则,把纪律挺在前面,严守纪律底线,警醒投机取巧、偷奸耍滑者,问责庸懒散拖、为官不为和慢为、乱为者,严肃惩处违纪违法者;既要突出政治责任和问题导向,针对实践中需要解决的不担当、乱担当等问题,加大问责力度,细化问责情形,明晰问责程序,力促管党治党由宽松软走向严紧硬,为各项事业持续健康发展提供坚强政治保证,也要着力完善激励容错的制度体系,切实尊重和保障党员干部应有的权利,明确界定可容错免责的行为和情形,通过及时纠偏纠错,防止放任错误造成更大损失,严肃查处恶意诬告陷害行为;要把规范流程作为完善问责追责和容错纠错机制的重点,明确界定和细化申请问责追究和容错纠错的条件、执行主体、具体程序及适用范围,建立申辩机制、评估机制、纠偏机制,使问责和容错更具科学性和可操作性。

(原载于 2016 年 10 月 15 日《光明日报》,2016 年 10 月 21 日《甘肃日报》转载)

着力营造干部正向激励的政治生态

习近平总书记在党的十九大报告中指出,要"坚持严管和厚爱结合、激励和约束并重,完善干部考核评价机制,建立激励机制和容错纠错机制,旗帜鲜明为那些敢于担当、踏实做事、不谋私利的干部撑腰鼓劲"。这一重要论述,为中国特色社会主义新时代进一步建立干部忠诚敢闯、奋发担当的正向激励机制指明了方向。干部管理就应该营造风清气正的良好政治生态环境,让那些真正实绩突出的优秀干部脱颖而出。着力营造干部正向激励的政治生态,进一步激励干部积极探索、改革创新、干事创业,也是深入推进全面从严治党的一个重要着力点。

正确处理好严格约束干部与正向激励干部二者的关系

激励是人力资源管理的重要内容,是有效实现人才价值的"软件工程",激励的过程是一个完整的关系链,需要催生下属的动机、激发下属的行为、引导下属的奋斗目标。对干部实行正向激励,最根本的目的是正确引导干部的工作动机,使他们在实现干事创业目标的同时实现自身的价值,这样能够不断保持和发扬他们的积极性和创造性。美国哈佛大学詹姆斯教授曾对人力资本的激励问题进行专题研究,他的结论是:如果没有激励,一个人的能力只能发挥 20%~30%,如果加以激励,一个人的能力可发挥到 80%~90%。领导干部工作的核心之一,就是努力激发下属的潜能,使每个人各尽所能。

中国特色社会主义进入新时代,对干部工作的要求是要两手抓,既要严格约束干部又要正向激励干部,二者缺一不可,关键是如何使二者实现内在的互补、协调和统一。只强调正向激励而放松严格约束,就会出现乱作为甚至腐败问题;只注重严格约束而忽视正向激励,则会出现懒政怠政等不愿不敢作为的现象。现在一些地方之所以懒政怠政现象比较普遍,其深层次的根源就是在强化严格约束措施的同时,对干部的正向激励机制和措施没有及时跟上。约束管理既要有严格的硬约束,又要有严格的软约束。严格的硬约束一般是党纪国法、政绩考核和责任追究,重在制度机制安排;严格的软约束通常是道德自律、价值导向和作风建设,是内在的、无形的,重在理想信念。正向激励管理既要有物质激励,更要有精神激励和荣誉激励,要注意舆论的正面引导。

干部管理的实践不断证明,任何时候干部管理工作都要两手抓、两手都要硬,要防止顾此失彼、一种倾向掩盖另一种倾向。严格约束干部重在规范行为、施加压力;正向激励干部旨在激发热情,传递和增强新动能。

干部正向激励措施要与法律法规约束和文化激励有机结合

合法合规进行激励是干部正向激励的基本要求与底线。在制定干部正向激励措施时,首先要杜绝把正常激励当成奖励、把择优搞成普惠、把破格变成越格的现象,以制度规范职务晋升,保障合理福利待遇,提升干部激励正效应;其次,要坚持干部选拔任用、职务晋升、津贴补贴发放都按照程序合法合规进行,切忌与法律法规、规范性文件相悖;再次,要尽快把正向激励与重视培育正向激励文化结合起来,文化具有培养道德良知、增强人格魅力和提升成长力量的激励作用,是实施领导管理最重要的精神支柱,能够为干部积极向上提供坚定的信念之源。

推进激励的过程中应重视树立正向激励的典型榜样。喊破嗓子不如做出样子,榜样的力量是无穷的。我们的绝大多数干部是有着干事创业拼劲的,对于为官有为、积极作为、善创业能成功的干部,在及时给予奖励兑现的同时,也需要尽快树立一批忠诚干净、吃苦耐劳、积极肯干的正面典型,发挥正向激励的榜样模范带头作用。真正做到让对党忠诚、自身干净、敢于担当的干部有盼头、有干头、有奔头,切实解决"干与不干一个样、干多干少一个样、干好干坏一个样"的问题。

应着力在完善干部正向激励制度上下功夫。在设计安排激励制度时,必须考虑到制度的科学性。比如,宽容失败、鼓励正向激励的制度环境是滋养创新精神的宝贵土壤,必须要把为推动发展的无意过失,同为谋取私利的违纪违法行为区分开来,把容错纠错免责结果与干部选拔任用、绩效考核和审计结论融合起来,只要是出于公心、不谋私利,符合干事创业改革的大方向和地方实际,就不必求全责备,尤其要加大对改革实绩的考核权重比例,切实畅通绩优者上、绩差者下的干部有序流动渠道,让那些愿干事、敢干事的干部放下包袱,轻装上阵,充分释放出闯的魄力、拼的劲头。

（原载于 2018 年 1 月 16 日《光明日报》）

改革开放是破解西部欠发达地区发展
不平衡不充分难题的根本抉择

改革开放 40 年来,我们历经从计划经济到商品经济再到市场经济的探索和完善,推动中国从"富"向"强"的发展提升。中国改革经过近 40 年的奋斗历史,在理论武装和发展实践及其经验上都取得了突破性进展。改革的理论准备越来越充分,改革思路越来越明确,改革经验也越来越丰富,这就为当前和今后全面深化改革、努力开创新时代丰功伟业提供了比较扎实的发展基础和经验遵循。

一、坚持改革开放是决定当代中国命运的关键抉择

(一)改革开放取得的发展成就为我们在新时代继续前进奠定了坚实实践基础

1.改革开放推动了从计划经济向市场经济的转变。党的十一届三中全会之后,改革首先在农村和局部地区铺开,推动了农村生产力迅速解放,针对城市经济状况,党的十二届三中全会提出社会主义经济是公有制为基础的有计划的商品经济。这是经济体制改革的重大突破。此后,党的十四大明确了建立社会主义市场经济体制的改革目标。1993 年党的十四届三中全会通过了《中共中央关于建立社会主义市场经济体制若干问题的决定》,提出了构成社会主义市场经济体制基本框架,鼓励一部分地区一部分人先富起来,走共同富裕的道路。党的十五大提出"使市场在国家宏观调控下对资源配置起基础性

作用",党的十六大提出"在更大程度上发挥市场在资源配置中的基础性作用",党的十七大提出"从制度上更好发挥市场在资源配置中的基础性作用",党的十八大提出"更大程度更广范围发挥市场在资源配置中的基础性作用"。从中可以看出,我们党对政府和市场关系的认识不断深化,改革步伐不断加快。党的十八届三中全会《决定》进一步提出,"使市场在资源配置中起决定性作用和更好发挥政府作用"。把市场在资源配置中的作用提升到"决定性作用",这是对市场经济的一般规律的认可,也是使市场经济规律为社会主义经济建设服务的起点。无疑,从计划经济转向社会主义市场经济,是我们党的伟大创举,为发展中国特色社会主义奠定了经济基础。

2. 改革开放推动了中国从闭关锁国转向全方位开放。党的十一届三中全会开启了对外开放的历史新时期。40年来,改革从农村到城市、从经济领域到其他各个领域全面展开,逐步深化。对外开放的大门从沿海到沿江沿边、从东部到中西部循序打开,全方位推进。这场历史上从未有过的大改革大开放,极大地调动了亿万人民的积极性,使社会主义在中国真正活跃和兴旺起来,使社会主义制度在除弊创新中不断完善和发展,实现了从高度集中的计划经济体制到充满活力的社会主义市场经济体制、从封闭半封闭到全方位开放的历史性转变。

经过40年的改革开放,我国初步形成了全方位、立体化、多层次、宽领域、全方位的开放格局。过去40年,中国经济发展是在开放条件下取得的,未来中国经济实现高质量发展也必须在更加开放条件下进行。这是中国基于发展需要作出的战略抉择,同时也是在以实际行动推动经济全球化,造福世界各国人民。党的十九大报告指出,开放带来进步,封闭必然落后。中国开放的大门不会关闭,只会越开越大。要以"一带一路"建设为重点,坚持引进来和走出去并重,遵循共商共建共享原则,加强创新能力开放合作,形成陆海内外联动、东西双向互济的开放格局。

3. 改革开放推动了人民物质生活的改善和凝聚力的提升。我国改革开放的 40 年,是发生翻天覆地变化的 40 年,也是中国走向世界、世界走向中国的 40 年。一方面,综合国力迈上新台阶。40 年来,我国经济快速增长,增速高于世界经济年均增长水平。按可比价格计算,我国人均 GDP 年均增长约 9.5%。另一方面,人民生活总体上达到小康水平。40 年来,我国逐步建立起覆盖城乡的基本公共服务体系,基本建立起世界上覆盖人口最多的社会保障体系。改革开放 40 年的发展,中国人民的生活实现了由贫穷到温饱,再到整体小康的跨越式转变;中国社会实现了由封闭、贫穷、落后和缺乏生机到开放、富强、文明和充满活力的历史巨变。经济实现了持续快速增长,综合国力进一步提高;民生得到显著改善,人民生活总体上达到小康水平,科技教育快速发展,社会事业全面进步;中国社会先进生产力不断发展;经济政治文化建设成效显著;主人翁意识显著增强;受教育水平和文明程度明显提高,社会整体文明程度大幅提升;融入了世界主流文明,锁定了中国的发展道路。

(二)改革开放开辟了中国特色社会主义道路,形成了中国特色社会主义理论体系,为我们在新时代继续前进奠定了坚实思想基础

经过改革开放 40 年的艰辛探索,中国成功开辟了一条中国特色社会主义道路,形成了中国特色社会主义理论体系。中国特色社会主义发展道路是基于中国国情把马克思主义基本理论与中国革命发展改革的伟大实践相结合,创造性地走出一条符合中国社会主义特点的道路,这个道路既不同于西方发达资本主义国家发展的道路,也不同于传统的社会主义国家发展道路,具有很强的中国特色、中国智慧。实践充分证明,中国特色社会主义道路是一条行之有效的现代化道

路，它不仅将在新时代继续领航中国全面建设社会主义现代化国家的新征程，也为发展中国家走向现代化提供了中国经验。

中国特色社会主义思想理论体系是立足我国国情，结合中国特色社会主义伟大实践总结提炼出来的具有马克思主义思想方法论的科学的正确的有丰富内涵的思想理论体系。这个理论体系，坚持和发展了马克思列宁主义、毛泽东思想，凝结了几代中国共产党人带领人民不懈探索实践的智慧和心血，是马克思主义中国化最新成果，是党最可宝贵的政治和精神财富，是全国各族人民团结奋斗的共同思想基础。

（三）改革开放探索和形成的经验是我们在新时代继续前进的宝贵财富

1. 改革创新是推动发展的源头活水。创新是一个民族进步的灵魂，是一个国家兴旺发达的不竭动力，也是一个政党永葆生机的源泉。历史和实践证明，只有勇于创新、善于创新，才能有效解决前进道路上遇到的各种新问题。40年中国改革开放的历史，也就是一部不断开拓创新的历史。家庭联产承包责任制的推行、经济特区的设立、市场经济体制的建立，无不是破除障碍、开拓创新的过程。在改革开放中，以改革破除体制机制弊端，为创新创造良好的生存土壤和发展空间，让"创新"成为推动改革和发展的"源头活水"。

2. 解放思想是实现改革开放的基本前提。改革的过程，就是一个不断解放思想，不断大胆探索，不断开拓创新的过程。从历史上看，任何一次社会变革，无不以思想解放为先导，改革的深化也有赖于思想的进一步解放。改革每前进一步，就要消除一个思想障碍，每消除一个思想障碍，改革就前进一步。从"不改革开放，只能是死路一条"的大声疾呼，到习近平总书记"改革不停顿、开放不止步"的铮铮誓言，从小岗村的一纸"包干契约"，再到党的十八大以来全面深化改革"啃最难啃的骨头",我们不断解放思想,开辟改革开放之路,才取得了举世瞩目的历史性成就,实现了前所未有的历史性变革,实现了从站起来、富起来到强起来的伟大飞跃。

3. 人民立场是改革开放的基本遵循。历史反复证明,一个政党也好,一个政权也好,得民心则兴,失民心则亡。过去是这样,现在是这样,将来也是这样。任何一个政党、任何一个政权都不能违背这个规律。改革开放的出发点和落脚点是为了实现社会主义宏伟目标,从根本上也就是为了实现人民群众的切身利益。40 年中,国家推进实施的一系列事关全局的、战略性的宏伟蓝图和改革措施都是围绕提升人民群众的福祉,增强群众获得感,从生产力到生产关系、从经济基础到上层建筑的整体改革和完善,是对人民主人翁地位和人民至高利益的实现、保障、巩固和发展。实践证明,只有让全体人民共享改革发展成果,让改革红利惠及全体人民,才能使人民的切身利益同改革的命运紧密联系在一起,使改革得到人民的广泛认同、拥护和支持,成为全体人民的共同事业。

4. 发展、改革与稳定之间的关系是改革开放的应有逻辑。中国的改革是一项艰巨而复杂的系统工程,既要大胆开拓,又要步子稳妥,还要方式适当。特别要注意处理好改革、发展与稳定之间的关系。在中国革命和建设史上,急躁冒进没有一次不是以失败而告终,在社会主义改革史上,急躁冒进也没有一次成功的先例。我们所寻求的稳定,不是停滞的稳定,而是动态的稳定,是发展中的稳定,是为了获得发展所需要的社会环境。中国改革成功的原因之一,就在于中国改革的领导核心清醒地认识和把握了改革、发展和稳定之间的内在联系。

5. 形成党的坚强核心领导是实现改革开放的根本保障。改革是一项庞大的系统工程,是一场伟大的社会试验,是一场深刻革命。它既涉及权力的调整,又涉及利益的分配,直接影响每一个公民的利益。

要把这样一个巨大的社会系统工程顺利完成，没有一个强有力的领导核心是根本不可能的。40年来，从思想解放到改革实践，从农村到城市，从封闭半封闭到全方位开放，从试点到推广，从经济体制改革到全面深化改革，无不是在党的坚强核心领导的基础上取得的系列成果。作为领导社会主义事业的核心力量，中国共产党必须牢牢掌握改革的领导权，紧紧把握改革的进程和方向，使改革始终沿着正确的方向前进。

二、西部欠发达地区发展不平衡不充分的问题表现及其原因分析

(一)发展不平衡的主要表现

西部欠发达地区发展的不平衡体现在两个方面，一方面，作为全国领域的组成部分，西部欠发达地区本身处于全国发展不平衡的动态变化中；另一方面，作为经济社会发展的一个区域，其自身内部存在着发展不平衡的矛盾属性。本文只考察区域内部的发展的不平衡，主要体现在以下几个方面：一是经济总量与发展的质量效益不平衡，西部欠发达地区经济规模增长较快但质量效益有待提高，特别是产业竞争力不强；二是增长动力的要素驱动与创新驱动不平衡，传统要素和传统产业发展较好，但创新因素相对稀缺，创新能力有待增强；三是实体经济与虚拟经济发展不平衡，以房地产为代表的虚拟经济发展较快，且存在着一定的风险隐患，同时实体经济发展面临诸多困难，发展环境有待改善；四是城乡发展不平衡，主要表现为城乡之间的基础设施发展不平衡，医疗卫生、教育服务等社会服务和福利的不平衡，城乡之间政府公共投入的不平衡、基础设施建设不平衡、生产生活条件的不平衡与居民收入不平衡；五是区域发展不平衡，不同区域不同的区位条件、资源禀赋、经济基础、人力资本、政策导向、发展环境特色产业等因素造成区域内部发展的不平衡；六是收入分配不

平衡,不仅表现在不同地区、不同行业、同行业不同岗位、城乡之间、不同要素的等当期收入分配的差距大,还表现在财产占有上的差距不断扩大;七是经济发展与社会建设不平衡,经济发展速度较快,社会建设相对滞后,教育、卫生健康、社会保障等相关领域供需矛盾较为突出,群众生存和发展所必需领域的服务可及性还远远不够;八是经济发展与自然生态环境不平衡,经济发展较快,但发展所付出的资源环境代价沉重,不同省份在资源开发和环境保护程度上存在较大差异,长期处在价值链低端的国际分工使得西部生态资源环境破坏较为严重,生态环境保护意识淡薄、法制不健全、生态投资不足,使得人民群众对新鲜空气、清洁水、良好环境质量的需要难以得到完全满足;九是物质文明与精神文明不平衡,物质条件有了很大改善,全社会文明水平尚需提高,文化产品无论是数量还是质量,都还不能很好地满足人民群众多方面、多层次、多样化的精神文化需求。

(二)发展不充分的主要表现

一是经济总量小。2016 年,全国 GDP 是 74.41 万亿元,西南、西北 10 省区市 GDP 是 12.04 万亿元,占全国的 11.09%。西南五省区市 GDP(7.84 万亿元)少于广东(8.09 万亿元),与江苏(7.74 万亿亿元)持平;西北五省区 GDP(4.2 万亿元)远低于江苏(7.74 万亿元),几乎只有广东(8.09 万亿元)的一半,而东部六省市(北京、上海、江苏、浙江、山东、广东)经济总量为 25.93 万亿元,占全国 34.85%,超过全国 GDP 总量的三分之一。说明社会生产力发展尚不充分,仍不能满足人民对不同产品结构和质量的需求,不能满足人民对各种服务的需求。

二是人均产出低。2016 年全国人均生产总值是 5.40 万元,其中,西北五省区人均生产总值是 4.20 万元,西南五省区市人均生产总值仅为 3.96 万元,省区市最高的北京是 11.820 万元,省区最高的江苏是 9.689 万元,最低的省区甘肃是 2.764 万元,江苏是甘肃的 3.51 倍。

表1 2005—2016年西部十二省区市及主要发达城市地区生产总值

年份	国内生产总值(亿元)	西部十二省区市地区生产总值(亿元)												主要发达省份地区生产总值(亿元)		
		内蒙古	重庆	宁夏	陕西	青海	新疆	四川	广西	甘肃	云南	贵州	西藏	江苏	广东	浙江
2005	187318.90	3902.03	3467.72	612.61	3633.72	543.32	2604.19	7385.10	3984.10	1933.98	3462.73	2005.42	248.80	18598.69	22557.37	13417.68
2006	219438.50	4944.25	3907.23	725.90	4743.61	648.50	3045.26	8690.24	4746.16	2277.35	3988.14	2338.98	290.76	21742.05	26587.76	15718.47
2007	270232.30	6423.18	4676.13	919.11	5757.29	797.35	3523.16	10562.39	5823.41	2703.98	4772.52	2884.11	341.43	26018.48	31777.01	18753.73
2008	319515.50	8496.20	5793.66	1203.92	7314.58	1018.62	4183.21	12601.23	7021.00	3166.82	5692.12	3561.56	394.85	30981.98	36796.71	21462.69
2009	349081.40	9740.25	6530.01	1353.31	8169.80	1081.27	4277.05	14151.28	7759.16	3387.56	6169.75	3912.68	441.36	34457.30	39482.56	22990.35
2010	413030.30	11672.00	7925.58	1689.65	10123.48	1350.43	5437.47	17185.48	9569.85	4120.75	7224.18	4602.16	507.46	41425.48	46013.06	27722.31
2011	489300.60	14359.88	10011.37	2102.21	12512.30	1670.44	6610.05	21026.68	11720.87	5020.37	8893.12	5701.84	605.83	49110.27	53210.28	32318.85
2012	540367.40	15880.58	11409.60	2341.29	14453.68	1893.54	7505.31	23872.80	13035.10	5650.20	10309.47	6852.20	701.03	54058.22	57067.92	34665.33
2013	595244.40	16916.50	12783.26	2577.57	16205.45	2122.06	8443.84	26392.07	14449.90	6330.69	11832.31	8086.86	815.67	59753.37	62474.79	37756.59
2014	643974.00	17770.19	14262.60	2752.10	17689.94	2303.32	9273.46	28536.66	15672.89	6836.82	12814.59	9266.39	920.83	65088.32	67809.85	40173.03
2015	689052.10	17831.51	15717.27	2911.77	18021.86	2417.05	9324.80	30053.10	16803.12	6790.32	13619.17	10502.56	1026.39	70116.38	72812.55	42886.49
2016	744127.20	18128.10	17740.59	3168.59	19399.59	2572.49	9649.70	32934.54	18317.64	7200.37	14788.42	11776.73	1151.41	77388.28	80854.91	47251.36

数据来源：中华人民共和国国家统计局，中国统计年鉴（2017）

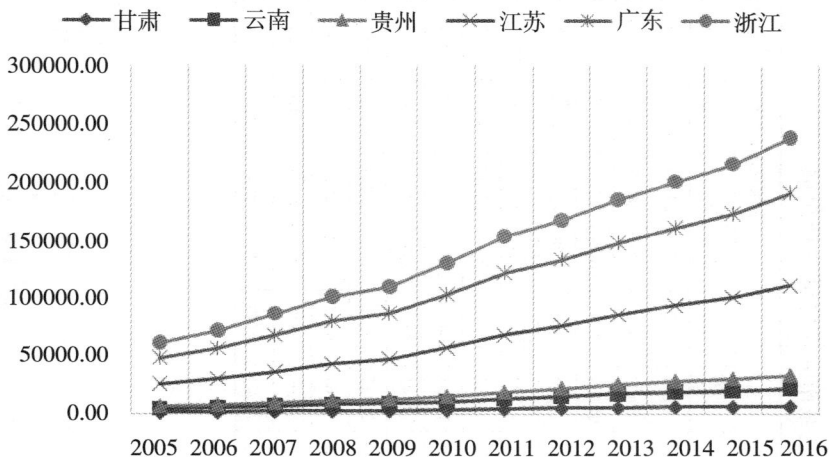

图1　2005—2016年西部省份及主要发达城市地区生产总值（亿元）

数据来源：中华人民共和国国家统计局、中国统计年鉴（2017）

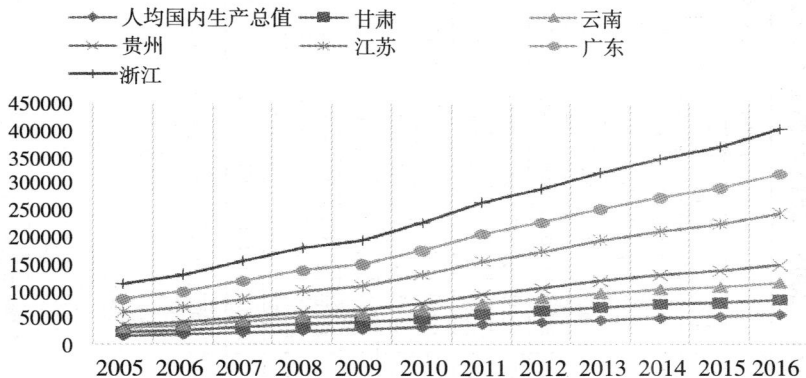

图2　2005—2016年西部省份及主要发达城市人均地区生产总值（元）

数据来源：中华人民共和国国家统计局、中国统计年鉴（2017）

表2 2005—2016年西部十二省区市及主要发达城市人均地区生产总值

年份	人均国内生产总值（元）	西部十二省区市地区生产总值（元/人）												主要发达省份地区生产总值		
		内蒙古	重庆	宁夏	陕西	青海	新疆	四川	广西	甘肃	云南	贵州	西藏	江苏	广东	浙江
2005	14368	16331	10982	10239	9899	10045	13108	9060	8788	7477	7835	5052	9114	24560	24435	27703
2006	16738	20047	12437	11784	11762	11753	14871	10546	10240	8749	8961	5750	10396	28685	28077	31684
2007	20505	26521	16629	15142	15546	14507	16999	12963	12277	10614	10609	7878	12083	33837	33272	36676
2008	24121	34869	20490	19609	19700	18421	19797	15495	14652	12421	12570	9855	13588	40014	37638	41405
2009	26222	39735	22920	21777	21947	19454	19942	17339	16045	13269	13539	10971	15008	44253	39436	43842
2010	30876	47347	27596	26860	27133	24115	25034	21182	20219	16113	15752	13119	17027	52840	44736	51711
2011	36403	57974	34500	33043	33454	29522	30087	26133	25326	19595	15265	16413	20077	62290	50807	59249
2012	40007	63886	38914	36394	38554	33181	33796	29608	27952	21978	22195	19710	22936	68347	54095	63374
2013	43852	67836	43223	39613	43117	36875	37553	32617	30741	24539	25322	23151	26326	75354	58833	68805
2014	47203	71046	47850	41834	46929	39671	40548	35128	33090	26433	27264	26437	29252	81874	63469	73002
2015	50251	71101	52321	43805	47626	41252	40036	36775	35190	26165	28806	29847	31999	87995	67503	77644
2016	53980	72064	58502	47194	51015	43531	40564	40003	38027	27643	31093	33246	35184	96887	74016	84916

数据来源：中华人民共和国国家统计局，中国统计年鉴（2017）

东部四省人均生产总值是 5.43 万元，东部四省是西南五省区市的 1.38 倍。

三是发展质量低。经济增长方式粗放，科技投入严重不足，科技贡献率低，初级产品多，产业链条短，发展的质量和效益相对低下，经济增长还处在"量"的积累阶段。

四是结构不合理。大部分区域产业结构不尽合理，二产比重过大，第三产业发展不充分，农业科技附加值低，在工业内部，"重工业过重、轻工业过轻"、能源原材料等资源型工业比重过大，高科技产业与战略性新兴产业对经济发展的带动作用不强；收入分配机构不平衡，包地区之间、行业之间、群体之间、城乡之间收入分配差距大。衡量收入差距的基尼系数长期高居 0.45 以上而不下，高于西方发达国家 0.1~0.2，城乡居民之间的收入差距依然在 3 倍左右徘徊（2015 年是 2.61 倍），城镇居民高收入家庭与低收入家庭之间人均可支配收入差距高达 5 倍左右，而且财产和财富积累的差距扩大速度，远远超过收入差距。2016 年，全国居民人均收入 2.382 万元。其中，城镇居民人均可支配收入最高的省区市上海 5.769 万元，最高的省区浙江 3.724 万元，最低的甘肃 2.569 万元，浙江是甘肃的 1.45 倍。按区域分，东部四省 2.953 万元，东北地区 2.838 万元，西南五省区市 2.822 万元，最低的西北五省区 2.730 万元，呈现明显的区域梯度分布，东部四省是西北五省区市的 1.08 倍。全国目前的农村贫困人口和深度贫困地区，也主要聚集在西部。生存环境恶劣、生产生活条件艰苦、生产方式落后低下，与东部、中部、东北广大农村和平原地区相比，差异非常明显。国民收入分配中，劳动者工资性收入增长长期抑制。消费不充分，消费支出占 GDP 的比例不足 40%，仍然是全国四大经济板块中最低的地区之一，难以满足经济增长对消费的需要。以居民消费为主的最终消费支出是我国目前经济增长的主动力。2016 年西部 12

表3 2016年西部十二省区市及主要发达城市企业信息化及电子商务情况

	全国	西部十二省区市												主要发达省份		
		内蒙古	重庆	宁夏	陕西	青海	新疆	四川	广西	甘肃	云南	贵州	西藏	江苏	广东	浙江
企业数(个)	943843	11383.0	23388.0	3314.0	18859.0	2150.0	10103.0	36883.0	15077.0	8448.0	15145.0	14216.0	623.0	103749.0	99568.0	82030.0
期末使用计算机数(台)	44884674	491371.0	988132.0	160547.0	925114.0	113909.0	460179.0	1682507.0	670329.0	302904.0	655808.0	478722.0	24848.0	4543589.0	7024193.0	3636657.0
每百人使用计算机数(台)	25	25.0	20.0	28.0	26.0	27.0	25.0	23.0	21.0	20.0	27.0	25.0	30.0	21.0	32.0	22.0
企业拥有网站数(个)	532292	5706.0	11406.0	1764.0	10644.0	1246.0	3428.0	21654.0	2222.0	4643.0	7194.0	6331.0	424.0	65854.0	65556.0	47649.0
每百家企业拥有网站数(个)	56	50.0	49.0	53.0	56.0	58.0	34.0	59.0	15.0	55.0	48.0	45.0	68.0	64.0	66.0	58.0
电子商务销售额(亿元)	107322	1587.6	3210.2	169.2	1047.5	441.7	326.2	2381.2	970.9	325.0	1249.7	1518.7	73.1	5351.9	17595.1	6846.8
电子商务采购额(亿元)	63347	1026.9	1228.9	117.7	698.4	449.4	272.6	1228.8	637.8	376.3	617.0	845.0	40.3	4406.3	12854.7	2261.6
企业数(个)	943843	11383.0	23388.0	3314.0	18859.0	2150.0	10103.0	36883.0	15077.0	8448.0	15145.0	14216.0	623.0	103749.0	99568.0	82030.0
期末使用计算机数(台)	44884674	491371.0	988132.0	160547.0	925114.0	113909.0	460179.0	1682507.0	670329.0	302904.0	655808.0	478722.0	24848.0	4543589.0	7024193.0	3636657.0
每百人使用计算机数(台)	25	25.0	20.0	28.0	26.0	27.0	25.0	23.0	21.0	20.0	27.0	25.0	30.0	21.0	32.0	22.0
企业拥有网站数(个)	532292	5706.0	11406.0	1764.0	10644.0	1246.0	3428.0	21654.0	2222.0	4643.0	7194.0	6331.0	424.0	65854.0	65556.0	47649.0
每百家企业拥有网站数(个)	56	50.0	49.0	53.0	56.0	58.0	34.0	59.0	15.0	55.0	48.0	45.0	68.0	64.0	66.0	58.0

数据来源：中华人民共和国国家统计局，中国统计年鉴（2017）

省区市最终消费支出中,居民消费支出占73.1%,政府消费支出占26.9%。这种状况严重抑制了国内市场需求,对经济长期发展不利。城乡结构存在明显的二元经济特征,城乡公共财政投入、基础设施条件、城市居民与农民收入差距较大。

五是实体经济发展不充分。主要体现在实体经济发展的质量、层次和效率还不高,发展的内生动力不足。实体经济结构性供需失衡,供给体系产能庞大,但大多数只能满足中低端、低质量、低价格的需求,不能满足市场对高技术、高质量的"高精尖"产品需求。在制造业中,传统制造业和先进制造业的比重失衡,且仍在向前者倾斜;在服务业中,传统服务业与生产性服务业失衡,且仍在向前者倾斜。金融和实体经济失衡,主要表现为资金脱实向虚,大量资金在金融体系内自我循环,扭曲了金融与实体经济的关系。金融与实体经济失衡,加大了金融风险,加重了实体经济的融资成本。房地产和实体经济失衡,主要体现在房地产的过度发展,大量资金涌入房地产市场,挤压了实体经济的发展空间,误导了地方产业发展政策。居高不下的房价,加大了实体经济的发展成本。

六是创新能力发展不充分。2016年世界知识产权组织、美国康奈尔大学与欧洲管理学院共同发布的全球创新指数表明,中国创新能力排名第22位,较过去有了很大的进步。但是,这一排名与我国创新投入全球第2的地位不相称,与我国的经济实力不相称。西部作为我国经济欠发达地区,创新能力低于全国平均水平,原始创新和系统集成创新能力不够强,核心关键技术的自主知识产权占有率偏低,拥有自主知识产权核心技术的企业少,大量的核心关键技术依然要靠进口。

七是民生领域发展不充分。民生领域与东部沿海省份差距日趋拉大,民生领域还有不少短板,社会保障制度不完善,住房贵、就医

表4 2005—2016年西部十二省区市及主要发达城市第三产业产值占地区生产总值比重

年份	全国第三产业产值占国内生产总值比重(%)	西部十二省区市第三产业产值占地区生产总值比重(%)												主要发达省份第三产业产值占地区生产总值比重(%)		
		内蒙古	重庆	宁夏	陕西	青海	新疆	四川	广西	甘肃	云南	贵州	西藏	江苏	广东	浙江
2005	41.3	39.5	41.5	42.4	39.3	39.3	35.7	38.4	39.2	40.7	39.7	40.7	55.2	35.6	43.3	39.9
2006	41.8	39.1	42.2	40.6	38.1	38.4	34.7	38.2	38.7	39.5	39.1	42.3	54.9	36.4	43.6	40.0
2007	42.9	38.4	39.0	39.8	37.8	37.0	35.4	36.7	37.0	38.4	39.7	45.5	55.1	37.4	44.3	40.6
2008	42.8	37.8	37.3	39.5	36.9	34.9	34.0	36.2	36.0	39.0	39.0	46.4	55.4	38.4	44.4	41.0
2009	44.3	38.0	37.9	41.7	38.5	36.9	37.1	36.7	37.6	40.2	40.8	48.2	54.6	39.6	45.7	43.1
2010	44.1	36.1	36.4	41.6	36.4	34.9	32.5	35.1	35.4	37.3	40.0	47.3	54.2	41.4	45.0	43.5
2011	44.2	34.9	36.2	41.0	34.8	32.3	34.0	33.4	34.1	39.1	41.6	48.8	53.2	42.4	45.3	43.9
2012	45.3	35.5	39.4	42.0	34.7	33.0	36.0	34.5	35.4	40.2	41.1	47.9	53.9	43.5	46.5	45.2
2013	46.7	36.9	46.7	43.0	36.0	36.1	40.7	36.2	37.6	43.3	42.5	47.1	53.7	45.5	48.8	47.5
2014	47.8	39.5	46.8	43.4	37.0	37.0	40.8	38.7	37.9	44.0	43.3	44.6	53.5	47.0	49.0	47.8
2015	50.2	40.5	47.7	44.5	40.7	41.4	44.7	43.7	38.8	49.2	45.1	44.9	53.8	48.6	50.6	49.8
2016	51.6	43.8	48.1	45.4	42.3	42.8	45.1	47.2	39.6	51.4	46.7	44.7	52.7	50.0	52.0	51.0

数据来源：根据中华人民共和国国家统计局，中国统计年鉴（2017）整理计算

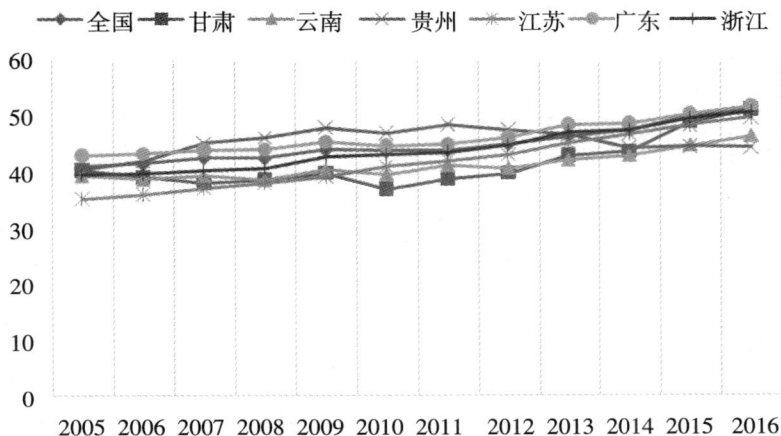

图3　2005—2016 年西部省份及主要发达城市
第三产业产值占地区生产总值的比重（%）

数据来源：中华人民共和国国家统计局、中国统计年鉴（2017）

表5　东、中、西部及东北地区城镇居民人均可支配收入（元）

年份	全国水平	东部地区	中部地区	西部地区	东北地区
2005	10493.0	13374.9	8808.5	8783.2	8730.0
2006	11759.0	14967.4	9902.3	9728.5	9830.1
2007	13786.0	16974.2	11634.4	11309.5	11463.3
2008	15781.0	19203.5	13225.9	12971.2	13119.7
2009	17175.0	20953.2	14367.1	14213.5	14324.3
2010	19109.4	23272.8	15962.0	15806.5	15941.0
2011	21809.8	26406.0	18323.2	18159.4	18301.3
2012	24564.7	29621.6	20697.2	20600.2	20759.3
2013	26955.1	32472.0	22736.1	22710.1	22874.6

数据来源：中华人民共和国国家统计局、中国统计年鉴（2014）

注：从 2013 年起，国家统计局开展了城乡一体化的住户收支与生活状况调查

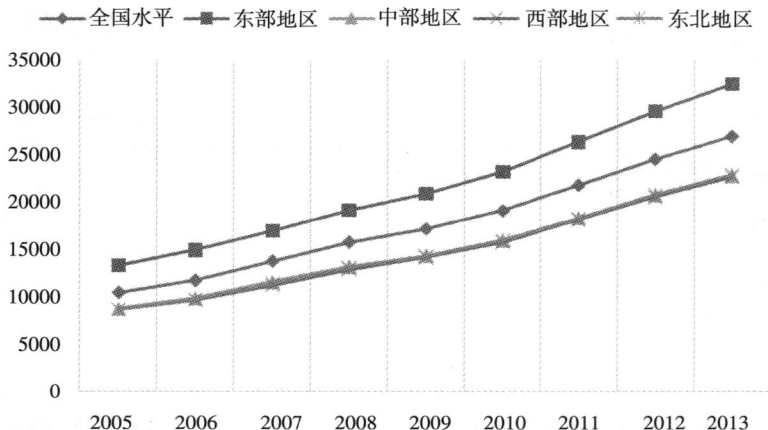

全国水平 ━ 东部地区 ━ 中部地区 ━ 西部地区 ━ 东北地区

图4 2005—2013年东、中、西部及东北地区
城镇居民人均可支配收入（元）

数据来源：中华人民共和国国家统计局、中国统计年鉴（2006—2017）

注：从2013年起，国家统计局开展了城乡一体化的住户收支与生活状况调查

表6 东、中、西部及东北地区农村居民人均纯收入（元）

年份	全国	东部地区	中部地区	西部地区	东北地区
2005	3255.0	4720.3	2956.6	2378.9	3379.0
2006	3587.0	5188.2	3283.2	2588.4	3744.9
2007	4140.0	5855.0	3844.4	3028.4	4348.3
2008	4761.0	6598.2	4453.4	3517.7	5101.2
2009	5153.0	7155.5	4792.9	3816.5	5456.6
2010	5919.0	8142.8	5509.6	4417.9	6434.5
2011	6977.3	9585.0	6529.9	5246.7	7790.6
2012	7916.6	10817.5	7435.2	6026.6	8846.5
2013	8895.9	12052.1	8376.5	6833.6	9909.2

数据来源：中华人民共和国国家统计局、中国统计年鉴（2014）

注：从2013年起，国家统计局开展了城乡一体化的住户收支与生活状况调查

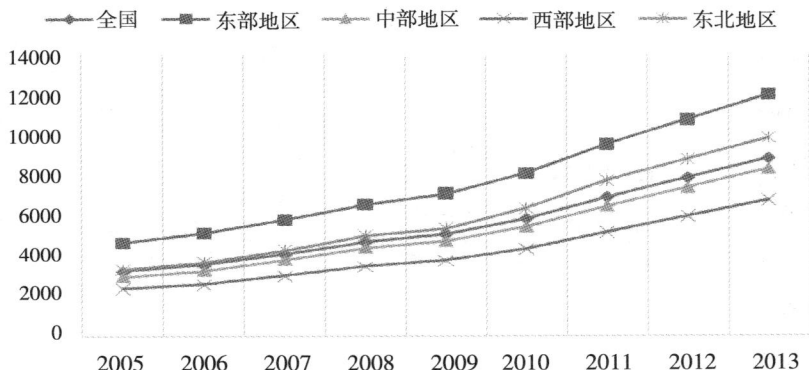

图 5　2005—2013 年东、中、西部及东北地区农村居民人均纯收入（元）

数据来源：中华人民共和国国家统计局、中国统计年鉴（2006—2017）

注：从 2013 年起，国家统计局开展了城乡一体化的住户收支与生活状况调查

表 7　全国居民按东、中、西部及东北地区分组的人均可支配收入

年份	全国	东部地区	中部地区	西部地区	东北地区
2013	18310.8	23658.4	15263.9	13919.0	17893.1
2014	20167.1	25954.0	16867.7	15376.1	19604.4
2015	21966.2	28223.3	18442.1	16868.1	21008.4
2016	23821.0	30654.7	20006.2	18406.8	22351.5

数据来源：中华人民共和国国家统计局、中国统计年鉴（2017）

注：从 2013 年起，国家统计局开展了城乡一体化的住户收支与生活状况调查

难、食品不安全、环境污染等问题突出，结构性失业压力大，教育不公平问题没有得到根本解决，脱贫任务艰巨。

八是市场化改革不充分。在许多领域特别是垄断领域的市场化程度还很低，各项改革还不充分，制度建设还不到位。油气、电力等领域的行业垄断还很严重，电信、铁路、医疗服务等领域的改革还不能

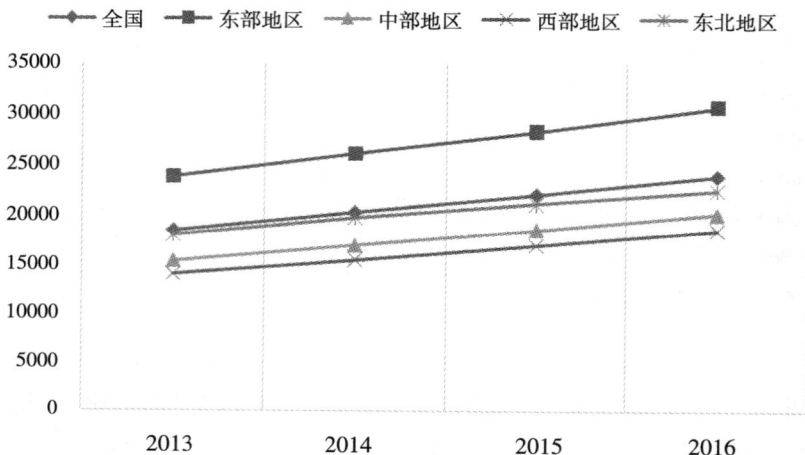

图6　2013—2016 年东、中、西部及东北地区居民人均可支配收入(元)

数据来源:中华人民共和国国家统计局、中国统计年鉴(2017)

注:从 2013 年起,国家统计局开展了城乡一体化的住户收支与生活状况调查

表8　2010—2016 年甘肃省人均城乡居民收入

指　标	2010	2011	2012	2013	2014	2015	2016
城镇居民人均可支配收入(元)	13188.6	14988.7	17156.9	18964.8	21803.9	23767.1	25693.5
农民人均纯收入(元)	3424.7	3909.4	4506.7	5107.8	6276.6	6936.2	7456.9

数据来源:中华人民共和国国家统计局、中国统计年鉴(2017)

满足发展的需要,供水供暖等公共领域的市场监管还不完善。

总之,西部欠发达地区上述不平衡不充分集中体现在基础设施薄弱的瓶颈制约问题;贫困面大,贫困程度深,城乡居民收入水平低;产业规模小,优势企业少,竞争力低下;城市化水平低的问题,文化教

表 9　2005—2016 年甘肃省区域生产总值(单位:亿元)

地区	2005	2006	2007	2008	2009	2010	2011	2012	2013	2014	2015	2016
兰州市	567.04	638.47	732.76	846.28	925.98	1100.39	1360.03	1564.41	1776.28	1913.50	2095.99	
嘉峪关市	81.31	98.66	120.18	144.10	160.05	184.32	235.54	269.10	226.30	243.10	190.00	
金昌市	115.87	152.61	213.22	194.43	194.75	210.51	232.75	243.39	252.04	245.64	224.52	
白银市	146.54	175.72	207.52	244.28	265.33	311.18	375.79	433.77	463.30	447.64	434.27	
天水市	146.17	166.39	196.21	226.57	260.00	300.23	357.60	412.90	454.30	496.89	553.80	
武威市	141.81	161.62	187.65	210.11	192.79	228.77	272.85	341.55	381.18	405.97	416.19	
张掖市	110.79	126.70	146.64	169.86	192.08	212.70	256.60	291.92	335.97	353.43	373.53	
平凉市	110.17	125.59	147.82	175.06	195.66	231.89	276.19	325.36	341.92	350.53	347.70	
酒泉市	146.03	173.25	203.25	248.02	321.05	405.03	481.5	574.60	642.70	620.20	544.80	
庆阳市	143.82	171.55	200.82	248.50	302.22	357.61	454.34	529.36	606.07	668.93	609.43	
定西市	71.30	80.88	100.10	105.64	131.94	156.02	186.94	223.27	252.22	292.82	304.92	
陇南市	74.15	93.49	111.81	121.60	142.34	169.43	197.68	226.00	249.50	262.53	315.14	
临夏州	56.23	62.51	72.92	78.59	93.17	106.38	128.78	189.00	167.32	202.97	211.41	
甘南州	26.10	29.95	35.37	43.37	57.65	67.69	81.33	96.74	108.90	114.92	126.54	

数据来源:中华人民共和国国家统计局,甘肃发展年鉴(2005—2016)

育发展滞后,生态环境脆弱。

(三)西部欠发达地区发展不平衡不充分的原因分析

造成发展不平衡不充分问题的原因,既有发展的要素禀赋不同的自然因素,也有经济发展惯性所致,还有发展政策与发展战略的制度与政策原因。

1. 思想观念落后。要清醒地认识到,西部欠发达地区与东部发达地区之间的差距,表面上是数字、指标和形象的差距,是经济总量、综合实力、发展速度的差距,本质上还是思想观念、工作作风、体制机制上的差距。东部沿海地区的发展固然有其特殊的地缘优势和政策机遇等因素,但东部人团结一致的团队精神、敢为人先的创新理念、一着不让的机遇意识、高屋建瓴的发展思路才是实现平衡充分发展、取得成功的核心秘诀。在东部经济高速发展的过程中,承载最多的是东部沿海人民爱拼敢赢、大胆创新、先行先试、敢作敢为的精神与雷厉风行、立说立行、充满激情的工作作风。相反,西部欠发达地区部分干部群众官本位意识、小农意识和等靠要思想严重,内心深处只求保险、不愿冒险的意识,习惯于在当代经济社会发展中的相对落后。在谋划发展过程中怕担责任,小富即安、小成则满,习惯于按计划经济的老套套办事,不敢突破、不敢创造、不敢探索,缺乏敢为人先的闯劲和持之以恒的韧劲。

2. 自然条件与区位制约。大部分西部欠发达地区自然条件严酷,生态环境脆弱,基础设施建设滞后,交通不便,信息闭塞,远离国际贸易市场,区位劣势明显,人力资本匮乏,经济实力仍比较薄弱,重要经济和社会发展的总量指标及人均指标低于全国平均水平,进一步发展仍将受到市场、技术、生态与环境以及人才缺乏等因素的制约。

3. 国家宏观政策取向引导。改革开放以来,国家实行区域不平衡发展战略,投资布局由过去主要强调备战和缩小地区差距,逐步转移到以经济效益为中心,向优势地区特别是沿海地区倾斜。同时,为适应对外开放的需要,国家在财政、税收、外资利用、外贸、金融等方面,对率先开放的 4 个沿海经济特区、14 个开放港口城市以及经济开放区给予一定的政策优惠。这一列政策的出台,大多是采取由沿海逐步向内地展开的梯度推进方式。资金和政策投入差异,使东部经济先行一步。这势必形成中西部地区市场化进程滞后于东部地区的局面。更重要的是,在 20 世纪 80 年代初期,东部沿海地区除了享受地方财政包干、外汇留成等地区差别政策外,还在活动方式、要素配置、产业选择等很多方面优先采用了市场机制。东部地区经济从先行改革中获得的增长效应要比优惠政策得到的增长更有意义。东部地区凭借政策优势率先开放发展,中、西部发展相对滞后,东北衰退,区域发展差距日益扩大。尽管陆续实施西部大开发战略、东北地区老工业基地振兴战略、中部崛起战略,但没有根本改变西部与其他地区之间的差距。

4. 经济全球化影响。随着我国改革开放的深入推进,经济全球化已经对我国各地区和企业的发展产生了重大影响。东部地区接纳了众多以外商直接投资为主体的全球产业转移,并促进对外贸易的高度发展。一方面,带动了全国经济的高速增长;另一方面,形成了沿海地区高速增长的区域发展格局。相关分析表明,2000 年以来,外资和外贸对我国省级 GDP 的贡献程度一直保持在 20%~25%。也就是,对于身处内地利用外资和对外贸易很低的西部欠发达省份,其 GDP 增长速度与沿海省份的差异,在相当大的程度上是经济全球化因素造成的。而这个因素与经济区位密切相关,是难以人为改变的。此外,经济全球化也使区域发展直接暴露在全球竞争之下。区域在经济意义上不再是国家的区域,而是全球的区域。区域发展的舞台扩大了,但面临的竞争越来越激烈,无论在原料来源和生产成本上,还是在生产技术和市场服务上,大部分产业都必须在全球范围内竞争。这对于区域原有竞争优势较弱的西部欠发达地区而言，经济社会发展的挑战大于机遇。

5. 经济发展的路径依赖。人类社会中的技术演进、制度变迁或发展战略选择均有类似于物理学中的惯性，即一旦进入某一路径就可能对这种路径产生依赖，惯性的力量会使这一选择不断自我强化。在计划经济时代，中央政府主要通过生产力布局的形式直接参与经济建设，中央投资是很多地区经济增长的重要源泉。这就形成了地方政府到国家争取项目的习惯性做法，使得西部欠发达省份把自己"锁定"在经济发展的这条路径上，一定程度忽视了对自身增长源泉的培育，经济社会发展的创新能力不强。

6. 资源诅咒效应明显。相比东部沿海地区，西部自然资源较为丰富，在经济发展初期，自然资源作为物质生产活动的必要投入品，成为经济赖以发展的重要物质基础，形成了以采掘和原料工业为主的工业比重过大的产业结构特征，各类产品的加工链很短，中间产品比例高，最终消费品比例低，对技术含量和附加值高的最终产品工业和高新技术产业的发展产生了"挤出效应"。单一的资源型经济结构导致西部欠发达地区严重缺乏人力资本积累的内在动力，资源型产业扩张导致人力资本积累不足，大量具有较高知识水平和技能素质的劳动力流出，知识创新缺乏机会，难以支撑持续高速度的经济增长。

7. 错失夯实经济发展基础的历史机遇。由于发展阶段的变化，区域经济发展的路径也发生了明显变化。在20世纪80—90年代，以乡镇企业为代表的"自下而上"的经济发展模式曾经具有相当的普遍性。这种"前店后场"中小企业发展，是东部沿海地区很多省份当时经济高速增长的重要组成部分，在国家政策的支持下，在"卖方"经济时代完成了经济"二次腾飞"的原始积累。到了90年代中期以后，随着短缺经济的结束、市场经济法规的逐渐完善以及全球化带来的竞争冲击,乡镇企业迅速崛起的"历史窗口"关闭了。在西部经济欠发达地区复制所谓"温州模式"或"苏南模式"已经没有可能性,错失了夯实经济发展基础的历史机遇。

8. 提前迎来供给侧结构性改革的洗礼。经过近 40 年的高速发展,全国人均收入水平普遍提高,需求结构正在发生迅速变化,我国总体上已经进入工业化中期阶段,部分传统产业达到饱和状态,产能过剩现象已经十分突出。国家深入推进供给侧结构性改革,施行"三去一降一补"政策,淘汰落后产能。同时,国家所面临的资源环境压力和节能减排的国际政治压力,也将使这些产业进入"受限制"行列。西部欠发达省份由于资源禀赋与国家生产力布局导向, 以及经济社会发展的滞后效应, 国家限制淘汰的落后产能往往是西部欠发达区域相对具有优势的部门与产业。优势产业的不可持续性,也为区域经济增长造成了巨大压力。

9. 经济发展的内向程度偏高。尽管我国对外开放已经由沿海地区向长江中下游、沿边和内陆地区纵深推进,"一带一路"倡议取得长足发展,西部欠发达地区外联性经济发展还显得相当缓慢,开放开发不足,经济发展仍然主要依靠"内力",缺乏"外力"带动,区域开放开发程度低,经济发展的内向程度偏高。

三、以改革开放破解欠发达地区发展不平衡不充分难题的对策建议

(一)创新西部欠发达地区的发展理念与发展思路

以习近平新时代中国特色社会主义思想为指导,创新发展理念,调整发展思路,破解西部欠发达地区发展不平衡不充分的各种问题。一要坚持以人民为中心,把人民对美好生活的向往作为解决西部欠发达地区不平衡不充分发展问题的核心目标,以促进人的全面发展解决个人发展的不平衡不充分问题,以促进社会全面进步,解决社会

发展的不平衡不充分问题;二要坚定不移地贯彻创新、协调、绿色、开放、共享的新发展理念,把发展作为解决西部欠发达地区一切问题的基础和关键,统筹协调经济增速、经济质量和运行风险这三者的关系,在发展过程中着力解决不平衡不充分的问题;三要坚持以供给侧结构性改革为主线,适应和引领经济新常态,推动西部欠发达地区推动地区结构、行业结构、企业结构、城乡结构的不断优化,减少无效供给,扩大有效供给,提高供给结构对需求结构的适应性;四要坚持实施创新驱动发展战略,推动西部欠发达地区科技创新、制度创新、管理创新、商业模式创新、业态创新和文化创新,拓展创新领域,培育壮大创新主体,搭建创新平台体系,构建创新体制机制,要用创新的手段解决发展过程中出现的各种不平衡不充分问题;五要推动体制机制改革,减少要素配置扭曲,解决要素市场和产品市场的不平衡不充分问题,激发全社会创造力和发展活力,努力实现西部欠发达地区更高质量、更有效率、更加公平、更可持续的发展。

(二)加大对西部欠发达地区发展的政策支持

西部欠发达地区具有特殊重要战略地位,国家要以更大的决心、更强的力度、更有效的举措,进一步加大支持力度,研究制定解决西部欠发达地区发展不平衡不充分的具体政策举措,构建齐抓共管的工作格局,形成支持西部欠发达地区创新发展的合力。要进一步加大对西部欠发达地区的资金投入力度,中央预算内投资、中央财政均衡性转移支付和专项转移支付继续向西部地区倾斜,支持在西部地区优先布局建设具有比较优势的项目,鼓励社会资本以市场化方式设立西部开发产业发展引导基金。实施差别化用地政策,保障西部地区重大项目建设用地。加强西部地区各类人才培养培训,积极发挥国家基础科学人才培养基金的作用,统筹推进西部地区各类人才队伍建设,国家"万人计划"等重大人才工程适度向西部地区倾斜,支持西部地区大力引进海外高端紧缺人才。研究开展州辖区改革,支持四川凉山、云南怒江、甘肃临夏等民族自治州加快建设全面小康进程。

(三)创新和完善支持西部欠发达地区发展的投融资机制

建立支持西部欠发达地区协调健康发展的多元化、可持续投融资体制。统筹发挥商业性金融、开发性金融、政策性金融与合作性金融协同作用,形成分工合理、相互补充的金融机构体系,加大对西部欠发达地区重大基础设施建设、现代农业、民生领域的支持力度,推动提升小微企业金融服务。鼓励银行业金融机构在风险可控、商业可持续的基础上加大对西部产能过剩行业兼并重组、转型转产、技术改造等环节的信贷支持,促进化解过剩产能和传统产业转型升级。抓紧剥离融资平台公司政府融资职能,推进融资平台公司市场化转型和融资,规范地方政府债务管理,合理安排西部地区政府债务限额,做好地方政府债券发行工作,支持西部地区公益性事业发展。

(四)深化西部欠发达地区收入分配制度及相关领域改革

一要以初次分配制度改革为重点,加大收入分配制度改革力度,通过价格体制改革和垄断行业改革,缩小行业间收入差距;通过教育服务均等化,缩小不同阶层和城乡收入的差距;深化税收制度改革,降低流转税,增加财产税,使税收制度有利于低收入阶层,逐步实现收入分配均衡化,缩小不同阶层、不同行业、不同地区的收入差距。二要持续深化简政放权、放管结合、优化服务等重点领域改革,加快转变政府职能,健全科学决策机制,提高行政效能。三要深化垄断行业和国有企业改革,支持和引导非公有制经济发展,加快形成多种所有制经济平等竞争、共同发展新格局。四要推进电力体制改革,继续深化电价、水价等价格改革,理顺煤电价格关系,开展水权交易,深化小型水利工程产权制度改革。五要有序推进土地管理制度改革,完善西部欠发达地区土地征收制度,探索建立农村集体经营性建设用地入市制度。六要继续落实好减税降费各项政策措施,降低制度性交易成本,促进形成营商环境好、要素成本低、市场潜力大的叠加优势,迸发全社会创业创新热情, 吸引各类资本特别是民间资本踊跃参与西部欠发达地区建设。

(五)培育支持西部欠发达地区发展的多层次开放合作新机制

充分发挥西部欠发达各地区的比较优势, 加快推进国际经济走廊境内段建设,积极参与和融入"一带一路"建设。大力发展内陆开放型经济, 全面提升经济欠发达地区内陆开放水平。充分发挥沿边省(区)和沿边各类开发开放功能作用,加快沿边地区开发开放,将沿边地区建设成为沟通我国内陆地区与周边国家的合作交往平台, 打造海内外联动、东西双向开放的全面开放新格局。建议国家出台关于加强东中部与西部欠发达地区之间的区域合作的政策,提升对口支援、对口帮扶水平,支持中东部企业、人才到西部地区投资、创业。加大东西部扶贫协作和对口支援工作力度,建立精准对接机制,实现对口帮扶资金规模的稳定增长。充分发挥市场机制作用,创造条件,吸引帮扶地区人才、资金、技术向西部欠发达地区流动。鼓励经济发达地区利用帮扶资金设立贷款担保基金、风险保障基金、贷款贴息资金和中小企业发展基金等,支持发展西部欠发达地区特色产业,引进优势企业到西部创业兴业。鼓励企业通过量化股份、提供就业等形式,带动西部欠发达地区居民就业增收。建立和完善省市协调、县乡组织、职校培训、定向安排、跟踪服务等劳务协作对接机制,提高劳务输出脱贫的组织化程度。以县级为重点, 加强东西部省份党政干部挂职交流。采取双向挂职、两地培训等方式,加大对西部基层干部、贫困村创业致富带头人的培训力度。

(六)着力解决西部欠发达地区发展不平衡不充分的突出问题

一要完善西部欠发达地区基础设施网络, 逐步实现基础设施地区均等化、城乡均等化。继续加强交通、水利、能源、通信等基础设施建设,加快建设西部适度超前、结构优化、功能配套、安全高效的现代化基础设施体系,强化设施管护,提升基础保障能力和服务水平。二要下决心解决西部欠发达地区教育资源严重不均衡问题,加大对西部欠发达地区教育的投入,提升教育质量,推动西部地区聚人才、育人才、出人才,基本实现教育服务均等化。三要加大力度解决西部欠发达地区医疗资源不均衡问题,加强公共卫生服务能力建设,加强西部地区县级医院、妇幼保健院和中心乡镇卫生院医疗设备配置,强化一般乡镇卫生院(社区卫生服务中心)基本医疗服务功能,加强县级公立医院和中心乡镇卫生院能力建设和学科建设。四要创新社会治理机制,加强和创新西部欠发达地区城乡社会治理机制建设,完善乡镇(街道)社会治理结构,健全党组织领导的社区自治机制;完善社会服务体系,加快推广政府购买社会服务等市场化办法,满足城乡群众差异化服务需求;推进西部地区社区服务体系和设施建设,稳步扩大覆盖面;完善立体化社会治安防控体系,加强公安基层基础建设。落实消防等安全保障措施,加强城镇公共消防设施建设。五要加大力度解决西部欠发达地区生态建设与经济发展不均衡问题,加大自然生态系统和环境保护力度,全面促进资源节约利用,健全完善生态补偿机制,大力推进绿色发展、循环发展、低碳发展、永续发展。六要支持西部欠发达地区打赢脱贫攻坚战。针对不同贫困类型分类施策,实施产业扶持脱贫、转移就业脱贫、易地搬迁脱贫、教育支持脱贫、社保兜底脱贫、生态保护脱贫系列工程,提高脱贫攻坚成效。坚持专项扶贫、行业扶贫、社会扶贫"三位一体"大扶贫格局,以解决突出制约问题为重点,以重大扶贫工程和到村到户帮扶措施为抓手,以补短板为突破口,加大政策倾斜力度,集中力量攻关,万众一心克难,全面完成深度贫困地区脱贫攻坚任务。七要积极培育西部欠发达地区现代产业体系。降低市场准入门槛,引导社会资本向西部欠发达地区优势产业聚集。强化能源资源保障能力,完善工业用地配置,推动传统产业转型升级,促进战略新兴产业突破发展,引导现代服务业有序发展,提升特色优势产业发展水平,塑造西部欠发达地区产业核心竞争力,构建资源优势突出、创新能力较强、产业链条齐备、生态承载合理的现代产业发展体系。八要积极扶持西部欠发达地区实施乡村振兴战略。要持续深化农业供给侧结构性改革,加快构建现代农业产业体系、生产体系、经营体系,促进农业产业链条延伸和农村一二三产业深度融合。整合各方面科技创新资源,完善农业科技创新体系、现代农业产业技术体系和农业农村科技推广服务体系,依靠科技创新激发农业农村发展新活力。要全面深化农村改革,在保持土地承包关系稳定并长久不变的前提下,深入推进农村"三变"(资源变资产、资金变股金、农民变股东)改革,促进农业的规模化经营和可持续发展。

(庆祝改革开放四十周年理论研讨会甘肃省唯一入选论文,代表甘肃参加由中央宣传部、中央改革办、中央党校(国家行政学院)、中央党史和文献研究院、国家发展改革委、教育部、商务部、中国社会科学院、中央军委政治工作部等部门于 2018 年 12 月 23 日至 24 日在北京举办的庆祝改革开放 40 周年理论研讨会;原载于《改革内参》2017 年第 12 期)

三、所有制结构调整与国有企业改革理论研究

马克思所有制理论的创新与
我国国有企业改革的深化

所有制问题既是马克思主义政治经济学的主体范畴,也是我国经济体制改革的基本问题。从我国国有企业改革发展的轨迹考察可以看出,所有制理论认识上的创新,决定着国有企业改革的进展,国有企业改革的深化,又取决于所有制理论的新突破。本文试就马克思主义所有制理论的创新与国企改革深化之间的联系问题作些初步分析。

一、马克思所有制理论的主要内容

所有制理论是马克思全部经济理论的基础与核心,从《共产党宣言》《资本论》等经典文献中可以看出,马克思研究一切经济问题,都是为所有制关系的变革提供依据的。马克思的所有制理论具有丰富的内涵和鲜明的特征,概括起来,包括以下主要内容:

1. 消灭私有制,建立公有制的思想

马克思主义创始人在他们的第一个科学社会主义纲领文献《共产党宣言》中明确宣布:"共产主义的特征并不是要废除一般的所有制,而是要废除资产阶级的所有制。……从这个意义上说,共产党人可以把自己的理论概括为一句话:消灭私有制。"这就是说,无产阶级的历史使命就是推翻资本主义的私有制,建立公有制。这里有必要强调,马克思在研究所有制问题时总是具体地研究某一特定历史时期的具体所有制,而较少涉及所有制一般。马克思论述私有制时,也不是指私有制一般,而往往指资本主义私有制。

2. 社会所有制与自由人联合体思想

马克思设想的社会主义社会是以生产力极大发展,生产高度社会化为前提的,这种社会中的所有制结构是单一的全社会所有制,不仅不存在私有制,也不存在集体所有制。要"把资本变为属于社会全体成员所有的公共财产","设想有一个自由人联合体,他们用公共的生产资料进行劳动,并且自觉地把他们许多个人劳动力当作一个社会劳动力来使用,……这个联合体的总产品是一个社会产品,这个产品的一部分重新用作生产资料。这一部分依旧是社会的。而另一部分要在他们之间进行分配。这里需要指出的是,马克思设想的单一社会所有制与自由人联合体并不等于国家所有制,据现有资料考证,马克思、恩格斯甚至列宁都没有提出过建立国家所有制问题,将国家所有制作为公有制的"三最"形式(最好、最高、最后),是斯大林明确提出并全面阐述和极力推广的。

3. 重建劳动者个人所有制思想

马克思指出:"从资本主义生产方式产生的资本主义占有方式,从而资本主义的私有制,是对个人的、以自己劳动为基础的私有制的第一个否定。但资本主义生产由于自然过程的必然性,造成了对自身的否定。这是否定的否定。这种否定不是重新建立私有制,而是在资本主义时代的成就的基础上,也就是说,在协作和对土地及靠劳动本身的生产资料的共同占有的基础上,重新建立个人所有制"。以后马克思在他亲自修订的《资本论》法文版中,在"个人所有制"之前加上了"劳动者"这一定语。对马克思的重建劳动者个人所有制的著名论断,理论界见仁见智,至今无统一认识。但对该问题的重视与研究的集中程度就足以证明这一问题的重要性,也折射出其深邃的实践价值。笔者以为,马克思重建个人所有制的思想是与他的消灭私有制,建立单一社会所有制及自由人联合体的构想是一致的，将重建个人所有制理解为马克思对私有制的肯定，无论从何种角度都是难以说通的。

4. 所有制由生产力发展水平决定的思想

马克思主张废除资本主义私有制，建立公有制的思想，不是着眼于伦理道德观念的考虑，不是就所有制而所有制，而是紧紧依据生产力与生产关系的辩证原理，源于生产力的发展水平与现状。所有制作为一定社会生产力发展水平的形式，从根本上来说是生产力选择的结果，其目的也是为了促进生产力的发展。这是马克思主义创始人在所有制问题上与空想社会主义的一个根本区别。《资本论》的一条主线就是以生产力与生产关系运动的原理对资本主义基本矛盾的解剖，资本主义私有制之所以要被取代，并非从伦理道德或价值判断方面看它有多么狰狞可恶，根本原因在于这种所有制下的占有方式不能适应和促进社会生产力的发展和生产社会化的提高。马克思明确指出："社会关系和生产力密切相联。随着新生产力的获得，人们改变自己的生产方式，随着生产方式即保证自己生活的方式的改变，人们也就会改变自己的一切社会关系，手推磨产生的是封建主为首的社会，蒸汽磨产生的是以工业资本家为首的社会。"在《资本论》中，马克思还说："各种经济时代的区别，不在于生产什么，而在于怎样生产，用什么劳动资料生产，劳动资料不仅是人类劳动发展的测量器，而且是借以进行的社会关系的指示器。"他还指出，"无论哪一个社会形态，在它所容纳的全部生产力发挥出来以前，是决不会灭亡的，而新的更高的生产关系，在它的物质存在条件下旧社会胞胎里成熟以前，是决不会出现的"。恩格斯也指出："社会制度中的任何变化，所有制关系的每一次变革，都是旧的所有制关系不再适应新的生产力发展的必然结果。私有制就是这样产生的。"这是马克思主义创始人所有制理论中最为关键、最为重要的思想,但又是在后来的各国社会主义实践屡次被忽视的一个问题。

5. 产权思想

马克思的所有制理论从框架体系方面包括所有制的外部结构与内部结构两大块。研究马克思的所有制理论不能淡忘其内部结构思想。马克思认为,生产资料所有制作为生产关系的前提和基础,要贯穿于经济活动的全过程。所有制的核心是所有权,它派生出占有权、支配权、使用权等一系列权利,经济关系中的个人因这些权利的差别而分成所有者、占有者、支配者、使用者等。这些权利有时是统一于某一主体的,有时则是相对独立的。马克思认为,这四种权利及其主体的关系主要有三种形式:一是四权归同一主体,即生产资料的所有者同时也是占有者、支配者、使用者,这以小块土地所有者的自耕农为典型;二是四权分归彼此对立的不同主体,这在资本主义制度下的社会化大生产中最典型,借贷资本家与职能资本家是所有者和占有者的关系,而职能资本家从借贷资本家那里(以利息形式)取得资本的占有权以后,也就获得了其支配权,同时也有权支配以出卖劳动力方式而使用生产资料的雇佣劳动者;三是四权归同一所有制主体的不同部分,这个主体不是孤立的个人,而是一个联合体,生产资料的所有权归劳动者个人,并由联合体来行使占有权,支配权由经营者行使,使用权又归劳动者个人,但要由联合体统一协调。马克思集中探讨了第二种形式,即资本主义所有制。随着资本主义经济的发展,资本主义所有制的内容进一步扩充并具体,与之相应的法律规定也更为明晰,但不论怎样,其基本内容还是马克思所揭示的四权相互关系。

二、马克思所有制理论的创新

我们党在十一届三中全会以来,尤其是在党的十五大报告中,对马克思的所有制理论有以下重大创新和发展：

1. 在社会主义认识上的创新

我们党确立的社会主义初级阶段理论与建设有中国特色社会主义理论，是对马克思主义科学社会主义学说的重大突破，也是我们理解所有制问题的基本参照系

现在的关键是如何理解有中国特色社会主义的地位问题。一种常见的解释是：初级阶段是指整个社会主义的不发达阶段，有中国特色社会主义是我国社会主义初级阶段的别称或特征概括。我认为，这种逻辑推理既不能说明我们党在社会主义再认识上的重大突破，同时严重低估了建设有中国特色社会主义的重要性和艰巨性。为此，必须把有中国特色社会主义理解为一种新形态的社会主义（名称问题还需依据实践发展作进一步概括），才能为我国的经济体制改革包括所有制结构的调整提供基本理论依据。

2. 在基本经济制度认识上的创新

十五大确定以公有制为主体，多种所有制经济共同发展的"主体多元结构"的定位，将过去长期使用的"基本方针"发展成为"基本经济制度"，并在九届人大二次会议上载入宪法，给予法律认定，这不仅保证了这种结构的长期性、稳定性和不可侵犯性，而且保证了党的基本路线长期不变的决心。同时从根本上清除了在制度上长期存在的对非公有制经济的所有制歧视，充分肯定了不同经济主体之间的独立性、平等性和竞争性。从单一的公有制到公有制占主体，从"一大二公"的所有制结构模式到"公有制为主体，多种所有制经济共同发展"的基本经济制度的确立，反映出党对社会主义所有制结构认识上的升华，反映出马克思主义在当代中国的创造性继承和发展，离开公有制占主体，就不能说是社会主义，离开多种所有制经济共同发展，就不具有"中国特色"，只有将二者统一，才构成有中国特色社会主义的

基本经济制度。

3. 在混合所有制认识上的创新

在当代经济的发展中，多种所有制经济成分的相互渗透、相互联合、相互交叉、相互协作，甚至以股份制等形式混合为一体，已成为国际和国内常见的经济现象。这种混合所有制经济，既保持了原来各个经济成分相应的经济权益，同时又互相促进、互相制约，有利于经济发展和社会进步。十五大明确指出："公有制经济不仅包括国有经济和集体经济，还包括混合所有制经济中的国有成分和集体成分。"也就是说，混合所有制经济中的国有经济仍是国有经济，集体经济仍是集体经济，这种所有制结合形式的变化，并不否定原有所有制的经济内容和性质。混合所有制具较强的市场适应能力，混合所有制中的公司制企业是现代市场经济运行的基本组织形式。可以肯定，混合所有制必将成为我国所有制结构的一种主要形式。

4. 对公有制经济主体地位认识的创新

"国民经济命脉，对经济发展起主导作用"，而主导作用又是"主要体现在控制力上"，并且"是就全国而言的，有的地方，有的产业可以有所差别。"确立现阶段的公有制经济不是纯而又纯的"单一经济"，体现了使我国的生产关系适应生产力发展的实事求是的态度。从质和量统一的定性观把握公有制经济的主体地位，对于深化国有企业改革，壮大公有制经济，促进地区经济协调发展具有重要的指导意义。

5. 在公有制实现形式认识上的创新

所有制与所有制实现形式，是两个既有联系又有区别的经济范畴。所有制实现形式是指在一定的生产资料所有制前提下，如何实现劳动、资本等资源要素的组合，以及人们的经济权限、责任和利益的结合，使所有制关系得到具体体现。依此，同一所有制实现形式也可以应用于不同的所有制。正是根据这一原理和实际,十五大提出:"公有制实现形式可以而且应当多样化。一切反映社会化生产规律的经营方式和组织形式可以大胆利用。要努力寻找能够极大促进生产力发展的公有制实现形式。"公有制实现形式的多样化是公有制与市场经济的结合点,只有如此,才能实现公有制与市场经济的兼容。寻找公有制的多种实现形式,必须走出只有传统公有制形式才是适应社会化大生产的生产关系形式的认识误区,大胆利用一切反映社会化规律的实现形式、企业组织形式和经营形式。

6. 在非公有制经济地位和作用认识上的创新

在我国,对非公有制经济地位和作用的理论认识,有一个长期而又曲折的发展过程,先后经历了"对立论(异己力量论)""拾遗补缺论""有益而必要的补充论"等阶段。十五大不仅提出非公有制经济是我国社会主义初级阶段经济制度的重要内容,而且"是我国社会主义市场经济的重要组成部分,对个体、私营等非公有制经济要继续鼓励、引导,使之健康发展。这对满足人们多样化的需要,增加就业,促进国民经济发展有重要作用"。在有中国特色社会主义的所有制结构中,公有制经济是主体,其他非公有制经济是非主体。这种格局将长期存在下去。同时,社会主义经济是市场经济,如果社会主义经济只是一种公有制经济,就没有真正意义上的商品交换和竞争,社会主义市场经济也就无从建立。

三、我国国有企业改革面临的新突破

对所有制理论的创新与发展,为我国国有企业改革的深化和新突破奠定了坚实理论基础。结合国有企业的现状,进一步改革应重点解决以下问题。

1. 加快国有经济战略性改组的步伐，努力实现国有制与市场经济的兼容

（1）对国有企业合理定位。加大研究国有企业的功能、作用范围与作用方式的力度。严格区分国有企业与非国有企业、竞争性国有企业与非竞争性国有企业、市场经济中的国有企业与计划经济中的国有企业、社会主义的国有企业与资本主义的国有企业。尽力克服目前存在的"错位""串位"现象，使"不同类型"的国有企业及国有企业与民有企业各归其位，各谋其"政"。

（2）贯彻中央"抓大放中放小""有所为有所不为""有进有退"的改革战略，解决目前国有企业战线过长，效率低下的问题，要根据社会生产力和市场经济发展的要求，进一步压缩国有企业战线，通过破产出售、存量资产变现、股权减持等办法使一部分竞争性国有中小企业退出国有企业领域。

（3）研究国有企业发挥"控制力"的范围和作用方式，加大对竞争性国有大型企业的公司化改制步伐，规范现代企业制度建设与运作。

（4）转变"国有企业比重减小即国有资产流失"的"重资产轻资本"的陈旧观念，努力增强资本运营理念，以"三个有利于"作为衡量国有企业改革成败的根本标准。

2. 大力发展各种混合所有制经济，寻找与现代市场经济相兼容的其他多种公有制实现形式

国有制仅仅是公有制的一种实现形式，而且只是一种适应某一领域、某一特定经济目的的实现形式。除此之外，我们还需要其他的能够适应各种混合领域特别是能够适应社会主义市场经济竞争领域的、不同实现范围、不同实现层次、不同社会功能的公有制的多元实现形式，如股份制公司、有限责任公司、中小企业的股份合作制、承包经营、租赁经营等等。按照"三个有利于"的标准，宜股则股（股份制或

股份合作制),宜卖则卖(山东的先售后股的模式),宜租则租(租赁经营)。哪种形式有利于经济最大限度地增长,实现公有资产保值增值,就采取哪种形式。

3. 以非公有制经济的大力发展来推动国有企业的改革

我国所有制结构的改革是从突破单一公有制格局起步的,改革的过程实际上是公有制经济的范围收缩和非公有制经济逐步发展的过程。在现阶段,非公有制经济尚不具备消亡的经济和社会条件。它的存在和发展,不仅是不可避免的,而且对社会主义经济起着重要的、不可替代的作用。它既满足了多样化的社会需要,方便了人民群众的生活,又为社会提供了大量的就业岗位,缓解了就业困难的压力;既有利于国家增加积累,又有利于形成竞争格局,促进公有制经济的机制转换和发展。外资经济的存在,也有利于学习和引进国外的先进技术和管理经验,获得必要的国际市场信息,加快我国经济与世界经济的接轨。改革开放以来,非公有制经济在我国经济发展经济运行中的地位愈来愈重要,对国民经济增长的贡献率愈来愈高,当前,非公有制经济已不仅仅是国民经济的重要增长点,同时对体制的转轨起着重要的"降压""减震""补偿"作用。大力发展公有制经济,将从观念转变、行为示范、利益补偿、财政支持、成本支付等方面对国企改革起重要推进和催化作用。

(原载于《甘肃理论学刊》2000 年第 6 期)

论国有制与商品经济的兼容渗透

国家所有制与商品经济的关系问题，是国内外经济学家长期探索的理论难题，也是我国治理整顿与深化改革中所面临的一个亟待解决的理论和实践问题。在相当长的一段时期中，占主流的一种观点认为，国有制与商品经济、计划与市场是相互排斥、不可兼容的两极，国有制经济内部不存在实质上的商品货币关系，国有经济的运行只能采用计划调节手段，而排斥市场调节手段。近几年，随着改革的深入，我国又明确提出了社会主义经济是公有制基础上有计划的商品经济理论，从而也就肯定了国有制经济与商品经济、计划与市场的内在统一性。与这种理论上的突破相适应，我国近年来的改革实践，也坚持了两条基本准则：一是坚持公有制包括国有制；二是大力发展商品经济，引进市场机制。但是，尽管我们从理论上肯定和承认了国有制与市场机制的统一性，而在现实中两者之间确实又存在一些矛盾，于是一些同志又认为，国有制与商品经济、计划与市场之间存在着不可调和的矛盾，两者不能兼容，国有制已经走到了尽头，为了发展商品经济，必须彻底否定国有制，以至也还出现了用私有制取代国有制的论点。这样，在国有制与商品经济的关系上就出现了一个从不能兼容到能够兼容，再到矛盾的认识过程。

国有制与商品经济能否兼容一再被提出，表明它并非一个轻易就可作出结论的问题。笔者认为，国有制与商品经济、计划与市场在其自身特征和运行方式上是存在一些矛盾，但并非截然对立的两极，两者在一定的社会历史条件下是可以有机地联系在一起，相互兼容渗透的。所谓国有制与商品经济的兼容渗透，是指它们之间在构造原理、利益关系、运行机制等方面能互相联系、互相适应、互相补充以至互相促进。

一、国有制经济内部具有商品经济存在和发展的经济条件，这是两者可以兼容的根本原因

在国有制条件下，国民经济成为一有机整体，由国家代表全体人民行使对生产资料的所有权，实现了劳动者在根本利益上的一致性。在劳动者和生产资料的结合上出现了新的特点，即劳动者不是作为单个人而是作为联合劳动者和生产资料相结合的。这种联合劳动具有两个层次：以国家为代表的整体的或社会的联合是第一个层次，它体现着对生产资料的所有权关系，构成经济的主体；以企业为代表的局部范围内的联合是第二个层次，它体现着对生产资料的具体占有和使用权关系，是经营的主体。两个层次的关系是主从关系，局部联合劳动是整体联合劳动的基础，整体联合劳动是局部联合劳动的主导。但是，无论整体的或社会范围的联合劳动还是局部的企业范围的联合劳动，在目前都是很不完全的。就社会范围内的联合劳动而言，由于生产力发展水平和生产力结构的社会化程度、管理手段落后等原因，国家还不能在全社会范围内集中统一、有计划高效率地分配社会总劳动，局部劳动还不能直接表现为社会劳动。国家对社会劳动的管理还必须借助于价值手段，采取迂回曲折的道路来实现，即把全民所有的生产资料的绝大部分交给各个生产经营单位经营管理，使各生产经营单位成为相对独立的经济实体。

由此可见，国家与各生产经营主体间存在着产生商品货币关系的必然性。企业范围内的局部联合劳动的不完全性表现得更为突出，

这种局部联合劳动是由个人劳动组成的有机整体。个人劳动具有二重性，一方面是为共同利益进行的社会劳动。另一方面又是作为个人谋生手段的个人劳动。前一方面反映个人劳动的同一性，即经济利益的一致性，后一方面反映个人劳动的差别性，即经济利益的差别性。这样，个人劳动结合为局部联合劳动，既要以生产资料公有制为基础，又要以承认劳动的差别性为条件。由于旧式的社会分工的存在决定了社会主义劳动还有繁重和轻便、体力与脑力、复杂与简单之别，再加上物质生产条件、劳动者素质等的不同，使劳动者个人的劳动在质和量上都有着重大差别。这种劳动的质量差别性，决定了劳动者个人要把自己的劳动同经济利益联系起来，也决定了作为劳动者个人联合体的企业也必然追求自身的经济利益，从而使各个企业成为不同的经济利益主体。社会主义全民企业为了实现自己的经济利益，不能向其他全民企业和社会无偿提供本企业的劳动产品。各个企业必须进行严格的经济核算，把劳动产品变为既有使用价值又有价值的商品，然后通过市场交换实现商品的价值，获取经济利益，与此同时也使局部劳动转化为社会劳动。这一系列活动实际上也就是按照商品经济的基本规则进行的。可见，国有制经济内部存在经济利益差别性这一商品经济产生和发展的经济条件，是国有制和商品经济能够兼容的内在原因。

二、较高程度的生产社会化，
使国有制与商品经济在运行机制上能够相互兼容

经济运行机制一般包括计划机制与市场机制两方面基本内容，从较为抽象的意义上讲，国有制以计划机制为主导，市场机制则是商品经济的基础调节手段。但现实中的国有制及其内部存在的商品经济，不像小私有制和小商品经济那样，与很低程度的生产社会化相联系,而是与较高程度的生产社会化相联系。较高程度的生产社会化客观上要求计划与市场两种运行机制或调节手段相互依赖、交错互补地发挥作用。这样,商品经济与国有制又能够在运行机制的环节上统一兼容起来。

商品经济条件下的生产社会化具有丰富的内容,一般是指生产资料使用的社会化、生产过程的社会化和产品的社会化。但其实质不外乎两方面,一是企业规模和共同劳动范围及规模的不断扩大,二是企业之间联系和相互依赖关系的不断增强,经济生活一体化程度越来越高。这两方面内容的发展就要求在经济运行机制中同时运用计划机制和市场机制两种调节手段和方法。生产社会化中企业规模和共同劳动范围及规模的不断扩大,要求计划机制在全社会范围内发挥调节作用,也为计划机制全面的社会调节提供了物质基础;而生产社会化中企业之间联系和相互依赖关系的广泛形成,经济生活一体化的发展,标志着社会经济关系的多样性、复杂性和易变性,它限制了计划机制调节经济运行过程的准确和优化程度。相反,市场机制不仅可以自发地协调企业间的相互依赖关系,而且能够强化企业之间的外部联系。当然,由于生产社会化的内容在不同时期其发展程度不同,从而在不同社会或同一社会形态的不同发展阶段,经济运行的调节方式的配置,还要根据各自的国情实际及当时的生产社会化发展过程中哪一方面内容占主导,进行择优选择。选择的基本尺度和标准是人们利用市场机制的社会代价和运用计划机制的社会代价的比较。运用市场机制所付出的社会代价,不仅是指分散的各个企业或生产经营主体为进行市场交易而必须支付的各种费用,还包括市场自发调节所难以避免的生产力的浪费和损失。同样,利用计划机制而付出的社会代价,不仅包括整个社会为进行计划调节而必须支付的费用,也包括计划调节难以避免的失误而可能造成的微观效益的损失以及全社会生产力的浪费。社会要保证调节方式的有效性,就要不断地有新选择,以决定在哪一部分、哪一范围内选择某种调节手段为主,这种反复比较、反复选择的过程实质上也就是经济改革不断深化的过程。

长期以来,我们只看到市场机制是自发地发挥调节作用,而计划机制则通过人类自觉的活动,有目的地发挥调节和控制作用,且把这种差别绝对化,把市场调节等同于资本主义。其实,计划机制和市场机制都是人类社会为适应生产社会化发展的需要而创造出来,用以协调各种经济关系的有效手段和方法,而且重要的是,这两种经济调节手段并不仅仅与所有制形式相联系,受其制约与影响,而直接与生产社会化的发展内容相关。同时,也不能简单地把市场调节与市场自发、盲目调节划等号。事实上,市场调节除自发调节外,客观上还有市场的自觉调节的一面。即为了适应生产社会化条件下市场需求多样性、复杂性、多变性的特征,商品经济的运行不仅要求在单个商品的生产上,使用社会必要劳动时间,而且在各种商品总量的生产上,也以社会必要劳动时间为尺度来衡量,即为了满足市场上所反映出的社会需要,必须保证社会劳动分配的总量平衡和结构优化,使全社会投入的劳动量与全社会的需要量相适应。这样,市场机制的运行就内在地要求制定经济计划,使用计划调节手段,生产社会化愈发展,市场机制的这种要求就愈明显。

三、国有制经济是保证商品经济和市场机制协调运行的必要条件

现代国内外经济发展的实践表明,一定数量的国有经济是现代社会化商品经济中的有机组成部分,即使是很发达的商品经济,也离不开必要的国有经济的支撑。完全否定和取消国有经济,单靠市场机制的作用,将会使商品经济在其运行中遇到一系列困难和矛盾,难以保证国民经济的宏观平衡和商品经济的健康发展。具体地讲有以下几方面：

1. 纯粹的商品经济和市场机制是理论上的一种抽象，在实践中也是不存在的。不少同志在评价市场机制在经济资源的配置和资源利用效率的作用时，一般往往总是习惯于从完全竞争的抽象模型出发，来论证和评价市场机制的高效率，因而往往得出这样的结论：没有国有经济的干预，市场机制的自发调节也完全能达到资源配置的最优状态。但在实际经济生活中，完全竞争的市场模型所赖以建立的那些条件是无法获得充分满足的。为了实现整个商品经济运行的高效率，必须依赖分工协作和计划性程度较高的国有制经济担当部分资源配置和稳定协调经济的功能。正如仅仅依靠计划行政手段来有效地分配经济资源是一种空想一样，"纯粹的商品经济"或"完全竞争市场"也是经济上的一种"乌托邦"。

2. 在社会生活各领域中，有相当一些活动领域有其特殊的价值判断准则，不能以经济准则作为价值判断的准则，而必须施以比较强的计划控制。如医疗卫生、科学、教育、国防、公安、法院、检察以及政府的各行政部门；交通、邮电、社会保险、国家金融机构、公共社会福利事业，等等。这些部门在经济学中被称为"负效益"部门，是为其他部门的发展提供保证条件和基础设施的，其经济效益和社会效益往往存在矛盾，但即使经济上不合算也得办。对于这些领域如果单纯地贯彻实行市场机制原则，就会对社会造成不可估量的危害和损失。

3. 市场机制的顺畅运行，需要国有经济为其创造良好的外部条件。譬如，现代社会化商品经济的发展，必须具备良好的城市基础设施，如交通运输、水电、环境保护等。而基础设施的建设，需要庞大的投资，一般企业难以持久。因此，也需要国家从宏观着眼，由财力物力比较雄厚的国有经济来承担基础性设施的建设，为其他企业提供良好的经营条件和投资环境。此外,一部分微利或亏损但与国计民生有密切关系的产品的生产,也必须依赖国有企业来承担。

4. 市场机制本身存在的一系列固有缺陷,还必须通过国有经济的必要干预加以纠偏。通过市场机制的作用而实现的社会资源的分配,都是以市场消费者的偏好和生产者产品的价格变动为依据的,并随市场供求和价格的波动自行调整。市场本身虽有使供需自行趋于平衡,实现要素合理组合,协调企业联系的力量,使社会生产形成大体平衡的比例关系。但由于各种原因,消费者和生产者的选择不一定正确,消费者偏好受习惯、风俗的影响,生产也不可能了解市场的全部信息,因此消费者和生产者行为必然都带有一定程度的盲目性。如果完全听任市场调节,就会破坏宏观平衡,造成国民经济的无政府状态。同时市场价格难以反映较长时期供求的变动,这种时间界限,就决定了它对经济运行难以具有长期稳定的作用,不能保证按社会的长远利益实现资源的有效配置。特别是随着现代科技的迅速进步,产业结构的更新和改造问题越来越重要,它需要人们在准确地把握科技发展趋势和社会需求结构变化的基础上进行自觉干预,以加快结构合理化的过程,减少结构调整过程中的种种矛盾和冲突。如果仅靠市场的自发调节,那么这种结构调整将会经历一个漫长而艰难的过程。另外,一个国家所特有的经济发展战略和政策目标,如两大部类的协调、积累和消费的比例、国家重点建设及其宏观生产力布局等等,仅靠市场机制的自发调节也难以实现。以上种种局限性,都需要依赖分工协作和计划性程度较高的国有经济来克服和弥补。

5. 对于发展中的社会主义国家来说,由于历史上各种原因造成的商品经济不发达、市场机制不健全,更需要国有制经济在发展和促使市场机制完善方面发挥主导和骨干作用。主要表现在:发展中国家在经济起飞阶段一般都面临着建设资金严重短缺的困难,为了保证国民经济有较高的积累率,推动二元经济结构的转化,需要通过国有制经济相对集中地运用资金, 以克服资金投向上的分散化和轻型化倾向; 发展中国家往往存在着一个基本产业与基础设施落后的非均衡产业结构,为了经济起飞和产业结构优化,迫切需要以国有经济的力量为依托,发展一些建设周期长,直接盈利低的基础部门;发展中国家不仅资金、物资匮乏,且经营管理人才更为稀缺,为跨越经济发展的这个困难地带, 也需要国有经济的管理部门充当相当部分投资决策、筹集资金以及经营管理的职能,此外,在发展中国家,为了实现较高就业水平、较公平的收入分配、较平稳的市场供求状况以及通货的控制,也需要国有制经济在安置失业劳动力、调节收入分配差距、吞吐物资、平抑市场供求等方面发挥重要作用。

当然,也应该看到,尽管在现代经济中,国有经济的存在,政府对经济的管理和调节是必不可少的,或者说,广泛的和及时的宏观管理和计划调节是经济正常运行的条件。但是,政府的管理和调节与政府对经济的直接参与必须区分开来,二者的最大区别是,前者主要是通过各种经济杠杆(财政、货币政策等)为经济运行创造一种环境,纠正偏差、补充不足、实现均衡;而后者主要是通过直接经营(建立国有企业)和直接管理(指令性计划)变为经济结构中的行为主体。由于没有这种区分,因此便造成随着政府在经济运行中作用的增长,政府的直接参与空前增强,各国经济的发展和调整表明,通过政府直接经营和直接管理来发展经济适合于经济发展的特殊情况, 而不是一个普遍可行的规律。把政府变成一个直接经营者和建立一个统一的排斥市场机制的计划管理体制的做法会导致一系列严重问题,其中,最突出的是使经济缺乏效率和活力, 政府的活动应该主要是为各经营实体创造活动环境与条件,而不是替代经营单位的活动。同时还要明确,国有企业的存在和发展在时间上应有阶段性, 即国有企业的存在和发展格局并不是长久不变的,在部门结构上应该是变化的,即随着经济的发展必须进行结构性调整。在整个经济中的地位和作用也应是多动的,即有些时期可强、有些时期可弱。国有企业的存在和发展不应是对其他经济形式的替代,而应是反映一种整体结构上的需求。这就决定了国有企业的变化性、有限性和调整性特征。如果把国有企业固定化,必然使其失去发展的活力,到头来问题成堆,积重难返。

四、市场机制的调节是国有经济存在和发展的前提基础

当然,我们强调国有经济的保证作用,并不是说市场机制是被动地处于从属地位。实际上,在商品经济中,经济运行的主体和调节机制仍然是商品性质的企业和市场机制,而不是国有经济。虽然现行社会里,国有经济的确有相当的规模,但其主要功能是在经济运行中起导向作用。而非主控力量,经济运行主控机制的确立主要源于经济实体的构造性质。经济实体若是商品经济,它的主控机制必然是市场机制,经济实体若是产品经济,它的主控机制必然是计划机制。我国的经济实体是有计划的商品经济,所以,经济运行的主控机制必然是商品经济性质的市场机制。我国现阶段的经济是有计划的商品经济,是不完全的商品经济,但这并不能否定市场机制的主控或基础作用。我们认为,有计划的商品经济,其落脚点或基础仍是商品经济,其主控或基础调节力量仍然是市场机制,有计划表明了商品经济发展的程度或水平,意味着商品经济发展到高度社会化后显示出新的特征,严格地讲以市场调节为基础,以计划调节作导向或补充的有计划市场调节机制是现代商品经济的主要调节手段。在现代商品经济社会中,市场机制的主控功能主要表现在社会经济的基础是按照商品生产和商品交换的基本规律构造,即由市场取向、受市场规定、制约、影响的,具体说来:

1. 微观经济基础构造的市场取向。商品经济条件下的微观经济基础是由相对独立或完全独立的商品生产者与经营者企业组成的,企业是商品经济组织的细胞。企业如果没有独立性,不具有法人资格和独立的物质利益,不具备商品生产者和经营者的基本功能,商品经济的大环境就无法形成。也就是说,在商品经济条件下,决不能把企业视作政府行政机构的附庸。企业的形成与发展必须根据市场的需要来进行,按照市场运行规律组建企业和经营企业,如果离开了市场运行的轨道,企业的生存就失去了存在的条件和意义。

2. 宏观经济发展与经济调控的市场规定。现代商品经济社会中的计划调节并不是独立存在的,而是与市场调节相互作用、相互补充的。对同一经济活动(既包括宏观经济活动,也包括微观经济活动)的调节,既包含计划调节的性质,也包含有市场调节的性质。这种相互渗透的双向式调节模式的形成,根源于国有经济与商品经济的兼容渗透。这就是说,由于在计划调节中充分考虑了价值规律和市场机制的作用和要求,因而计划调节本身具有了一定的商品市场属性,在市场调节中加强了计划导向的功能,因而在市场调节本身又具有了一定的计划控制属性。这种双向渗透的调节格局应当是我国社会主义经济体制改革的主要目标。

3. 总量平衡与结构优化的市场制约。总量平衡与结构优化表面看来似乎只是宏观控制和计划问题。其实不然,这是因为在现实经济生活中,总量平衡和结构优化必须以众多的微观经济实体的价值平衡为基础,总量平衡的各种变量,如投资量、劳动量、生产量、流通量、信贷量等,必须逐层分解到各个部门、各个行业和各个企业,而且在部门、行业、企业各自内部又有更细致的平衡关系。对于这些关系,单靠宏观调控的能量是根本无法协调的,它必须充分运用市场机制的作用来进行。从而在微观上平衡劳动与价值、价值与使用价值、个别劳动与社会劳动、劳动分配与资金流转等各方面关系的基础上,才有可能保证宏观总量平衡与结构平衡的质量。

4.社会政治文化等非经济领域的市场影响。在商品经济条件下,市场机制不仅调节国家宏观、企业微观、个人家庭的经济利益,从而使整个经济发展趋于平衡和协调,而且也调节人们的政治和社会利益。商品经济关系作为社会的经济基础会通过各种途径渗透到社会的政治关系、法律关系、人际关系、宗教关系以及党政关系、干群关系、工农关系、城乡关系等各个方面,反映在社会政治与文化生活的许多领域,并且对这些关系的调整融合起一定的积极作用。上述领域的有效运行必须充分考虑到商品经济中市场调节的客观存在。

五、国有制与商品经济兼容渗透的现实表现

对国有制与商品经济、计划与市场关系的上述分析,只是为了从理论上阐明国有制与商品经济、计划调节与市场调节之间的内在联系,为我们正确处理计划与市场的关系提供理论依据。上述分析实际上已经揭示出了如下问题:(1)国有制与商品经济、计划与市场这两对范畴是建立在生产高度社会化基础上的现代商品经济最基本的经济关系,它们决定着其他经济范畴和经济关系的发展方向和运行规则,处理好它们的关系,既是深化改革的主题,也是稳定发展的主题。(2)国有制和商品经济与计划和市场是对社会主义商品经济的不同角度的客观反映和表述,但国有制与商品经济侧重于社会主义宏观经济和微观经济的构造原理即商品经济运行的微观基础与宏观环境的规定,计划与市场则侧重于社会主义商品经济的运行机制及调控方式的合理配置和互补功能。简言之,前者解决经济构造,后者解决经济运行,二者是相辅相成的。(3)国有制与商品经济、计划与市场,并不是板块式(空间)的结合,也不是流线型(时间)的结合,而是相互

内容、相互补充。这种内涵性的结合是难以从理论的角度在空间上或时间上加以明确具体的界定，而主要从现实经济运行中的交错互补功能中体现出来。

在现实经济运行中，国有制与商品经济、计划与市场的兼容渗透主要体现在以下几个方面：

1. 经济构造的统一。国有制虽然是按照公有制原则，即生产资料全民所有制（或集体所有制）构造而成的，但是，在商品经济这个大环境下，公有制经济也必然在其构造和具体内容上揉进商品经济的因素，按照价值规律和市场机制的要求进行经营和管理。也就是说，国有制企业也应成为相对独立的商品生产者和经营者，而不应是"产品"的一种生产单位，甚至行政附庸。把公有制与商品经济统一起来，作为微观经济基础的构造原则，这应当是社会主义现代商品经济的根本特征。

2. 调控方式的融合。现代商品经济的调控方式是由计划调节和市场调节两种基本方式组成的。在计划调节与市场调节之间，既不存在主次关系，也不存在板块关系，而是相互兼容的有机整体。它们之间的区别仅仅在于对同一经济活动的调节的角度和功能不同而异。计划调节重在宏观平衡，市场调节重在微观活力。这就是说，社会主义的经济调节方式是由宏观自觉调节和微观自发调节两方面组成的，有计划商品经济的调节机制是双向调节，而不是单向调节，既不是完全市场经济条件下的市场自发控制，也不是纯粹产品经济条件下的计划自觉控制，而是两方面的有机融合。

3. 运行机制的交错。在社会主义商品经济条件下，国有制经济主要是依靠计划机制操作运行的。但是，由于国有制经济又是在商品经济这个大环境下生存和发展的，所以，它必然会在经济构造和经济运行方面，与商品经济和市场机制发生多方位的联络，并且国有制经济的现实运行又往往是与市场运行交织在一起，相互之间在生产、交换、分配、消费等方面相互影响和相互制约，这样以来，国有制经济的运行及其实现就必须依赖于市场机制的通达畅顺，而市场机制的正常运转又必须有国有制经济为其导向，以平抑市场总供给与总需求，矫正市场运行的偏差，从而使计划机制和市场机制的交错运行，更加符合社会主义经济发展的大目标。

4. 内涵功能的互补。社会主义经济中的计划与市场的交错互补是通过三种基本形式实现的。计划调节的功能在于确定宏观经济发展战略，控制国民经济发展方向、性质规定、基本格局和重大比例关系，引导市场运行和企业行为；企业的微观自控调节是根据宏观调控的要求，编制微观经济发展战略，控制企业的发展方向、发展规模、发展速度和产品结构及产品换代等，企业的微观自控要同时接收计划调节和市场调节两种因素的影响；市场调节的功能是通过市场供求和市场机制等形式来及时地客观地校正计划调节和企业自控，使宏观与微观两方面的调节控制力量更加接近客观经济规律的要求。

国有制与商品经济的兼容渗透，不仅体现在以上四个方面，而且还体现在国家的经济战略、产业政策、投资政策、信贷政策、价格政策等许多方面。在这些战略和政策的制定和执行过程中，都必须时刻兼顾国有制经济与商品经济、计划与市场等各方面因素的相互作用和相互影响，妥善处理它们之间的矛盾，偏废哪一方面都会导致计划与市场关系的紊乱。

（原载于《汉中师院学报》1990 年第 4 期，中国人民大学书报复印资料《政治经济学》1991 第 5 期转载）

对国有制与商品经济关系的考察
——兼论我国国有制的改革原则

一、一个有待于深入探索解决的理论与实践问题

国家所有制(以下称国有制)与商品经济的关系问题,是一个经国内外经济学家长期探索而未彻底解决的理论问题,也是社会主义经济体制改革逐步深入所面临的一个亟待解决的理论和实践问题。在相当长的一段时期中,占主流的一种观点认为,国有制与商品经济、市场机制是相互排斥、不可并容的两极;国有制经济内部不存在实质上的商品货币关系,国有经济的运行只能采用计划调节手段,而排斥市场调节手段。近几年,随着经济体制改革的深入,我国明确提出了社会主义经济是公有制基础上有计划商品经济的理论,从而也就肯定了国有制经济与商品经济、市场机制的内在统一性,与这种理论上的突破和发展相适应,我国近年来的改革实践,也坚持了两条基本准则:一是坚持公有制包括国有制;二是大力发展商品经济,引进市场机制。尽管我们从理论上肯定和承认了国有制经济与市场机制的统一性,但在现实中两者之间确实存在一些矛盾。于是一些同志又认为,国有制与商品经济之间存在着不可调和的矛盾,两者不能兼容,国有制已经走到了尽头,为了发展商品经济,必须彻底否定国有制,以至还出现了把国有制变成私有制,实行全盘私有化的论点。这样,在国有制与商品经济的关系上就出现了一个从不能兼容到能够

兼容再到不能兼容的认识过程。

国有制与商品经济能否兼容一再被提出，表明它并非一个可以轻易就可作出结论的问题。社会主义经济是公有制基础上有计划的商品经济这一命题的提出，为我们开拓了科学地认识社会主义经济特征及其规律性的广阔前景，但是，它并没有穷尽社会主义商品经济的真理性认识。从总体上说，社会主义商品经济是马克思主义发展中的新问题，对我们来说依然是一个未被完全认识的必然王国，要实现从必然王国到自由王国的飞跃，还有待于坚持不懈地从实践中进行深入探索。

笔者认为，国有制与商品经济在其自身特征和运行方式等方面存在许多矛盾，但并非截然对立的两极，不是绝对排斥的，两者在一定的社会历史条件下是可以有机地联系在一起，相互兼容的。

二、国有制与商品经济的兼容

所谓国有制与商品经济的兼容，是它们之间在利益关系、运行机制等方面能相互联系、互相适应、互相补充、互相促进。这种兼容性主要体现在以下三个方面。

（一）国有制经济内部具有商品经济存在和发展的经济条件，这是两者可以兼容的根本原因

在国有制条件下，国民经济成为一有机整体，由国家代表全体人民行使对生产资料的所有权，实现了劳动者在根本利益上的一致性。在劳动者和生产资料的结合上出现了新的特点，即劳动者不是作为单个人而是作为联合劳动者和生产资料相结合的。这种联合劳动具有两个层次，以国家为代表的整体的或社会的联合是第一个层次，它体现着对生产资料的所有权关系，构成经济的主体；以企业为代表的局部范围内的联合是第二个层次，它体现着对生产资料的具体占有

和使用关系,是经营的主体。两个层次的关系是主从关系,局部联合劳动是整体联合劳动的基础,整体联合劳动是局部联合劳动的主导。但是，无论整体的或社会范围的联合劳动还是局部的企业范围的联合劳动,都是很不完全的。就社会范围内的联合劳动而言,由于生产力发展水平和生产力结构的社会化程度、管理手段落后等原因,国家还不能在全社会范围内集中统一、有计划高效率地分配社会总劳动,即不能把整个社会看成是一个大工厂,由一个社会中心统一指挥、组织完全的全社会范围内的联合劳动，私人劳动或局部劳动还不能直接表现为社会劳动。国家对社会劳动的管理还必须借助于价值手段,采取迂回曲折的手段实现,即把全民所有(国家代表行使)的生产资料的绝大部分交给各个生产经营单位经营管理，使各生产经营单位成为相对独立的经济实体,可见,国家与各生产经营主体间存在着产生商品货币关系的必然性。企业范围内的局部联合劳动的不完全性表现得更为突出,这种局部联合劳动是由个人劳动组成的有机整体。个人劳动具有二重性,一方面是为共同利益进行的社会劳动,另一方面又是作为个人谋生手段的个人劳动。前一方面反映个人劳动的同一性,即经济利益的一致性;后一方面反映个人劳动的差别性,即经济利益的差别性。这样,个人劳动结合为局部联合劳动,既要以生产资料公有制为基础,又要以承认劳动的差别性为条件。所谓劳动者的劳动主要是作为谋生手段,是指社会生产力没有高度发达,社会产品还没有极大丰富，因而劳动者维持生存及其劳动力再生产所需要的消费资料还不能实行按需分配,只能按照劳动者付出的劳动量来获取。由于旧式的社会分工的存在决定了社会主义劳动还有繁重和轻便、体力与脑力、复杂与简单之别,再加上物质生产条件、劳动者素质等的不同,使劳动者个人的劳动在质和量上都有着重大差别。这种劳动的质量差别性、决定了劳动者个人要把自己的劳动同报酬或经济利益联系起来，也决定了作为劳动者个人联合体的企业也必然追求自身的经济利益，从而使各个企业成为不同的经济利益主体。社会主义全民企业为了实现自己的经济利益，不能向其他全民企业和社会无偿提供企业的劳动产品。各个企业必须进行严格的经济核算，把劳动产品变为既有使用价值又有价值的商品；然后通过市场交换实现商品的价值，获取经济利益，也使局部劳动转化为社会劳动。这一系列活动实际上就是商品经济活动。可见，国有制经济内部存在经济利益差别性这一商品经济产生和发展的经济条件，这是国有制和商品经济能够兼容的内在原因。

（二）较高程度的生产社会化，使国有制与商品经济在运行机制上能够相互兼容

经济运行机制一般包括计划机制与市场机制两方面基本内容。从较为抽象的意义上讲，国有制以计划机制为主导，市场机制则是商品经济的基础调节手段。但我们现实中的国有制及其内部存在的商品经济，不像小私有制和小商品经济那样，与很低程度的生产社会化相联系，而是与较高程度的生产社会化相联系。较高程度的生产社会化客观上要求计划与市场两种机制或手段相互依赖、共同发挥作用，这样，商品经济与国有制又能够在运行机制的环节上统一、兼容起来。

生产社会化具有丰富的内容，一般是指生产资料使用的社会化、生产过程的社会化和产品的社会化。但其实质不外乎两方面，一是企业规模和共同劳动范围及规模的不断扩大。二是企业之间联系和相互依赖关系的不断增强，经济生活一体化程度越来越高。这两方面内容的发展就要求在经济运行机制中同时运用计划机制和市场机制两种调节手段和方法。生产社会化中企业规模和共同劳动范围及规模的不断扩大，要求计划机制在全社会范围内发挥现实的调节作用，也为计划机制全面的社会调节提供了物质基础；而生产社会化中企业

之间联系和相互依赖关系的广泛形成,经济生活一体化的发展,标志着社会经济关系的多样性、复杂性和易变性,它限制了计划机制调节经济运行过程的准确和优化程度。相反,市场机制不仅可以自发地协调企业间的相互依赖关系,而且能够强化企业之间的外部联系,适应并促进生产社会化的迅速发展。当然,由于生产社会化的内容在不同时期其发展程度不同,从而在不同社会或同一社会形态的不同阶段,经济运行机制是以计划调节为主,还是以市场调节为主,这是一个要根据各自的国情实际及当时的生产社会化发展过程中哪一方面内容占主导,进行择优选择的问题。选择的基本尺度和标准是人们利用市场机制的社会代价和运用计划机制的社会代价的比较。运用市场机制所付出的社会代价,不仅是指分散的各个企业或生产经营主体为进行市场交易而必须支付的各种费用,还包括"看不见的手"的自发调节所难以避免的生产力的浪费和损失,同样,利用计划机制付出的社会代价,不仅包括整个社会为进行计划调节而必须支付的费用,也包括"看得见的手"难以避免的失误而可能或必然造成的微观效益的损失以及全社会生产力的浪费。社会发展过程中。就是要不断地比较两种调节手段各自要付出的社会代价,不断地重新选择,以决定在哪一部分、哪一范围内选择某种调节手段为主。这种重新选择过程实质也就是经济调整与经济改革的过程。

长期以来,我们只看到市场机制是通过"看不见的手"自发地发挥调节作用,而计划机制则通过人类自觉的活动,有目的地发挥调节和拉动作用,且把这种差别绝对化,把市场调节等同于资本主义。其实,计划机制和市场机制都是人类社会为适应生产社会化发展的需要而创造利用出来,用以协调生产和交换活动的经济手段和方法,而且重要的是,这两种经济调节手段并不仅仅与所有制形式相联系,受其制约与影响,而直接与生产社会化的发展内容相关,最初产生于生产社会化高度发达的需要,也不能简单地把市场调节与市场自发、盲目调节划等号。事实上,市场调节除自发调节外,客观上还有市场的自觉调节的一面。即为了适应生产社会化条件下市场需求多样性、复杂性、易变性的特征,商品经济的运行不仅要求在单个商品的生产上,使用社会必要劳动时间,而且在各种商品总量的生产上,也以社会必要劳动时间为尺度来衡量,即为了满足市场上所反映出的社会需要,必须把社会总劳动按比例地分配到社会生产各个部门,使全社会投入的劳动量与全社会的需要量相适应。这样,市场机制的运行就内在地要求制定经济计划,使用计划调节手段,引导商品经济纳入有计划按比例发展的轨道,大体做到商品的供求平衡。生产社会化愈发展,市场机制的这种要求就愈明显。

(三)国有制经济是保证社会化商品经济协调运行的必要条件

现代国内外经济发展的实践表明,一定数量的国有经济是现代社会化商品经济中的有机组成部分,即使是最发达的商品经济,也离不开必要的国有经济的支撑。完全否定和取消国有经济,单靠市场机制的作用,将会使商品经济在其运行中遇到一系列困难和矛盾,难以保证国民经济的宏观平衡和商品经济的健康发展。具体地讲,国有经济在保证商品经济、市场机制顺畅运行中的作用,有如下几方面:

首先,纯粹的商品经济和市场机制是理论上的一种抽象,在实践中也是不存在的。不少同志在评价市场机制在经济资源的配置和资源利用效率的作用时,一般往往总是习惯于以完全竞争的抽象模型出发,来论证和评价市场机制的高效率,因而往往得出这样的结论:没有国有经济的干预,市场机制的自发调节也完全能达到资源配置的最优状态,但在实际经济生活中,完全竞争的市场模型所赖以建立的那些条件是无法获得完全满足的。为了实现整个商品经济运行的高效率,必须依赖分工协作和计划性程度较高的国有制经济担当部分资源配置和稳定协调经济的作用，正如仅仅依靠计划行政手段来有效地分配经济资源是一种空想一样，"纯粹的商品经济"或"完全竞争市场"也是经济上的一种"乌托邦"。

其次，在社会生活各领域中，有相当一些活动领域有其特殊的价值判断准则，不能以经济准则作为价值评价的准则或主要准则。如医疗卫生、科学、教育、国防、公安、法院、检察以及政府的各行政部门；交通、邮电、社会保险、国家金融机构、公共社会福利事业，等等。这些部门在经济学中被称为"负效益"部门，是为其他部门的发展提供保证条件和基础设施的，其经济效益和社会效益往往存在矛盾，但即使经济上不合算也得兴办，对于这些领域如果单纯地贯彻实行市场机制原则，就会对社会造成不可估量的危害和损失。当然，这并不意味着在上述领域中将不必要实行经济核算，不杜绝浪费和实行节约，而只是说在这些领域中不能由市场机制的赢利原则起支配作用，商品经济的市场机制仅仅成为这些领域运转的外部约束条件。

第三，市场机制的顺畅运行，需要国有经济为其创造良好的外部条件。譬如，现代社会化商品经济的发展，必须具备良好的城市基础设施，如交通运输、水电、环境保护等，而基础设施的建设，需要庞大的投资，一般企业难以持久。因此，也需要国家从宏观着眼，由财力物力比较雄厚的国有经济来承担基础性设施的建设，为其他企业提供良好的经营条件和投资环境。此外，一部分微利或亏损但与国计民生有密切关系的产品的生产，一般的企业从赢利最大化目标出发，不愿承担，必须依赖国有企业来承担。

第四，市场机制本身存在一系列缺陷，为了实现其运行的高效率，必须有国有经济必要的干预。通过市场机制的作用而实现的社会资源的分配，都是以市场消费者的偏好和生产者产品的价格变动为依据的，并随市场需求和价格的波动而自行调整供给。市场本身虽有使供需自行趋于平衡,实现生产要素合理组合,协调企业间经济联系的力量,能够自发地调节社会劳动及各类生产要素在社会生产各部门之间的分配,使社会生产形成大体平衡的比例关系。但消费者和生产者的选择不一定正确,消费者偏好受习惯、风俗的影响,生产者也不能了解市场的全部信息,因此消费者和生产者行为都带有盲目性和自发性,如果完全听任市场调节,就会破坏宏观平衡,造成国民经济的无政府状态。同时,市场价格难以反映较长时期供求的变动,这种时间界限,就决定了它对经济运行难以具有长期稳定和协调的作用,不能保证按社会的长远利益实现资源的有效配置。特别是随着现代科技的迅速进步,产业结构的更新和改造问题越来越重要,它需要人们在准确地把握科技发展趋势和社会需求结构变化的基础上进行自觉干预,以加快结构合理化的过程,减少结构调整过程中的种种矛盾和冲突。如果仅靠市场的自发调节,那么这种结构调整将会经历一个漫长而艰难的过程,社会劳动的严重浪费不可避免。另外,一个国家所特有的经济发展战略和政策目标,如两大部类的协调、积累和消费的比例、国家重点建设及其布局等等,仅靠市场机制的自发调节也难以实现。以上种种局限性都需要依赖分工协作和计划性程度较高的国有经济来克服和弥补市场机制的缺陷,担当部分资源配置和稳定经济、协调利益的作用,保证商品经济体系的协调运转。

第五,对于发展中的社会主义国家来说,由于历史上各种原因造成的商品经济不发达、市场机制不健全,更需要国有制经济在发展和促使市场机制完善方面发挥主导和骨干作用。主要表现在:发展中国家在经济起飞阶段一般都面临着建设资金严重短缺的困难,为了保证国民经济有较高的积累率,推动二元经济结构的转化,需要通过国有制经济相对集中地运用资金,以克服资金投向上的分散和轻型化倾向;发展中国家往往存在着一个基本产业与基础设施落后的非均衡产业结构,为了经济起飞和产业结构的优化,迫切需要以国有经济的力量为依托,发展一些建设周期长、直接盈利低的基础部门;发展中国家不仅资金、物资匮乏,且经营管理人才更为稀缺,为跨越经济发展的这个困难地带,也需要国有制经济的管理部门充当相当部分投资决策、筹集资金以及经营管理的职能;此外,在发展中国家,为了实现较高就业水平、较公平的收入分配、较平衡的市场供求状况以及通货的控制,也需要国有制经济在安置失业劳动力、调节收入差距、吞吐物资、平抑市场供求等方面发挥重要作用。以有计划运行为特征的社会主义商品经济更是如此。

三、国有制与商品经济的矛盾及其改革原则

在明确国有制与商品经济能够兼容, 肯定国有制经济在现代商品经济运行中的地位和作用的同时,也必须看到,国有制经济与商品经济之间也存在一些矛盾, 如国有制注重经济利益的一致性与商品经济中各经济主体追求经济利益差别性之间的矛盾; 国有制经济运行的自觉性、计划性与商品经济运行的自发性、盲目性之间的矛盾; 国有制经济的等量劳动相交换和商品经济的等价交换间的矛盾,等等。国有制经济自身的原因,使得商品经济的发展步履维艰。譬如,国有企业在经营活动中常常表现为国家行政干预过多,政企不分,严重影响企业决策的效率,企业难以成为真正的商品生产者和经营者;国有企业产权高度集中化、凝固化,资产关切度相对低下,国有资产缺乏长期、稳定的运营、增值机制;国有企业在经营中的垄断地位,易使企业染上僵化和惰性的疾病,使市场机制难以发挥作用,妨碍各类企业间的平等竞争;国有制企业财产约束软化,资金"大锅饭"管理体制,也往往使得市场机制通过价格、利率等经济手段的调节在一定程度上失灵,难以建立起有效的宏观间接调控体系。

上述矛盾的存在，使得国有制经济在为商品经济顺畅运行创造"外部条件"的同时，也为市场机制的调节设置了一些障碍，这直接构成社会主义国家国有制经济改革的重要原因。因此，清醒地认识这些矛盾，并通过国有制经济管理体制的改革，最大限度地克服和消除这些矛盾，使社会主义国有制经济和商品经济的发展有机地兼容起来，是摆在我们面前的一项艰巨任务。笔者认为，既然国有制是由国家代替全体人民行使对全社会生产资料的所有权，生产资料的终极所有权属于人民，国有制是公有制的一种实现形式，因此，国有制本身是可以随生产力发展不断进行改革的，当然这种改革应该是公有制的自我完善与发展。国有制的改革应该坚持两条原则，一是坚持公有制的主体地位反对私有化。对现有国有制经济及其管理体制不能采取全盘否定的态度，必须坚持部分改革、部分调整和部分巩固的战略，充分发挥一大批国有企业在资金形成、技术改造、对外贸易和促使市场机制发育等方面的骨干作用，对少数关系国计民生和国民经济基础的大型骨干企业，国家在资金、人才、投资等方面的集中管理不仅不能削弱，而且要加强；对于多数的中型国有企业，国家也必须通过各种方式牢牢地掌握企业的经营方式和投资规模，从而为市场机制的运行和调节创造宏观上大体平衡的良好条件，保证社会主义商品经济健康、协调地发展。必须清醒地认识到，我国是一个发展中的社会主义国家，商品经济不发达，发展社会主义商品经济需要的微观主体、市场机制以及相应的契约组织、商业法规、人才素质等均没有发育成熟，这就决定了我国的经济发展和现代化的推进，在很大程度上还必须充分发挥国有制经济的骨干和导向作用。二是为适应有计划商品经济的发展需要，我国国有制经济的改革又必须在坚持公有制经济占主体的前提下，通过结构调整、企业利益格局、产权关系和国有经济管理体制等一系列配套的改革，探索新的与商品经济、市场机制有机兼容的实现形式，实现重塑微观经济主体以及完善企业内部利益和财产约束机制，促进市场发育的目的。

（原载于《甘肃理论学刊》1990 年第 2 期）

对国有经济与市场经济关系的再考察

——兼论我国国有经济改革的新思路

1990 年,本刊发表了拙作《对国有制与商品经济关系的考察》见(《甘肃理论学刊》1990 年第 2 期,人大报刊复印资料《政治经济学》社会主义部分 1991 年第 5 期)一文,提出和论证了国有制与商品经济应相互兼容渗透的观点,并就国有制与商品经济的矛盾及其改革原则问题,阐述了初步意见。但由于当时环境条件的制约(尚未明确和肯定社会主义市场经济命题及国有经济改革处于"两权分离"思路阶段)与文章篇幅的限制,原文对国有经济与市场经济如何兼容的论述,比较薄弱。本文拟从国有经济的特殊功能以及国有经济与市场经济如何兼容的角度,就我国国有制经济的深化改革问题,作些新探讨。

一、我国经济改革的关键与难点

目前,一种比较普遍的观点认为,从深化经济改革的角度看,我们面临的最基本的问题是计划和市场的关系问题,计划和市场作为资源配置方式,是中性概念,同资本主义和社会主义均可结合,从传统的计划经济向市场经济过渡的实质,是解决计划与市场的有机结合与合理配置问题。笔者认为,这种认识同传统的市场恐惧症和抑制论相比,是一大进步,是改革以来对计划与市场关系问题认识达到的新境界。但这种观点有明显缺陷,即忽视了市场经济必须与相应的体制框架以及社会经济制度环境相联系的客观要求，从而对市场经济体制建设存在简单化理解。诚然，计划与市场作为资源配置方式，其本身不等于社会制度，不是区别社会主义与资本主义的标志，但必须看到，资源配置方式从来都不是独立存在的，它总是受制于一定社会的经济体制与社会经济制度环境，特别是它不能离开一定的所有制关系，市场经济发挥资源配置的功能需要相应的所有制结构作为市场机制正常运作的客观基础和必要保证，在不同的所有制结构和实现形式状况下，计划与市场的运作轨迹、规模、规则及运行后果有明显不同。从所有制的角度审视，在我国建立市场经济与资本主义条件下的市场经济发育之间有一显著差别，这就是资本主义私有制关系与市场经济的结合具有历史性，即市场经济首先是在资本主义国家发育、成熟起来，市场经济运行中，无论其成功的经验，还是失误的教训，主要是在资本主义私有制条件下积累的。而在我国，市场经济却是需要通过改革建立的。我国社会主义市场经济的所有制结构，是公有制占主体。从原则上或一般意义讲，所有制性质不同，决定了两种性质不同的市场经济模式与体制。但从改革的理论和实践来看，如何在保持公有制主体地位的条件下，建立起市场经济体制，依然是需要着力探索解决的重大课题。传统的公有制实现形式与所有制结构是排斥市场机制的，国有经济体制本质上是政府采用行政手段配置资源的一种方式，是计划经济模式的体制基础，国有企业则是政府实现其经济和社会目标的工具。国有经济的属性与产权形态决定了在其内部难以培育成市场经济运行的微观基础，这一点已得到多数同志的深入分析和认可。改革以来，传统的所有制结构有了重大变革，以公有制为主体，多种所有制形式并存的所有制结构格局已经形成，市场机制的作用日益明显，但传统国有制与市场经济的矛盾和摩擦问题并没有从根本上解决，市场机制仍然未能发挥基础性配置资源功能，整个体制仍处在双轨并存阶段。在国有经济比重已降低到目前"半壁河山"以下（国有制在工业产值中的比重由 1978 年的 77.6%降为 1993 年的 43.1%）的情况下，我国资源配置的基础依然不是市场机制，除了缺乏客观灵活反映资源稀缺程度的要素市场价格体系与有效的宏观调控机制外，更主要的是市场主体缺位，对国民经济全局具有根本影响的国有经济的改革滞后，国有经济部门分布过宽，仍旧保留着传统计划经济配置资源的基础。因此，计划与市场的关系等问题与公有制和市场经济的兼容性相比，相对讲还是浅层次的问题，把社会主义市场经济体制建设的主线置于计划与市场相互协调的范围内，不仅低估了我国经济改革的复杂性和艰巨性，在实践中还会阻碍改革的深入，甚至将改革误导，这就是回避难题，放弃体制创新和环境、制度改造，把改革仅仅理解为单纯运行机制的转变，又把运行机制的转变归结为计划与市场关系的协调，试图在原有体制框架与社会经济文化等环境不变的条件下，"引入"市场机制。这种寄希望于通过简单地取消指导性计划来实现体制转轨的"改革"思路，实践证明已走到尽头。我国国有企业目前面临的严峻形势与改革中面临的困难与制约已充分说明了这种判断的合理性。深化经济体制改革，不能回避对国有制经济的改造，国有制经济与市场经济的兼容性问题既是改革的难点问题，又是改革最关键的问题。我国经济改革的深化在很大程度上取决于这一问题解决的进展程度。

二、根据国有经济的特殊功能，对国有企业的改革实行分类指导

国有制经济和市场经济的兼容是有条件的，其中必要的条件是改革传统的国有制。现在看来，把国有经济的改革简单概括为将其推向市场，以利润为导向，笼统地提出搞"活"或搞"好"国有企业的思路有严重缺陷。笔者认为，我国国有经济的改革必须转换新思路，即根

据国有经济的特殊功能,区别对待,分类指导。国有经济的构成极为复杂,不能一概而论。把企业推向市场,使其成为自主经营、自负盈亏的市场行为主体,是从一般意义上来讲的,即就市场机制要对整个经济起基础性调节作用角度而言的,并非要把国有企业全部推向市场,使其成为完全以盈利为目标的市场竞争主体。目前,在我国工业总产值中,非国有经济与国有经济已"平分天下",客观形势的发展与世界各国市场经济运作的经验,都要求对国有经济的经营发展或适宜范围作出某种分工和界定。与非国有经济相比国有经济的特殊性在于:①国有经济与非国有经济的社会功能不同。国有经济及其国有企业具有国家的属性,要服从国家总体的、多元的目标,把国家安全、社会经济稳定置于首位,盈利则是第二位的。必须明确,保留一定数量的国有经济,无论资本主义市场经济,还是社会主义市场经济都是绝对必要的, 那种认为只要发展市场经济就要取消国有经济或国有经济已走到尽头的观点是片面的、幼稚的。保持一定数量的国有经济或国有企业,是政府克服市场失败、纠正市场偏向、维护公平、促使国民经济持久协调发展的必要手段。由于国有经济的特殊产权结构,决定了其财产和预算约束没有非国有经济强硬, 加之其承担着一定社会目标,有的企业本身就处在非竞争性领域,因此,国有经济同非国有经济相比总体上必然存在效率差异, 一定范围内的少量国有企业竞争能力弱化,效率偏低,在某种意义上是全社会开展有效竞争的重要保证(即外部经济性),这也可看作是政府调节经济所付出的机会成本。②国家或政府对国有经济和非国有经济的管理方式不同。对各种经济成分实行分类管理是由其所有制性质决定的。管理方式的差异又反过来决定企业经营自主权的限度。从各类所有制经济成分的现状和发展趋势看,我国对国民经济的管理不可能也不应局限于某一种模式。我们既不能因为非国有经济在发展中产生了一些问题,就按管理国有经济的方式去比照管理,也不能因为国有经济缺乏活力,就试图引入三资企业、乡镇企业等的机制,比照管理非国有经济的方式去管理国有经济。只有根据不同经济领域在国民经济中的地位和作用,来决定国家或政府对该领域的控制程度与方式,从而决定国有经济与非国有经济的合理分工。③国有经济和非国有经济适宜的范围或领域不同。一般来说,市场需求相对稳定、需求较大、生产规模效益显著、生产过程透明度高、容易处理国家与企业间的分配关系,且不以盈利为直接目的的非竞争性行业及其产品,适宜国有经济运营,这些行业主要包括自然垄断性、社会公益性、基础设施性、国民经济命脉性等部门。而一般竞争性领域,价格多变,市场需求变化难测,且以盈利为直接目的,适宜非国有经济和其他混合经济发展。

根据以上分析与分类,国有经济作用的发挥主要不是个数量问题,而关键在于界定其范围,发挥其特殊功能。笔者认为,国有经济运行领域的划分是一个需深入研究的课题,在体现我国社会主义市场经济特殊性的前提下,尤其要注重和借鉴国外国有经济运作的经验。同时也应看到,领域或范围的界定只能是相对而言的,经济运行是一动态开放的概念,必须随各类环境因素的变化进行适时调整,发展中肯定会出现相互交融渗透的情况,但这并不排斥我们可根据已有的认识和经验,作出总体预测。从近中期的时间跨度着眼,我国国有经济应主要在下列非竞争性领域和国民经济命脉领域发挥作用,一是自然垄断性行业。主要是指那些在特定的市场空间中,只有保持独家或少数企业才最经济、社会成本才最低的行业。如电力、供水、供气、邮电、造币、金融业、铁路、军工、烟草等行业,这类行业及其企业凭借其对自然资源的垄断和市场条件的独家占有,容易损害消费者的利益(如通过卖方市场提供恶劣的服务、制定垄断价格等)。二是社会公益性行业,即直接服务于民众,以社会公益为目标,体现社会公平的行业。这类行业的社会公益目标与盈利目标有直接冲突,不能滥用市场规则和盈利规则。如环境保护、公共交通、市政建设、公共行政、司法、基础教育等领域。三是基础设施、基础工业与高科技领域,如公路、大型桥梁、水利工程建设、重要能源和原材料的生产、航空航天、生物技术等。这类行为建设周期长、耗资多、风险大、利润小,又事关全局,在我国短期内非国有经济难以大量进入。

除以上三个领域外的一般轻工业、制造业及农业,以及相当部分第三产业等大量竞争性领域,以盈利为直接目标,并参与市场公平竞争,优胜劣汰。从许多市场经济国家的情况看,这些领域并非国有经济的优势所在。一般地说受国有制产权关系的制约(软预算约束等),国有经济与非国有经济难以竞争,也难免会摆脱政府对其经营活动的干预(政企不分的根源在于产权制度),以及运营的低效率。当然也不排除有少数国有企业在竞争性领域的高效率,但这是以政府的大量"输血"或政策倾斜为代价的。总体上竞争性行业不宜国家所有,国有经济在此领域应逐步让出市场。

总之,区分国有经济与非国有经济,竞争性行为与非竞争性行业,严格界定各自的产权关系、性质功能和作用领域,是按市场经济原则改革国有企业的前提。在此基础上,国有企业的改革可遵循以下思路来进行。

1. 国有企业原则上应分步骤地、主动退出不宜国有企业经营的竞争性领域。退出方式可多样化:①继续鼓励和引导各种非国有企业的发展,壮大其实力,提高其比重,同时也为国有企业的改革创造有利的外部环境;②从资产增量入手,国家主动向非国有企业让出空间,减少以至停止向某些领域投资,把国有资本金投入适合国有企业运营的部门,当前特别要加强对国民经济最需要的基础产业、基础设施以及高新技术产业的投入;③在资产存量方面,通过发展企业集团,进行股份制改造,以及租赁、兼并、拍卖、合作等多种形式,实现资产存量的流动与重组。对一般小企业可以通过租赁方式,在一定时期内改组其产权结构,也可通过拍卖等彻底民营的方式,重塑企业产权结构,使其率先成为真正的市场竞争主体。对除了少数资源约束性较强、生产特殊产品的具有自然垄断与社会公益特征的非竞争性企业外的多数国有大中型企业,进行以股份有限公司和有限责任公司为主要形式的现代企业制度改造。

为避免引起强烈的社会震动,考虑到各方面的承受能力,上述退出过程可能持续较长时间。同时从体制转轨和市场经济尚处在起步或完善阶段的现实考虑,即使在竞争性领域也应保留少量国有企业或国家控股企业,以利于调控市场、纠正市场失灵、维护市场秩序、保证公平竞争。随着市场经济发育的成熟,这部分企业将逐渐退出。

2.应该保留或必须保留的国有企业主要是自然垄断性与社会公益性两类,由国家直接经营和管理,但营运方式必须改进,即必须置于发展社会主义市场经济这一大环境中,与传统的计划经济管理方式区别开来。对自然垄断型企业,可继续实行国家独资方式,也可改组为国家控股企业,具体经营管理也可采用股份制中的董事会领导下的经理负责制形式。设立必要的审计、监督、监察机构,对这类企业进行检查和监督。社会公益性企业的改革必须首先确立其社会公益的运作目标,尽快将盈利目标和任务排除掉。这类企业要将改善和加强内部管理,增强市场需求与公众服务意识,减少浪费、降低服务成本、自觉接受社会公众的检查和监督作为改革的主要内容。

3.将绝大多数竞争性国有企业按股份制形式改造,建立现代企业制度,以解决国有制与市场经济的矛盾。这方面学术界发文不少,理论研究与实践操作都已有较大进展,本文不想赘述。这里有必要强调的是,以股份有限公司和有限责任公司为主要形式的股份制或称现代企业制度，是国外上百年社会化大生产及市场经济发展的成功经验，是现代市场经济条件下企业组织的普遍形式。在国内也经过了多年的研究试验，理论探索和实践经验都表明，股份制是理顺国有产权关系，转换国有企业经营机制的关键，它必然成为我国社会主义市场经济中多数国有企业制度的主要实现形式。由于各种主客观条件的限制，股份制在试行中尚存在诸多问题，但它作为我国多数国有企业(竞争性企业)改革方向的大趋势是不能怀疑和动摇的。

三、以转变观念为先导深化国有经济的改革

目标模糊、思路不清，曾是阻碍我国经济改革特别是国有经济改革的主要障碍。社会主义市场经济命题确立以后，改革的总体目标渐趋清晰，但具体思路与改革方式的选择上尚有较大分歧，直接影响着国有经济改革的实践。思路不清、国有经济改革实质性进展缓慢的一个主要原因来自观念上的障碍，其中又集中体现在对公有制"主体"地位与国有制"主导"作用的认识上，有人仍然把国有制看作公有制最高级和最好的形式，不赞成改革国有制。也有些同志担忧，按目前的发展态势，到 2000 年，国有经济的比重将由现在的不到 50% 降至 25% 左右，即由"半壁河山"降至"四分天下有其一"。届时公有制及国有制的"主体""主导"地位与作用将如何保证，据此认为要规定国有经济与非国有经济的数量比例，甚至要限制国有经济的发展。

笔者认为，国有经济改革要取得实质性进展，必须越过观念滞后的障碍。当前，需要更新和确立的观念有：

1. 公有制与市场经济的兼容渗透，即探索和选择能够兼容并完善市场经济特性的公有制形式，是实现社会主义与市场经济有机结合与统一的关键。公有制不仅表现在它的形式上，更表现在它的运行后果上，即公有经济的运行是否实现了公有资产的增值与整体经济

实力的壮大。

2. 公有制为主体,是就各种形式的公有制经济的整体而言的,不等于国有制为主体。公有制经济除国有经济和集体经济外,还包括由国家和集体出资而生长起来的经济。如改革开放以来产生的股份合作所有制、混合所有制、社会集团所有制等经济成分中,虽有一定量的私有经济成分,但国家或集体控股的占多数,因此它们基本上属公有制经济的范畴。

3. 公有制占主体,是以全国和整个国民经济而言的,并非要每一个经济领域、地区、产业、行业和企业公有制经济都占主体或绝对优势。也不是通过限制其他经济成分的发展来保持公有制的主体地位,而是要求根据不同经济领域和地区的实际状况来确定公有制经济所占的比重,以全国经济总体上保证公有制经济的主体地位。

4. 公有制占主体,国有制为主导,根据不是它们所占比重的数量优势,即不绝对表现在它的比重占大部分上,而在于它所处的地位及其发挥的作用,即主要表现在它在关键领域里的统治力和对其他经济成分的辐射、规范与影响力上。在社会主义市场经济体制建设中,坚持公有制与国有制的"主体""主导"地位,目的在于提供一种经济上的保证,使国家能够有效地对宏观经济活动进行必要的干预和引导,纠正市场偏差,补充市场失效,在促进效率提高的基础上实现收入的公平分配与共同富裕,从而真正体现社会主义市场经济的特殊性。给国有经济和非国有经济规定一个数量的比例的做法不仅没有必要,而且也难以在实践中行得通。

5. 调整、选择和衡量所有制形式的根本标准是生产力发展水平。在一定历史阶段上的各种主客观条件下,什么样的所有制形式或"比例"更有利于效率的提高和生产力的发展,就应积极去发展,在尚不清楚什么比例最优的情况下,应由市场竞争本身去进行选择,根据成本与收益的比较,在实践中加以确定,使所有制结构逐步趋于合理化。

6. 破除用一种所有制去评价另一种所有制是否优越的习惯定势。诚然,就公有化程度而言,公有制高于私有制,国有制高于集体所有制,集体所有制高于个体、私营、外资经济,但这并不意味着公有化程度越高,优越性就越强。公有化程度的高低与优越性的大小并不成正比。脱离生产力实际,抽象地谈论和评价所有制,是典型的空想社会主义论调。离开生产力、社会化水平的所有制,公有化程度越高,对经济发展的破坏越大。我们坚持和发展公有制的最深层的原因,是因为这种所有制形式能够实现生产力的发展和最终达到全社会的共同富裕,从根本上讲,公有制的产生是生产社会化发展的必然结果;我们调整和改革公有制的根本原因,则又是因为我们还没有找到一种适合现实生产力水平和经济形态要求的公有制形式。

(原载于《甘肃理论学刊》1995 年第 6 期,中国人民大学书报复印资料《社会主义经济理论与实践》1996 年第 2 期转载)

对我国国有企业实施战略改组的
原因与方略探索

党的十五大报告指出，要着眼于搞好整个国有经济，"抓大放小"，对国有企业实施战略性改组，是对国有经济功能及其作用方式认识上的深化，也是国有企业改革思路的重大调整。全面、准确地把握这一精神，对于深化国有企业改革，实现国有经济与市场经济的兼容，具有重大理论与现实意义。本文仅就改组的主要原因与基本方略问题作些初步分析。

一、加快推进国有企业战略性改组的重要性与紧迫性

1. 着眼于从整体上搞好国有经济，对国有企业实施战略性改组，是我国国有企业改革思路的一大突破

我国传统的计划经济体制是以国有经济作为其运行的体制基础的。国有经济与计划经济互相依存、互相配套，在国有经济的基础上，通过计划对整个国民经济进行无所不包的调节。改革以来，随着计划经济"神话"的破灭及国有经济自身弊端在实践中的显露，人们开始对传统国有经济"全面出击""包打天下"的理论模式与做法进行深刻反思，进而提出了改革国有制经济，"搞活"或"搞好"企业的问题。但对如何"搞活"企业，认识是不断地变化、演进和深化的。

改革伊始，我们的提法是"搞活国营企业"。因为在原有计划经济下，国有制关系内所有权与经营权高度合一，国家既直接占有国有企

业，又直接经营国有企业，国有企业与国营企业几乎成了同一语，且后者又是现实形态。因此，这时提出搞活国营企业有其必然性，基本抓住了我国经济体制改革的核心问题。国营企业活力如何，在此时的国有经济发展中具有举足轻重的地位。80 年代中期以后，随着经济体制的深化，我们在国有制经济的改革中提出了"两权分离"的思路，并一度成为我国国有经济改革的重要理论依据，且通过承包制、资产经营责任制、租赁经营制等形式得到了贯彻实施。两权分离的理论与改革思路提出后，"国营企业"与"国有企业"的区别就清晰可见，"搞活国有企业"的提法就逐步取代了"搞活国营企业"。

但"搞活国营企业"和"搞活国有企业"的提法和思路，在实践中都暴露日益明显的缺陷，即不能体现区别对待、分类指导的原则，似乎搞活企业是搞活每一个国有企业，"一刀切""切一刀"的现象突出。国有企业战线拉得过长，分布领域太广，其结果是差的国有企业未能救活，好的国有企业也被拖垮。同时，我们还不时受到来自"左"的思想的干扰，如把一些国有企业的不景气，简单地归结于改革开放和发展市场经济。针对这种情况，进入 90 年代，尤其是党的十四届三中全会提出建立社会主义市场经济新体制以后，有许多同志提出要对原有国有企业改革思路进行再认识和调整。党的十五大报告及时吸取了有关研究成果，明确提出"要着眼于搞好整个国有经济，抓好大的，放活小的，对国有企业实施战略性改组"。这一提法是改革理论和改革实践的重大进步，是国有企业改革思路的重大变化。它表明，我们不再局限于"一城一池"的争夺，不是着眼于搞活每一个国有企业，也不简单停留在数量上的变化，而是充分体现市场经济的原则，通过优胜劣汰、兼并破产等机制，促使资产与资本向有发展前景的优势企业集中。对那些扭亏无望、资不抵债和没有发展潜力和前景的国有企业，再不必去搞"抢救运动"，而只能让其破产和被兼并。没有一部分企业的破产和"消亡",就没有整体国有经济的搞活和壮大。

2. 对国有企业实施战略性改组,是实现国有经济与市场经济兼容,重塑社会主义市场经济体制的微观基础的客观要求

我国传统的国有制经济与市场经济之间存在尖锐矛盾,集中表现在国有企业产权关系的"虚置"与预算约束的软化,在原有国有制框架内,难以建成市场经济发展所要求的微观基础问题。因此,我国经济体制改革的一项重要任务,就是按照市场经济原则对传统国有制经济进行根本性改造,以实现国有经济与市场经济的兼容,并奠定市场经济发展所需的微观基础。围绕这一主题,我们曾经尝试通过"两权分离"、转换企业经营机制的思路,以承包制、租赁制、托管制、资产经营责任制等为主要形式,来界定国家与企业的责、权、利关系,引进市场机制,解决国有企业中资产的国家所有与企业自负盈亏的矛盾,达到"搞活"或"搞好"企业的目的。但实践表明,在试图不根本触动原有国有经济框架的前提下,单纯依靠"两权分离"与转换企业经营机制的思路,不能解决传统国有制与市场经济的矛盾。主要表现在:第一,不能建立起适应市场经济发展的现代企业制度,因为现代企业制度的一个基本特征是企业要拥有独立、明晰的产权,尤其是所有权。第二,企业不可能实现自主经营、自负盈亏,不能成为真正的市场行为主体。第三,政资不分,政企不分,难以建立适应市场经济发展要求的国家宏观经济调控体系,政府职能的转换也得不到有效的落实。可见,国有经济的改革必须从简单的"放权让利"、转换机制思路中摆脱出来,也不简单地在所有企业推行现代企业制度,必须首先着眼于对传统国有制的根本性改造,只有在对国有制的主要载体国有企业进行战略性改组的基础上,才能按照区别对待、分类指导的原则建立起现代企业制度,也才能按照企业内部所有者、经营者、生产者相互制约、相互依赖的机理,转换企业经营机制。

3. 对国有企业进行战略性改组，是为了明确界定国有经济在市场经济新体制下的功能与作用方式

市场经济与计划经济是两种不同的经济体制，资源配置和经济运行方式存在着根本性的差异。尽管表面上看，两种体制中都存在着国有企业，但其发生作用的依据和方式有很大的不同。经济体制的转轨，必须与国有企业功能、范围的界定、作用方式的转变紧密联系。忽视和脱离国有企业功能、作用方式的界定与转变，经济体制的转轨不可能实现。

对现代市场经济中国有企业的功能与作用范围，虽有各种争论，但共同的看法是为了克服市场失效，弥补市场不足。凡是非国有企业不愿干、无力干、干不好，而政府机构又干不了、不能干的事情，只能由国有企业去干。具体看有以下功能：第一，克服外部性，提供公共产品。外部效益较大的公共部门、基础设施建设、基础科学研究、高新技术开发，以及自然垄断行业等，投资大、周期长、风险高，民间资本（非国有经济）不愿或不宜进入，需要举办国有企业，以营造良好的市场环境，支撑整个国民经济的发展。尤其在发展中国家资金短缺的情况下，国家集中财力举办公共项目就更为必要。第二，支配和控制关系国民经济命脉的重要行业和关键领域。这些领域的国有企业，有些可以是盈利，有些不可能盈利，国有企业介入这些领域的目的，不在于赚钱或盈利，而在于控制。第三，实现政府的政策目标。国有企业在一定时期内，是政府实现其政治经济社会目标的重要政策工具与手段，以弥补运用宏观经济政策手段的不足。第四，赢利创收，实现国有资产的保值增值。国有企业作为一种政府拥有的企业，必须具备一般企业的共性，即向社会提供商品和劳务取得收入来满足自身进行正常的运营所需要的支出。如果国有企业完全靠政府预算供应取得资金以维持自身的活动，那它就不成为企业，而是政府附属机构。此外，在

我国现阶段实行"两个根本性转变"过程中,举办国有企业具有特殊重要意义:一是填补非国有经济发展水平低、民间资本薄弱的空缺。二是进入现阶段民间资本不宜进入和无力进入的领域,克服市场缺陷。三是作为经济主体进入开放的市场,带动非国有经济参与国内外竞争。

但我国现阶段的国有经济战线拉得过长,国有企业摊子铺得太广、太散,政府办了许多并非必须由它办的事情,许多政府应当办的事情却因为没有资金而无力去办,国有经济和国有企业的现有分布结构与市场经济下国家应有的功能严重错位。比如,政府行政管理和国防建设是国家财力首先需要保障的领域,但由于国家财力的分散和经费不足,不得不默认国家行政机关、事业单位以及军队公安系统参与市场经营活动,不仅导致部分政府行为商业化,也出现了大量以权谋私的腐败行为;教育水平的不断提高是国家现代化的最基本保障,我国实行九年义务教育早有立法,但由于教育经费的不足和公教人员工资过低而不得不默认甚至许可学校对学生额外的收费;道路、码头、城市公用事业建设资金长期不足,瓶颈效应明显,严重制约经济发展后劲等等。为此,必须严格按照市场经济体制下国有企业的功能特点、作用方式,明确界定国有企业在新体制中的运用范围与领域。

4. 对国有企业实施战略性改组,是国有企业走出困境的根本出路

作为国民经济的支柱力量,我国国有企业占用着约70%的社会经济资源,但由于国有企业改革一直未能取得突破性进展,使它所掌握的资源不仅不能得到有效的利用,反而出现大面积经营亏损和资产流失,其结果不仅严重制约着国民经济整体效益的改善和稳定发展,也使我们面临保持社会经济政治稳定的严峻挑战。国有经济的不景气状态和问题的根源,不仅在于国有企业产权界定的缺陷和政企

职能不分的状况以及由此导致的经营机制僵化，还源于国有企业战线过长，布局过散。由此，仅从企业微观层面入手进行企业改革，很难取得突破。从现实状况来看，国有经济和国有企业问题的症结，是它在企业、行业之间的分布过于分散和战线过长，有限的国有资本难以支撑过于庞大的国有企业盘子。国有资产过于分散的状况严重损害了现有国有企业竞争能力和国民经济整体素质的提高。突出表现在：盘子虽大，单个企业资金却过少，规模经济水平低，难以形成有国际竞争力的大型企业；技术水平低，产品和设备老化，企业缺乏发展后劲；企业高负债经营，行为方式扭曲，助长经济投机；阻碍现代企业制度的建设。

为了使改革取得整体性突破，扭转国有企业不景气状况，使国有企业走出困境，必须首先对其进行战略改组，同时相应地推进现代企业制度建设。

二、国有企业战略性改组的基本方略

国有经济及国有企业战略性改组的目标主要应体现在以下两方面：一是从追求"大比例"即数量优势，调整为追求"大作用"即质量优势。具体要收缩战线，加强重点，优化国有企业的布局结构。通过流动和重组，使国有资产从一般竞争性领域向必须由国有经济发挥作用的非竞争性领域、战略性领域集中，逐步解决国有企业布局分散、战线过长的状况，加强国家必保的领域。在保证战略性领域的前提下，在一般竞争性领域中，着眼于提高国有企业的国际竞争力，使国有资产从分散的中小企业向大型企业集团、从低效企业向高效企业流动和集中。这种国有资本分布领域的收缩，不仅不会减少国有资本的数量，而且可以起到集中力量、保证重点、提高效率、增强竞争力的功效，更好地实现国有资产的保值增值。二是实现国有企业股权多元化,推进国有企业建立现代企业制度的步伐和经营机制的转变。国有企业的现状是国有资产所有者单一,所有者代表"虚置""缺位",由此影响到国有企业内部迟迟不能建立有效的法人治理结构,国有企业经营机制没有得到根本的转变,现代企业制度的建设步履维艰,进展缓慢。通过国有企业的战略性改组,要在国有企业中建立多元化的股权结构。首先要将国有独资企业变成国有控股、国有参股企业,引入非国有股东,将大量通过金融中介形成的居民对国有企业的债权转化为居民直接持有或通过金融中介机构间接持有的股权。其次要变国有独资企业中的单一国有股东为多元国有法人股东。在多元化的股权结构下,将有效克服原有国有企业中资产、所有者缺位的弊端,从而为在国有企业中建立有效的治理结构、转换企业经营机制、建立现代企业制度提供前提条件。国有企业战略性改组的基本原则,是合理确定国有企业在新体制中发挥作用主要领域或顺序安排。根据战略重组目标与国际经验,兼顾当前现有基础,国有企业应首先占领或保证以下领域:

——关系国家安全的行业。包括军事工业、造币业、航天工业等。从理论上说,军事工业中的军火生产企业并非必须国家经营,比如一些发达国家主要实行非国有企业生产,国家订货的方式。但考虑到我国的现实情况,如果由民间投资和经营,既不利于国家的军事战略贯彻,也不利于国家和社会安全,因此,军工领域应基本保持国有独资经营。

——大型基础设施以及其他具有较大外部性(即社会经济效益)的建设项目。包括城市基础设施,运输骨干设施,大江大河治理,重大农业商品基地和重点防护林工程,重点公益性和国家建设项目等。基础设施的建设社会效益大,受益面广,且具有一定的垄断性。在相当一个时期,非国有企业不愿、不能或无力承担,仍应以国家为主投资建设和经营,适当引入社会资金作为补充。

——特大型不可再生资源,如油田、大型煤矿等的开发项目。这些项目投资规模大、回收期长,目前民间资本无力投资,又不宜于让外资控制,国有资本需要在这些行业居主导地位。

——对国家长期发展具有战略意义的高技术的开发、重大技术装备国产化、原子能的开发等,国家应当给予这类研究开发以财政支持,并通过投资引导和行业政策等推动这些行业的发展。

——其他领域政府出于各种考虑必须保留的国有企业。如为稳定物价而经营一些与人民生活密切相关的必需品的商业企业,为了扶持农业发展而经营一些低价微利的农业生产资料企业等。

需要指出的是,以上产业和企业的安排只是指出了国家投资的大体方向和范围,以及在国家财力有限时的战略投资顺序,并不绝对排斥非国有资本的进入。国家可以根据各个行业的具体情况与特点,适时规划非国有资本的参与程度,国家则以全资国有、国家控股和国家参股以及政策扶持等方式保证战略产业的健康运行和发展。同时也要看到,战略产业的顺序安排与范围确定是动态变化的。随着经济发展阶段的演进和市场经济体制的完善,国家战略产业和国有企业作用的范围也将发生变化。此外,中央政府和地方政府的职能也应有明确界定,它们所属企业的经营活动范围要有合理分工:中央政府作用于国防工业等战略性行业、跨地区的运输干道、收入分配的调节、地区经济的合理布局等;地方政府主要从事地区性公益事业,如城市道路、供水、供气、供热、环境保护等。

在对国有企业的布局和分布范围作出调整以后,国家原则上不应再对非战略性领域进行新的投资。这些领域中现有国家持股的企业是否要进行股权关系的变动和经营方向的调整,则要在市场平等竞争的条件下,由企业的直接持股单位和公司自行决定。非战略性领域中的一般竞争性行业,如果非国有经济愿意进入。应尽量吸收其资本投入,而将置换出的国有资产投入国家急需进入和发展的行业和领域。通过这种资产或资本的转移与重组,使国有企业和非国有企业各归其位,共同促进社会主义市场经济的发展。

三、几个需要深入研究的问题

1. 改组与改革的关系

对国有企业实施战略性改组与国有企业深化改革、建立现代企业制度的抉择是一致的,对国有企业实施战略性改组,本身就是对国有企业的重大改革。但也应看到,两者之间存在一个前后顺序的选择问题。我们不能简单地试图在所有企业推行现代企业制度,而必须首先在对传统国有制的主要载体——国有企业进行战略性改组,明确界定国有企业与非国有企业、竞争性国有企业与非竞争性国有企业的基础上,按照区别对待、分类指导的原则,建立起现代企业制度,进而依据现代企业制度中法人治理结构的内在机理,转换企业经营机制。

2. 国有企业与非国有企业的功能界定与范围划分问题

对国有企业实施战略性改组的重要前提,是合理界定国有企业与非国有企业的功能与范围,通过改组和调整,使二者各归其位。问题在于社会主义国家国有企业功能的界定,能否单纯依据现代市场经济的一般原理要求进行,有无自身的特殊性?这些特殊性如何体现?现代市场经济中国有企业的功能,主要是为了克服市场(其他企业)失效,弥补市场不足。其作用范围在于从事非国有企业(民营企业)不愿干、无力干、干不好,而政府机构又干不了、不能干的事情。简言之,它具有创收盈利、体现政策、稳定社会等多重功能,并非简单的利润最大化这一目标。我国的国有企业除以上功能外,还有明显的政治功能,如党的阶级基础的聚集区。国有企业除创收盈利,体现政策意图,稳定社会等功能外,还必贯彻落实党的路线、方针、政策,体现党的领导。对国有企业实施战略性改组时必须考虑到这一制度或体制的差异性。

3.政府改组与市场改组的关系

在竞争性国有大中型企业的改组中,目前有两种实际操作方法:一是以政府为主体,以行政计划手段进行改组。即由政府通过行政计划确定改组的领域与方式。这种方式之所以在目前广泛存在和运用,有其客观原因。因为在目前体制格局下,政府集双重职能于一身,既是作为社会管理者的政权代表,又是作为所有者的产权代表。作为产权代表,决定和主持产权交易,是顺理成章之事。国有企业并非所有者,无权作出决策。但这种办法的弊端是显而易见的,多年的经验教训反复证明,用这种办法进行改组,达不到改革和优化结构的目标。另一种办法,是用市场经济的办法,以企业为主体来推进改组。这种办法的主要特点,是把结构问题与体制问题统一起来考虑,强调结构调整应以市场竞争为动力,以企业为主体,在政府必要的指导和政策扶持下,通过企业改革与资本市场的联动来进行。实践证明,这是一种较好的选择。但这种办法目前的可操作性又小。因此,如何在政府改组与市场改组之间进行合理抉择,是需要深入研究的问题。

(原载于《甘肃理论学刊》1998 第 6 期)

四、经济增长与经济发展理论研究

以体制的创新推动经济增长方式的转变
——对甘肃实现"两个根本性转变"的思考

深入研究经济体制转轨与经济增长方式转变的关系，是确定甘肃"两个根本性转变"的思路，实现经济、社会、环境可持续性发展，推动社会全面进步的重要前提。本文试就此问题谈些初步看法。

一、甘肃经济增长方式的主要特征与存在的问题

改革开放以来，甘肃经济与社会面貌发生了深刻变化：总体经济实力有了明显加强，人民生活有了显著改善，经济运行质量和效益也有不同程度的提高。但就经济增长方式而言，甘肃和全国一样仍是以外延扩张为特征的粗放型方式。在经济运行和经济发展中，重速度、轻效益，重产值、轻结构，重数量、轻质量的现象普遍存在。据有关部门测算，近年中甘肃经济增长的 70%以上是靠增加劳力、资本等要素投入，实行规模扩张来推动的。甘肃工业发展指数中，劳动力和资金投入的增长份额约占 70%，技术进步的贡献不足 30%，这与发达地区经济增长中科技的贡献率已达 50%以上形成鲜明对照。这种增长方式虽然在甘肃经济发展的特定阶段中起了一定的积极作用，也有其适应的范围，但这是以国民经济运行的低效益、低质量及资源的严重浪费作为沉重代价的，它所带来的问题日益突出和尖锐。

一是经济效益低下。从综合效益看，1994 年甘肃工业经济综合效益指数比全国平均低 15.33 个百分点，位居全国第 23 位；劳动生

产率比全国低 2.4 个百分点，位居全国 11 位；资金利税率比全国低 2.4 个百分点，居 22 位；成本费用率比全国低 3.29 个百分点，居 25 位；产销率比全国低 0.48 个百分点，居 16 位；流动资金周转天数比全国慢 0.25 次，居 19 位；万元产值能耗 4.43 吨，比全国高 2.2 吨标准煤。由于片面追求产值、产量、速度，以及企业内部缺乏科学、严格的管理等原因，许多企业库存积压和亏损严重，有的早已到了资不抵债的地步。据统计，1994 年底，全省产品库存达 61.87 亿元，占工业总产值的 11.69%，比全国高出 1.99 个百分点。

二是投入力度小，投资效益差。改革开放以来，尽管就扩大再生产的投入绝对数来讲，甘肃是增加的，而且在有些年份还伴随着投资需求膨胀——总量失衡——经济调整的周期波动与大起大落，但同全国平均水平相比，投入差距愈来愈大。全省基本建设投资“六五”期间占全国的 1.67%，“七五”期间占全国的 1.75%，“八五”前两年占全国的 1.4%，1993 年占全国的 1.25%，1994 年占全国的 1.32%。投入力度弱，使经济发展缺乏后劲，进一步拉大了差距。与此同时，仅有的投资又不能合理利用，一哄而上、盲目投资、重复建设现象严重，导致投入多，产出少；投入少，产出更少。据统计，1992 年和 1993 年全省银行各项贷款分别比上年增长 17.4% 和 21.7%，而同期国内生产总值（GDP）仅增长 9.7% 和 10.7%；独立核算工业企业每投入百元资金产生的利税 1980 年为 25.2 元，1994 年下降到 10.6 元；每百元固定资产原值实现利税 1980 年为 25.6 元，1994 年为 14.4 元。

三是结构性矛盾异常突出。一方面，以原材料工业为主的重型工业结构，始终未能转换为综合性的经济优势。1992 年，在工业总产值中，全国轻重工业比重是 45:56，甘肃是 24:76；重工业中采掘、原材料工业与制造业的比重，全国是 51:49，甘肃是 73:27，制造业所占比重小。加工工业尤其是高技术含量和高附加值的深加工工业发展缓慢，使资源优势不能及时转换成现实的市场优势。而且,由于电力等基础产业发展的严重滞后和能源动力瓶颈效应的不断强化,产业结构乃至整个国民经济结构的调整步履艰难。另一方面,单纯追求产值翻番的价值取向,导致区域内产业结构和产品结构的趋同化。表现在产业上,许多重要产业没有形成符合社会化大生产及市场需求的经济规模和专业化分工协作,严重降低了经济的规模效益、分工效益和结构效益;反映在产品结构上,忽视科技新产品的开发,致使产品档次低、质量差,名优新特产品和高附加值少,长线产品积压、浪费严重。再次,所有制结构调整难度大,非国有经济成分发展相对缓慢,国有经济改革步伐小。受观念、环境、体制等因素的影响,甘肃省的乡镇企业、私人企业、"三资企业"等非国有制经济起步晚、水平低,无论从规模上,还是产品结构与市场竞争能力上,都与发达地区存在着很大差距。1992 年,全国国有工业与非国有工业的比重由 1985 年的 65:35转变为 48:52,非国有工业产值占"半壁江山"之势;而甘肃 1993 年国有工业与非国有工业之比仍为 74.2:25.8。而事关全局的国有企业又机制不顺,改革进展缓慢。这一切均导致全省结构调整速度滞后,制约着整体经济素质的提高。

四是科技成果转化率与科技进步对经济增长的贡献率低,对新技术的应变能力弱。甘肃的综合科技水平具有一定的相对优势。据国家有关部门的科学计量排序,甘肃列居全国第 12 位。但科技的比较优势,并不等于科技进步水平的高低。科技进步水平主要取决于科技成果是否或者多少能够转化为现实的生产力,科技进步对经济增长的贡献率有多大,以及对新科技的应变能力。甘肃虽有综合科技水平的比较优势,但科技成果的商品化、产业化和基础性研究向应用技术转化中的"断层"现象一直比较突出,造成新产品开发速度慢,"拳头产品""名牌产品"少,市场竞争能力弱。据估算,甘肃科技成果转化率仅为 10%~15%,低于全国平均水平。甘肃科技对经济增长与经济发展的影响力或贡献率,位居全国第 23 位,不仅赶不上东南沿海省市,也低于内地多数省区。又据分析,如果用同一年人均国民生产总值和劳动者文化素质综合指数计算新技术应变能力系数,90 年代初,甘肃仅为 0.7349,位居全国 27 位,不足上海的 1/3。另外,甘肃经济及科技发展呈现典型的两极化特征:一极是由中央投资兴办的、技术较为先进的大中型企业群,另一极是基础薄弱、技术落后的地方工业、乡镇企业和传统农业。两极之间缺乏从先进到落后进行转化和同化的中间传递环节与层次,致使凝结在大中城市及重工业中的先进技术,难以形成辐射和扩散机制,严重影响了技术的开发应用率,使甘肃的工业技术水平只相当于全国平均值的 65%,综合技术水平难以提高。

五是劳动力整体素质低下,观念陈旧。根据全国第四次人口普查资料显示,甘肃在业人口中,体力型人口占 66.84%,比全国平均水平高出 12.09 个百分点,其中从事农业生产的体力型人口就占到 78.04%。在全部人口中,文盲半文盲人口比例高达 28%,其中青壮年文盲率近 40%。从劳动力文化素质综合指数来观察,甘肃省劳动力人口文化素质综合指数仅为 23.77,而全国为 30.05,排全国 27 位,同东部发达省区市相比差距巨大。劳动力整体素质,尤其是文化、科技素质的低下,使对先进科技的吸纳能力难以提高,新思想、新观念缺乏。封闭、守旧、小农意识等滞后的思想观念,使工作缺乏主动性与创造性,阻碍了资源优势、科技优势向现实的商品、市场优势转变,严重制约全省经济的发展。

六是农业基础薄弱,贫困人口多。由于受自然条件差的限制,尽管十多年来甘肃农业基础设施建设有很大进展,但整体上抗御自然灾害的能力仍很脆弱。全省农村人口 1920 余万人,约占全省总人口的 82%,其中,生活水平处于贫困线以下的人口达 400 多万人,占全省总人口的 17%,平均不到 6 个人就有 1 个是贫困者,而全国的平均数为 17 人中才有 1 个,甘肃大大高出全国平均负担贫困人口水平。

七是经济发展后劲不足,差距在拉大。支撑甘肃经济的骨干企业绝大多数是传统技术、层次较低且不断老化的国有大中型企业,为了顾全国家对原材料需求的大局,这些大中型企业在设备陈旧、技术落后的情况下,长时期超负荷运转,无暇顾及技术改造和新技术的采用,从而使其技术装备水平长期滞后,发展处于低水平。同时,曾经为国家及地方作过重要贡献的有色、冶金、石化、电力、机械等支柱产业,目前除有色金属外,其他产业在全国已无足轻重,甘肃原有的比较优势正在丧失。而发展前景好的电子、通信、原材料深加工、高新技术产业等,尚未成长为带动甘肃经济发展的新的主导产业。这样,由于传统产业发展缓慢,又缺乏新的经济增长点和新的主导产业,加之地方工业极其脆弱,势必影响甘肃经济的发展前景,拉大与全国经济发展间的差距。据统计,1992 年同 1978 年相比,甘肃省国民生产总值由 22 位退到 27 位,人均国民生产总值由 16 位退到 27 位,人均国民收入由 16 位退到 25 位,人均工业总产值和农业总产值分别由第 10 位、27 位退到 19 位、29 位。1993 年农民人均纯收入比全国平均低 358.1 元,仅为全国平均水平的 60%。

二、制约甘肃经济增长方式转换的主要原因

一定时期的经济增长方式是在一定历史条件下形成的,它受到经济发展水平、科技水平、管理水平、劳动者素质、宏观经济政策、经济建设指导思想、社会总供求状况、经济体制,以及与之相关的思想观念等多重因素的制约和影响。其中能否使经济增长置于合理的体制保障之下,是决定能否转变经济增长方式和提高经济整体素质的关键。经济学原理告诉我们,经济增长方式和经济体制是密不可分

的,在既定的经济发展阶段内,经济增长方式是它所采取的经济体制的函数。即与传统计划经济体制相应的必然是靠投入、靠外延扩张的粗放式增长方式,而欲改变这种增长方式,必须首先进行体制创新,切实完成由传统计划经济向社会主义市场经济的转变。要看到当今经济社会发展中的诸多困难和深层次矛盾,如以低效益为代价的高速度、通货膨胀、结构失衡,以及腐败滋生等,都与体制改革滞后有关。在这种情况下,必须注意经济发展、经济增长与体制创新、体制改革的协调,发挥两者的整合效应。如只提发展目标,强调经济增长,还试图依靠旧体制或新旧并存的双轨体制提供的环境去实现经济增长,那只能和过去一样,依赖外延的扩张,重走靠投资拉动的数量型、粗放型增长老路。

严格地讲,意识到传统经济增长方式的弊端,提出转变经济增长方式的思想,已有相当长的时间。党的十一届三中全会在确立以经济建设为中心的基本路线的同时,就提出要转变经济发展战略,即由过去那种片面追求产值产量增长速度的发展战略,转向以提高经济效益为中心的保证国民经济长期稳定发展的战略。党的十二大更是明确提出要"把全部经济工作转到以提高经济效益为中心的轨道上来",走出一条速度虽不那么快但经济效益较高、人民得到的实惠较多的新路子。十三大在概括了新的经济发展战略的基本要求后,进一步明确指出,这样的经济发展战略,"归根到底,就是要从粗放经营为主逐步转上集约经营为主的轨道"。新的经济发展战略的实质,就在于此。这是在党和国家的最高级文献中,首次明确提出从粗放经营到集约经营的转变。十多年来,从中央到地方,从部门到企业都为实施新的经济发展战略与经济增长方式付出了巨大努力,某些方面也取得一定进展,但从总体上看,传统经济增长方式并没有根本改变,经济生活中仍然是重速度、轻效益,重数量、轻质量,重投入、轻产出,重外延扩张、轻技术进步。经济运行仍未跳出"放——乱——收——死"与"膨胀——紧缩——膨胀"的恶性循环。每当经济高速增长时，往往伴随着投资与消费需求失控、结构失衡和效益下滑，引发通货膨胀和经济波动，从而被迫进行强制性调整，结果造成资源的极大浪费，甚至错过发展机会。增长方式与经济发展战略转变之所以迟缓和乏力，国民经济之所以未能走上良性循环的轨道，根子就在于缺乏经济增长方式切实转变的制度创新或体制基础。因此，关键仍在于体制改革，即通过加大改革力度废旧立新，创造有利于加快经济增长方式转变的机制和环境。

目前，甘肃经济运行尚处在新旧两种体制的交替中，市场机制发育与政府职能转变的滞后，使得政府行政行为仍然在经济活动中起着主导作用，不同程度地在指导思想、工作方式、管理手段、运行机制等方面表现出来，严重制约着全省经济增长方式的转变。可以讲，前述原有经济增长方式中甘肃经济运行存在的诸多问题，都与体制相关。首先，为什么盲目布点、盲目投资和重复建设、重复引进、一哄而上、一哄而散现象不断？关键在于预算约束的软化，产权关系的不明确，以及政府直接管理经济的体制未彻底改变；争投资、争项目而又不负责任，又源于尚未形成风险与收益对称、权力与责任相符的市场投资主体，以及偏重数量扩张、忽视素质提高的干部考核、评价和使用体制。其次，国有企业为什么产品质量不高、积压严重、亏损普遍、竞争力不强？为什么经济效益下滑不止？为什么企业技术进步缓慢？根源在于原有体制下国有经济的"大锅饭"难以形成企业优胜劣汰的机制，无法实现自主经营、自负盈亏、自我约束、自我发展的"四自"目标。国有企业对短期利益有特殊偏好，"工资侵蚀利润""奖金侵蚀工资"非简单的政策效应所致。当前，旧经济体制一统天下的格局已被打破，但新体制在国民经济中的整体优势还远未确立，新旧体制并存的双轨制导致了经济运行的双重扭曲:行政机制管不了,市场机制管不上。加剧了资源配置效率低下的状况,使相当一部分企业处于萎缩状态而缺乏生机和活力。第三,为什么科研、科技与生产对接程度低?主要在于由于受旧体制的束缚,科研与生产的结合还存在众多阻碍,多数企业还缺乏依靠科技进步的内在动力,科技的新成果不能够很好地转化为现实的生产力。一句话,主要是在于没有形成促使科研(技)与生产、科技与市场紧密结合的制度安排。在这种情况下,那些不面向生产、科研与生产脱节、科技成果不能商品化的应用科技单位,那些不以科技进步为动力的企业就不会被淘汰掉。第四,为什么甘肃结构性矛盾非常突出,而且经济发展后劲不足?主要原因在于原有体制下的经济分工,这种分工使甘肃国有经济比重过高,这在目前市场竞争激烈、国家经济布局仍以东部为重点,且国有经济改革阻力加大的形势下,使甘肃处于非常不利的境地。国有经济无活力,传统产业发展缓慢,又造成无力发展新的主导产业,经济缺乏新的增长点,地方工业脆弱,从而影响甘肃经济的进一步发展,拉大与其他地区的差距。此外,农业基础薄弱、贫困面大,以及变革观念陈旧等,也与体制直接相关。除自然、历史等因素外,农村市场经济体制发育滞后,观念落后是导致贫困人数多、农业基础薄弱的重要原因,而贫困面大反过来又加剧了观念的陈旧,形成恶性循环,使进一步发展受到严重阻碍。

三、以体制创新实现甘肃经济增长方式转变的对策

以上分析表明,传统的经济增长方式以及在这种方式下所产生的种种问题,是传统的经济体制和在这种体制下形成的经济机制等因素综合作用的结果,增长方式转换缓慢的根本原因在于缺乏保证转变的体制安排。因此,甘肃要在"九五"和下个世纪头十年实现经济

增长方式的转变,就需要在确保全省改革、发展和稳定相互协调的条件下,加快改革步伐,奠定新的经济增长方式的体制基础。

1.深化企业体制改革。从产业结构角度分析,工业尤其是国有工业增长是现阶段推动我省经济增长的主导因素,国有企业改革如何,实际上也是能否实现两个根本性转变的中心环节。因此,一定要牢牢抓住国有企业这个体制改革的中心环节,为经济增长方式的转变提供一个良好的微观基础。甘肃国有企业,特别是国有大中型企业作为全省经济的主体和财政收入主要来源的结构和特征,在短时期内不会有太大改变,搞好国有经济的重要性就更加明显。国有企业改革的实质,是通过探索市场经济条件下公有制的有效实现形式,实现公有制与市场经济的兼容渗透或对接。要从整体上把握国有经济的改革思路,对国有企业实行区别对待、分类指导的改革原则。从总体上看,甘肃国有经济存在着涉及面过宽、战线过长的问题,要适度收缩国有经济的战线,划定国有资产的投资领域,优化国有资产的配置结构,发挥国有经济的相对优势。从发展方向看,国有经济在自然垄断和信息垄断性强、幼稚产业和外部效应强等产业中具有相对优势,国有资产的投资要向这些领域倾斜;国有大中型企业要通过现代企业制度试点和多种形式建立新体制,改变过去那种谁都管理国有资产,谁都不必对国有资产的经营效果负责的状况,真正确立出资者(所有者)、经营者、生产者三方相互制衡的企业运营机制;国有小型企业应选用多种灵活的改革途径,通过出售、转让、兼并、合并、参股、控股等多种产权重组形式,逐步提高小型企业的规模和经济效益。

2.加快投资体制改革。要尽快实现固定资产投资按不同性质产业分类管理的办法,即公益性企事业的投资,继续实行由财政拨款,由政府根据财力大小进行投资;基础性产业的投资,实行企业自筹与政策性贷款相结合的办法;竞争性领域的投资,主要由企业根据自筹资金的能力和银行商业性贷款的可能自主决策，并建立相应的法人投资和投资业主负责制，实行"谁投资、谁决策、谁受益、谁承担风险"的原则，真正确立投资的激励与风险约束机制。要改革预算内投资的管理体制，充分引进项目建设投标制和监理制，强化投资决策的科学化、民主化。

3. 调整所有制结构，努力培植新的经济增长点。经过多年的努力，甘肃的所有制结构有所调整，集体经济、非公有制经济有了一定的发展，但所占的比重显然很低。所有制结构与生产力状况不相适应，非国有经济成分的比重偏低，是阻碍甘肃经济增长方式转变的重要因素，也是我省经济发展缓慢、与发达地区差距拉大的重要原因。因此，在今后相当长一段时期内，应继续坚持在以公有制为主体的前提下放手发展多种经济成分的举措，努力培植新的经济增长点，即鼓励集体经济、私营经济、个体经济和三资企业的发展。为了加快所有制结构调整步伐，当前有必要在指导思想上端正以下认识：(1)以"三个有利于"作为衡量和评价所有制结构合理与否的标准，正确把握以公有制为主体，积极发展非国有制经济的内涵；(2)个体、私营、三资企业是建设有中国特色社会主义和社会主义市场经济的重要组成部分，而不是异己的力量，在政策、法律上要鼓励非国有经济的发展，同时也要规范其行为；(3)探索和选择能够兼容并完善市场经济特征的公有制形式，是实现社会主义与市场经济有机结合的关键环节，公有制不仅表现在形式上，更表现在它的运行结果上，即它的运行是否实现了公有资产的增值与壮大；(4)公有制占主体，不能只看公有制所占比重和数量，而主要看它所处的地位及其发挥的作用，看它在关键领域的统治力和对其他经济成分的辐射、规范和影响力；(5)公有制占主体是就全局和整体而言的，并非要具体到每一个地区或行业，哪种成分多一些应从当地实际出发。

4. 深化科技体制改革，提高科技与经济的对接度。按照分类、区别对待的原则，加快科技体制改革。在应用研究领域，积极促进符合条件的研究机构从预算拨款的事业单位向自负盈亏的科技型企业转变，以推进科技成果的商品化、产业化和工程化；部分条件具备的研究机构，在自愿的前提下，要与对应的企业融合、合并，以形成科技开发与生产营销相结合的企业集团。要真正建立科技与经济能够对接的新机制，为此，一要加强科技成果转化和应用的中间环节；二要建立和完善技术市场，加速科技成果商品化；三要采取优惠政策，鼓励企业同科技开发机构的联合，通过改革，使企业具有吸纳先进科技的内在机制，成为科技开发与技术进步的主体；四是建立健全科技开发体系，为科技兴省积累后劲。

5. 深化政府管理体制与干部考核、任命制度的改革。当前，国有经济内产权模糊、国有资产关切度低、经营效率差的一个重要原因是政府管理体制改革滞后，以及由此形成的政企不分，而政企不分的体制基础又是政资不分。因此，要按照政企分开、政资分开的原则，转变政府职能，建立运用经济、法律和必要的行政手段的省级宏观经济管理体系，强化宏观的综合规划、指导协调和服务功能，加强对宏观经济运行、国有资产保值增值、市场运行秩序的管理。改变以产值多少、速度快慢作为评价干部优劣的标准，以经济效益的提高、经济结构的优化，以及经济、社会、环境的可持续性发展作为考核干部的标准，建立能够使经济管理机构的工作重心切实从争项目、争投资、争资金转到协调、服务、指导上来的约束机制。

6. 转变经济发展观念。积极推进经济增长方式转变，全面提高经济整体素质和效益，是大势所趋，无论是经济发达地区还是欠发达地区，都要坚决走集约经营之路。为此，必须提高思想认识，转变经济发展观念，真正把经济工作的着力点置于经济增长方式转变上；把经济发展切实转移到依靠科技进步、提高经济增长的质量和效益的目标上来,并据此标准考核部门、地区及企业的工作;改变重速度轻效益、重数量轻质量、重发展轻环保的倾向,克服"外延扩张、低层复制"的弊端;把重点产业的发展与传统产业的技改、资源立省与科教立省有机结合,形成新的经济增长机制。同时,从我省的实际出发,由于特殊的基础和条件、矛盾与困难,决定了实现"两个转变"的难度更大,时间更长。既要积极推进又要稳妥运作,通过加大改革的力度,扬长避短,缩短转变的过程。应当看到,经济增长方式的转变是生产力发展到一定水平阶段的产物,在工业化初始阶段,外延式、粗放式经营难以完全避免,甘肃大部分地县目前正处于这个阶段,因此,必须处理好集约经营与粗放经营的关系,一方面,要在强化发展、进行适度、必要"外延扩张"过程中,注重技术改造与产品质量、生产规模的提高,另一方面要通过组建支柱产业群来扩大集约化程度,达到速度、规模与质量、效益的统一。

（原载于《甘肃社会科学》1997 年第 1 期）

试论消费主导型经济增长模式

　　面对国际金融危机和国内经济社会转型的双重影响，中央果断地采取了一系列应对措施，已初见成效。但扩大内需政策能否在近期和长远都发挥作用，财力支持和政策效能是否具有可持续性，最终取决于能否实现经济增长方式的转变。转变发展方式中的第一个转变，就是调整需求结构，坚持扩大内需特别是消费需求的方针，促进经济增长由主要依靠投资、出口拉动向消费、投资、出口协调拉动转变。随着我国经济的发展，人们收入水平的提高，人口结构的变迁，新一轮的消费高峰和消费升级已经降临，为实现我国经济发展模式的转型，提供了有利的环境条件，使我国经济发展转变为消费主导型经济增长模式成为可能，同时，国家多项有关促进消费的制度和政策的推出，也将充分发挥制度的经济效应，推动我国消费主导型经济发展模式的实现。本文拟就消费主导型增长模式的一些基本问题进行初步分析。

一、消费主导型经济增长模式：我国市场经济发展的必然选择

（一）消费需求是市场经济发展的原动力

　　在市场经济条件下，消费需求决定经济增长方式的转变和发展方向。一是消费需求为经济增长提供生产对象并创造生产动力，从而把新的生产需求生产了出来。较高的消费需求可以刺激经济以较快的速度增长。二是消费需求的水平、规模和速度决定着经济增长的水

平、规模和速度。三是消费需求的结构决定经济增长的结构,合理的消费需求结构为全面提高经济增长水平创造了条件,也为经济增长奠定了基础。市场经济条件下促使经济增长的关键是均衡消费需求问题,消费需求决定着供给,消费需求是一切经济活动的起点和归宿点,消费需求的层次越高,对经济增长的贡献就越大,经济增长方式在消费需求的影响下得以向前发展。

(二)克服投资和消费之间的结构性失衡是实现国民经济良性循环的迫切需要

市场经济条件下,投资与消费之间的关系是相互影响、相互推进的互动关系,是以消费引导投资为前提,以投资和消费的良性循环为基础,通过投资和消费的互动来促进国民经济的发展。首先,消费需求增长受到投资需求增长的制约,要以投资需求的相应增长为保证。其次,投资需求的增长受到消费需求增长的制约,只能在消费需求所限定的空间范围内得到实现。"没有消费需求增长的支持,投资需求增长形成的新增生产能力将会大量闲置,不论是投资需求拉动的经济增长还是投资需求增长本身,都不可能持续"。因此,投资和消费的合理关系,应该是指在市场经济条件下,以投资和消费的良性循环为基础,通过投资和消费的互动来实现内需扩大的经济增长模式。目前,我国投资和消费之间尚未形成良性循环的机制。一方面,由于历史上的重复投资和重复建设所导致的一般商品的供给过剩和激烈竞争,使商品价格不断走低,企业预期收益降低,影响了投资的增加;另一方面,由于收入制约或对未来的收入预期看淡,或者由于企业的产品和服务的供给不能适应居民消费结构升级的需要,导致居民收入未能转化为即期消费而被储蓄起来,消费的拉动作用明显弱化。投资和消费之间的结构性失衡,导致许多产品和服务不能获得价值实现,职工收入难以增加,进而阻碍居民消费的增长。为了使国民经济形成良性循环,必须采取有力措施理顺投资和消费之间的互动关系,实现投资和消费的良性互动。

(三)我国处在新一轮消费结构升级的转型期,消费需求存在较大的增长空间

根据消费经济学理论和国际经验,当人均 GDP 达到 1000 美元时,居民消费结构开始从生存型向享受、发展型转变,零售、汽车等行业被激发;人均 GDP 达到 3000 美元后,将进入全面发展时期,城镇化、工业化的进程明显加快,住房、保险、旅游业全面启动,居民的消费类型、消费行为也会发生重大的转变。据国际货币基金组织和世界银行统计,90 年代以来,世界平均消费率水平为 78%~79%,在所统计的 36 个国家中,只有 8 个国家的消费率低于 70%。2008 年中国的 GDP 总量 30.67 万亿元,按照 2008 年平均汇率 6.948:1 美元,折合 43274 亿美元,按照年末人口数 13.2465 亿,我们去年的人均 GDP 已经达到 3266.8 美元,登上了 3000 美元的新台阶。我国正好处在新一轮消费结构升级的转型期,其中大部分区域开始转入享受型。这对于我们保增长、扩内需、调结构非常有利。稳步提高居民消费率,促进城乡居民消费结构的不断升级,将为经济发展创造庞大的消费需求;工业化和城镇化进程加速发展将为经济发展开辟更为广阔的消费空间。据国际货币基金组织的统计资料显示,20 世纪 90 年代中期,美国、日本、英国、法国等发达国家服务业对 GDP 的贡献率均达 15%以上,近 10 年,发达国家服务业贡献率一般为 20%~25%,新兴市场经济国家和发展中国家在 10%左右。"近几年我国商业新业态如专业市场、连锁超市和专业连锁店、品牌专卖店的出现和现代金融保险、现代物流、管理咨询、旅游文化、信息服务等的快速发展,进一步推动了行业的发展,标志着我国的现代服务业有着巨大发展空间"。从投资拉动型向消费拉动型转变潜力广阔。

(四)低消费带来一系列负面影响

消费增长的快慢直接制约经济的增长速度，同时对相关产业的影响也非常明显。从产业的角度分析，在需求不足的影响下，低消费带来的弊端和负面影响通常表现为商品价格普遍下跌，产品销售困难，开工率不足，效益下降，失业率上升，投资回报率降低风险加大。

1. 消费率偏低使人们的生活需要受到制约。发展经济、建设小康社会的终极目的是提高人民群众生活水平，因此经济的发展不仅要看增长速度，更要看居民整体生活水平和质量是否随之全面上升；不仅要看基本生活性消费，更要看发展性消费和享受性消费是否同步得到扩展。2007年，我国最终消费和居民消费仅为1990年的12.7倍和11.5倍，而GDP、资本形成总额已经达到1990年的25.9倍和29.8倍，居民消费提高的倍数与GDP、资本形成总额倍数相差较大，表明人民生活水平普遍提高的程度还很有限。

2. 消费率偏低制约第三产业的发展。消费需求与第三产业是相辅相成、互为因果的关系，因此第三产业要发展首先要提高消费率。2007年我国第三产业占GDP的比重为40.1%（经普数），与发达国家60%~70%和中等发达国家50%~60%的水平相距甚远。居民消费需求增长率低、消费水平不高、服务性消费商品化程度低、对经济拉动作用弱是阻碍我国第三产业发展的重要原因。

3. 消费率偏低影响扩大就业。据专家测算，在国民经济的两大主力产业中，服务业已经成为劳动力就业的主要行业，第三产业单位增加值所能吸纳的就业人数是第二产业的2倍以上。消费不足，需求不旺，特别是居民消费增长缓慢，必然造成市场活力不足，影响了社会用工增加。

二、消费主导型模式是经济增长的基本模式

改革开放以来，虽然中国外贸出口规模已相当可观，但经济增长

的主要支撑力量仍然是国内市场需求;地域辽阔、人口众多的大国特征,决定了中国具有巨大的投资和消费市场,它完全可以成为其经济持续稳定发展的主要支撑点。

(一)投资率和消费率的国际比较

与各国比较,我国目前的投资率明显偏高,消费率明显偏低。各国工业化进程表明,伴随着消费结构和产业结构的升级,投资率会不断提高、消费率会相对下降,工业化进程结束之后,投资率和消费率将趋于稳定。但绝大多数国家的消费率在下降过程中都没有降至60%以下,投资率也没有超过30%。目前,世界平均的投资率在22%,消费率在78%左右。其中,高收入国家投资率均值为20%,消费率均值为80%;中上收入国家投资率均值为22%,消费率均值为75%;中低收入国家投资率均值为31%,消费率均值为66%;低收入国家投资率均值为29%,消费率均值为75%。各国消费率一般都在60%以上,投资率一般都在30%以下。1978—2008年,全球的年均投资率为22.1%,投资率呈现下降趋势,从1978年的24.2%下降为2008年的18%;我国的年均投资率为38.9%,不论与发达国家比,还是与发展中国家比,都明显偏高。从消费率来看,1978—2008年,全球的年均消费率为77.6%,且消费率呈现上升趋势,从1978年的75.6%上升为2008年的78.8%;发达国家中的美国、日本、德国和英国的年均消费率分别为83.9%、71%、78.5%和84.1%;发展中国家的巴西、印度、印度尼西亚和埃及的年均消费率分别为78.2%、78.7%、70.9%和84.1%;亚洲国家的年均消费率为70.3%,低于世界平均水平。我国的年均消费率为58.5%,与其他国家相比,明显偏低。

(二)投资贡献率和消费贡献率的国际比较

我国目前的投资贡献率高于国外,消费贡献率低于国外。1979—2008年,全球的投资贡献率为23.5%,消费贡献率为77.4%;发达国家中的美国、日本、德国和英国的投资贡献率分别为 20%、18.6%、10.9% 和 26%，消费贡献率分别为 89.7%、73.6%、69.2% 和 91.8%；发展中国家的巴西、印度、印度尼西亚和埃及的投资贡献率分别为 13.9%、24%、20.1% 和 27.5%，消费贡献率分别为 82.6%、75%、70.3% 和 69.1%。与之相比，我国的投资贡献率为 35%，消费贡献率为 57.4%，我国投资对经济增长的贡献明显大于其他各国，而消费的贡献明显小于其他国家。

(三)投资和消费与东亚模式的比较

我国改革开放以来所处的经济发展阶段与日本 1960—1973 年相似，这是日本经济增长最快的阶段，1966 年日本人均 GDP 达到 1000 美元。此间，经济增长速度、投资率和投资贡献率都是日本二战以来最高的，而消费率和消费贡献率则相对较低。GDP 年均增长 9.6%，年均投资率为 36.1%，投资贡献率为 36.9%，年均消费率为 62.8%，消费贡献率为 65.4%，在 1970 年日本的投资率也曾一度达到 39%。这一阶段过后，经济开始减速，投资率逐渐下降，消费率逐渐上升，同时，投资贡献率相应下降，消费贡献率有所上升。

20 世纪 70 年代初至 90 年代中期，韩国也进入到一个平稳高速的发展阶段，1977 年韩国人均 GDP 达到 1000 美元。1971—1996 年，韩国 GDP 年均增长 7.9%，年均投资率为 35.4%，投资贡献率为 45.4%，年均消费率为 64.8%，消费贡献率为 59.0%，1991 年韩国的投资率也曾一度达到 39.7%。同样，这一阶段过后，经济开始减速，投资率和投资贡献率逐渐下降，消费率和消费贡献率有所上升。与上述两国所处的同等发展阶段对比，我国的高投资率与东亚模式接近，但我国的投资率高于两国的水平，消费率低于两国的水平，投资贡献率和消费贡献率与两国的水平相当。

表 1　世界及部分国家和地区投资率和消费率(单位:%)

		1978年	1980年	1985年	1990年	1995年	2000年	2005年	1978—2005年
世界	投资率	24.2	24.0	21.7	23.5	22.6	22.3	21.0	22.1
	消费率	75.6	76.1	77.7	76.8	77.0	77.6	78.8	77.6
美国	投资率	22.0	20.3	20.3	17.7	18.1	20.5	16.5	18.8
	消费率	79.1	80.2	82.5	83.7	83.1	83.4	89.2	83.9
日本	投资率	30.9	32.3	28.3	32.6	28.0	25.2	23.2	27.4
	消费率	67.3	68.6	68.3	66.4	70.6	73.3	75.4	71.0
德国	投资率	23.4	25.4	21.4	23.5	22.2	21.8	17.2	21.1
	消费率	80.9	82.0	81.6	77.0	77.3	77.9	77.8	78.5
英国	投资率	20.3	17.6	18.4	20.2	17.0	17.5	16.8	17.6
	消费率	79.1	80.4	80.8	82.4	83.5	84.5	87.1	84.1
韩国	投资率	33.1	31.8	30.0	37.5	37.7	31.0	30.1	32.7
	消费率	69.7	75.0	67.8	62.7	63.5	66.1	66.7	65.2
巴西	投资率	23.0	25.0	19.2	22.9	22.3	21.5	20.6	21.2
	消费率	78.4	83.3	75.6	75.3	79.5	80.0	75.6	78.2

续表

		1978 年	1980 年	1985 年	1990 年	1995 年	2000 年	2005 年	1978—2005 年
印度	投资率	22.3	20.9	24.2	25.2	26.5	22.6	23.5	23.3
	消费率	87.3	88.2	84.8	79.0	74.8	77.4	75.7	78.7
印尼	投资率	20.5	20.9	28.0	30.7	31.9	22.2	22.2	26.4
	消费率	78.4	70.8	70.2	67.7	69.4	68.2	73.7	70.9
埃及	投资率	40.6	39.5	29.4	28.3	16.6	17.7	18.6	22.6
	消费率	76.1	75.2	78.9	80.1	87.3	87.9	90.9	84.1
亚洲	投资率	29.0	28.8	27.2	30.7	29.5	26.1	26.5	27.8
	消费率	70.0	69.1	71.9	68.7	69.8	71.2	69.7	70.3

资料来源：历年《中国统计年鉴》，下同

表2 2004—2009年一季度中国"三驾马车"的变化(单位：%)

	2004年	2005年	2006年	2007年	2008年	2009年一季度
消费	37.2	36.7	36.1	34.7	36.1	44.7
投资	44.1	48.5	51.9	53.4	57.3	42.8
外贸(出口)	59.7 (30.7)	62.6 (33.6)	64.9 (35.7)	6.17 (34.6)	58.2 (32.4)	44.5 (25.5)

三、转变投资和外需拉动型的增长模式
是贯彻落实科学发展观的客观要求

长期以来，我国投资增长速度明显高于GDP增长速度，明显高于消费增长速度。我国的投资率从1978年的38.2%上升到2008年的57.3%，年均投资率为39.4%，其中年均固定资本形成率为36.4%。自1979年至2008年的30年中，有8年的投资率高于40%，这是世界上其他国家所少有的，特别是2004—2008年的固定资本形成率也超过了40%。从投资增长速度来看，1979—2008年资本形成总额的年均增长率为10.2%，其中固定资本形成总额的年均增长率为11.5%。可以看出，固定资本形成的增长速度快于存货变动的增长速度。从投资对经济增长的贡献来看，1979—2008年投资贡献率为35.4%，其中固定资本形成贡献率为30.5%。2003—2008年，投资率年均达到42.8%，是历史上最高的时期。与投资率相比，我国的消费率则处于一个较低的水平，并呈现下降趋势。从1978年的62.1%下降为2006年的36.1%，年均消费率为57.4%，其中年均居民消费率为42.8%，有11年的消费率低于60%。从消费增长速度来看，1979—2008年最终消费支出的年均增长率为9.3%，其中居民消费支出的年

均增长率为 8.6%,居民消费的增长速度慢于政府消费。从消费对经济增长的贡献来看,1979—2008 年消费贡献率为 56.9%,消费对经济增长的贡献仍高于投资。近年来,投资贡献率已超过消费贡献率。2001 年至 2008 年,我国 GDP 的年均增长速度为 9.5%,按累计法计算的全社会固定资产投资的增长速度高达 21%。资本形成对经济增长的贡献率由 2000 年的 22.4%急速增加到 2006 年的 42.4%,同时最终消费对经济增长的贡献率则由 65.1%下降到 39.2%。2007 年,我国居民消费率为 35.4%,与历史最高水平 1985 年的 52%相比,下降近17 个百分点;与发达国家相比,相差 30 个百分点左右。

进一步分析发现,"投资的过热和萎缩是造成我国改革开放以来经济波动的主要原因"。投资的高增长带动了经济的高增长。当出现过快的经济增长局面时,中央政府就会采取紧缩政策,压缩固定资产投资,使经济增长回到正常水平。经济增长过度依赖投资,特别是钢铁、水泥、电解铝、房地产等行业投资增长过快,出现了大量生产能力闲置和过剩的局面。这种状况使得消费与投资的结构性矛盾更趋突出,极不利于国民经济持续稳定发展。"由于特殊的国情和制度特点,投资增长一直是拉动我国经济增长的主要动力,必须保持投资对经济增长的拉动作用,但如果消费市场不能相应扩大,由此形成的无效投资和银行呆坏账必然增加,将直接影响经济持续平稳较快发展"。投资主导型增长模式还蕴含着一系列严重负效应和巨大风险。

四、当前制约消费需求扩大的主要因素

(一)社会总供给和总需要量以及结构方面的矛盾依然存在并制约着消费

结构调整是一个长期的过程,当前我国的供给结构矛盾依然十分突出,造成一些产品大量滞销积压。从国家有关部门对近几年全国

市场供求情况进行调查分析看,"在600多种主要商品中,供过于求的商品有500多种,占调查商品总数的82.9%,供求基本平衡的商品100种左右,占调查商品总数的17.1%,没有供不应求的商品"。这种局面的形成,既有城乡居民购买力方面的原因,也有社会总供给和总需要量和结构方面的原因,而这些矛盾的存在,依然制约着各种消费的实现。

(二)居民收入差距扩大,低收入者消费需求扩张受阻

自2001年以来,我国的基尼系数已超过0.45,远远超过欧美发达国家的水平,居民收入差距逐渐拉大。居民收入差距拉大对消费需求的影响主要表现为:其一,居民整体消费倾向下降。近年来收入增长较快的主要是中高收入阶层,由于高收入者的边际消费倾向低,导致其在满足基本生活需求之后,边际消费倾向出现递减趋势;而低收入阶层虽然边际消费倾向高,但由于无购买能力而满足不了消费愿望,从而导致整体消费需求提高的困难。其二,新的消费热点难以形成。由于收入差距拉大,各收入阶层的消费重点不一,因而对新的消费热点拉力不集中,难以形成全局性、持续性和有带动力的新的消费热点,从而抑制了消费需求的有效扩张。

(三)严峻的失业问题必然制约居民收入的有效增长

从2005年至2008年,全国城镇登记失业人数分别是681万人、770万人、800万人、839万人。城镇登记失业人数逐年增加,失业率屡创新高。到2008年末,城镇登记失业率已达4.3%,突破了4%的警戒线。但实际上,由于我国统计制度尚在完善之中,因此上述数据并不能真实反映我国失业问题的严峻性。据有关专家分析,农村实际剩余劳动力为现有农村劳动力的2/3,即2亿人左右。"我国需要在未来5~10年的时间,每年转移500万~2000万农村剩余劳动力"。因此目前乃至将来,严峻的失业问题已经成为影响消费增长率提高的主要障碍。

（四）居民消费信心不足，储蓄倾向不减，储蓄率居高不下

由于社会劳动保障体系还不够完善，医疗、卫生、教育、养老等社会保险范围还不够大，人们未来支出的预期充满不确定性，日益严重地影响到居民消费心理预期，导致了居民"不愿、不花钱"的心态，保持较高的储蓄率，便是人们规避风险的一种理性选择。我国是一个高储蓄率的国家，居民储蓄率高达 40%。导致高储蓄率的原因很多：其一，中国居民的收入现金流不稳定，工作环境变化大。其二，中国居民收入虽然在快速增加，但是居民间收入差距在拉大，中高收入阶层的消费倾向在逐渐降低。其三，居民住房、医疗和教育支出的增大和不确定性，是制约短期居民消费的主要原因。"由于近几年国家陆续出台的企业（下岗分流）改革、社会保障改革、医疗改革、住房改革和'教育产业化（上学收费）'改革等，大大增加了人们对未来前景不稳定的预期，使得人们的边际消费倾向进一步降低"。其四，中华民族强调以血缘关系为纽带的家庭意识，强调前一代对后一代的责任感，包括财产的传承，在当前缺乏完善的社会保障体系的现实条件下，也成为制约当代人即期消费的重要因素之一。

（五）农村地区的收入增长缓慢，农民购买力不足，消费水平低下

在居民消费构成中，农民是最大的消费群体。由于农民的收入近几年没有得到明显提高，城乡居民的收入差距继续扩大。城镇居民家庭人均收入与农村居民家庭人均纯收入之比，由 2.28 倍（1978 年）扩大到 3.3 倍（2008 年）。农村居民收入增长缓慢，收入水平低，导致其消费性支出增长缓慢，成为制约农民消费的"瓶颈"。1989 年、1997 年、2004 年、2005 年城镇居民人均消费性支出分别是 1211 元、4186 元、7182 元、7943 元，而农村居民人均生活消费支出分别是 535 元、1617 元、2185 元、2555 元。城镇居民人均消费性支出与农村居民人均生活消费支出之比分别由 2.26 倍、2.59 倍扩大到 3.29 倍和 3.11

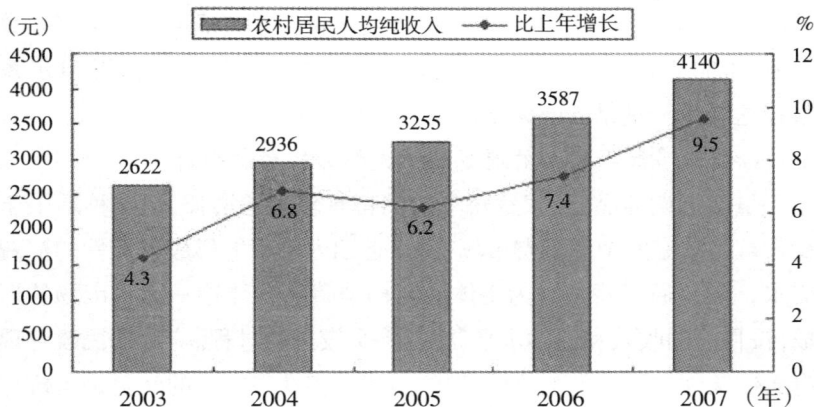

图1   2003—2007 年农村居民人均纯收入及其增长速度

表3   1978—2007 我国城乡居民恩格尔系数（%）

年份	农村居民家庭恩格尔系数（%）	城镇家庭恩格尔系数（%）	年份	农村居民家庭恩格尔系数（%）	城镇家庭恩格尔系数（%）
1978	67.7	57.5	1997	55.1	46.6
1980	61.8	56.9	1998	53.4	44.7
1985	57.8	53.3	1999	52.6	42.1
1989	54.8	54.5	2000	49.1	39.4
1990	58.8	54.2	2001	47.7	38.2
1991	57.6	53.8	2002	46.2	37.7
1992	57.6	53.0	2003	45.6	37.1
1993	58.1	50.3	2004	47.2	37.7
1994	58.9	50.0	2005	45.5	36.7
1995	58.6	50.1	2006	43.0	35.8
1996	56.3	48.8	2007	43.1	36.3

倍。1989 年、1997 年、2004 年、2005 年、2007 年城镇家庭恩格尔系数分别为 54.5%、46.6%、37.7%、36.7%、36.3%而农村家庭恩格尔系数在这 5 年分别是 54.8%、55.1%、47.2%、45.5%、43.1%。

（六）大多数人参与的消费群体支撑力较弱制约着消费

虽然近期商品房、家庭轿车的销售有较大的增长,但这种局限于少数富裕家庭的个别消费市场变化,近期内不可能形成大众性的消费需求,以普通工薪家庭为主体的高档消费品群体这一消费市场的形成,按目前的收入和储蓄水平,将是一个较长的过程。广大居民改善现有居住条件的愿望也很迫切,但住房消费存在最突出的问题是房价与社会大多数人的收入及金融资产的积累水平存在明显差距。我国商品房市场的房价与居民的收入比远高于国际公认 3~6 倍的标准,按目前我国城镇居民户均可支配收入计算, 所能承受的房款总额为 20 万元左右,购买 100 平方米住宅只能承受每平方米 2000 元的价格,与我国商品房的平均价格 5000 多元有很大差距, 这极大地制约了需求的实现,因此人们对住房的强烈需要完全转化为有效需求尚需时日。

（七）消费需求体制和消费环境制约着消费需求的增长

一是在休闲消费方面,休假制度的改革滞后、休闲时间不均衡、不同地区旅游资源利用的不平衡、休闲消费的多样化发展迟滞,制约了休闲消费对刺激内需的作用。二是在家庭高档消费品消费方面,家庭轿车的大幅度降价,居民的需求大幅度增长,但是,名目繁多的税费、繁琐的购车手续、大城市普遍存在的交通拥堵等问题严重制约了家庭轿车的消费。三是一些行业和部门垄断使某些产品或服务价格居高不下,也限制了中低收入居民的消费,严重制约了需求的增长。四是市场流通中部分环节出现的无序竞争对流通秩序的扰乱, 使消费者对一些商品产生"畏购"心态,使消费者感到无所适从。

（原载于《甘肃社会科学》2009 年第 6 期）

西北地区经济转型跨越发展的实证分析

西北地区属于中国七大地理分区之一,主要包括新疆、青海、甘肃、宁夏、陕西五省区。中华人民共和国成立初期至改革开放,由于国家对西北地区经济发展的政策倾斜以及大量优质生产要素的投入,使得西北地区与东部地区经济发展的差距有所减小;但自改革开放以来,这一局面逐步被打破,与东部发达省区间的发展差距持续拉大;近年来,随着我国进入经济新常态,虽然在"一带一路"和西部大开发等区域协调发展战略实施下,西北地区经济发展各有亮点呈现,但经济发展中的突出矛盾仍不可回避,加快西北地区经济转型和跨越发展迫在眉睫,这不仅关系到国家利益和国家总体战略布局,而且对于西北地区的发展也是势在必行。

一、西北地区概况

西北地区位于亚欧大陆腹地中心,作为我国经济建设"大有希望,尚待开发的战略地区",一方面经济基础较为薄弱,产业结构相对单一,经济核心竞争力不强,区域创新能力较低,基础设施相对落后,自然条件严酷,生态环境脆弱,人口分布分散,但另一方面,不仅拥有较为丰富的土地、能源、矿产、动植物、自然景观资源,尤其是土地、煤炭、石油、天然气、有色金属和盐湖资源在全国占有重要地位,是保障中国经济持续稳定快速发展的重要战略后备基地,开发潜力巨大,而且作为数千年中国与中亚、西亚政治、经济、文化交往的最前沿边境腹地,还有悠久的历史和灿烂的文化,区内少数民族众多,人文旅游资源丰富多彩,历史文化名城和文物古迹丰富,是中华文明的发祥地之一,具有无可比拟的发展优势。

近年来,随着中国经济进入新常态,经济企稳回升发展压力加大,面对2020年全面建成小康社会的宏伟目标,西北地区发展中面临着诸多挑战,如:经济下行压力持续,实现经济发展目标压力增大;稳定就业和持续增收难度加大,城乡居民生活质量提升空间有限;脱贫攻坚关键期,填平补齐小康社会短板任务繁重;跨越发展过程中,资源环境约束持续加剧;"一带一路"倡议下,各省区合作共赢发展合力不足;经济转型升级中人力资本尚难满足发展要求等等。当然我们也看到,西北地区也面临着难得的重大发展机遇,如:国家区域协调发展战略、丝绸之路经济带建设、全面深化体制机制改革、国家推进人口城镇化进程、扶贫开发进入脱贫攻坚期、创新创业政策改善等等已经和将要为西北地区发展带来政策机遇、市场机遇、制度红利、创新红利等等。要立足区情,克服挑战,紧抓机遇,就必须深入剖析西北地区经济发展的重大问题、难点问题和关键问题,有针对性地采取相应的发展策略,稳健实现地区经济转型跨越发展,确保如期全面建成小康社会。

二、西北地区经济发展实证分析

(一)五省区经济规模与增速比较

2010年,陕西、甘肃、青海、宁夏、新疆的经济总量分别为10123.48亿元、4135.86亿元、1350.43亿元、1689.65亿元、5437.47亿元,其中经济总量最高的为陕西,达到10123.48亿元,最低的青海为1350.43亿元,仅相当于陕西的13.33%。近年来,在中国西部大开发、"一带一路"等重大战略支撑下,西北地区经济持续较快发展,与全国平均发展水平的差距逐步缩小,2016 年西北五省区经济发展平均增速达到 7.8%。2016 年,陕西、甘肃、青海、宁夏、新疆的经济总量分别为 19165.39 亿元、7152.04 亿元、2572.49 亿元、3150.06 亿元、9617.23 亿元,其中经济总量最大的为陕西,总产值达到 19165.39 亿元,最低的仍为青海,为 2572.49 亿元,相当于陕西的 13.42 %。

表 1　西北各省区地区生产总值比较

地区	GDP(亿元)							2010—2016GDP增长倍数
	2010	2011	2012	2013	2014	2015	2016	
陕西	10123.48	12512.3	14453.68	16205.45	17689.94	18021.86	19165.39	1.98
甘肃	4135.86	5020.37	5650.26	6330.69	6836.82	6790.32	7152.04	1.73
青海	1350.43	1670.44	1893.54	2122.06	2303.32	2417.05	2572.49	1.90
宁夏	1689.65	2102.21	2341.29	2577.57	2752.1	2911.77	3150.06	1.86
新疆	5437.47	6610.05	7505.31	8443.84	9273.46	9324.8	9617.23	1.77
全国	413030	489301	540367	595244	643974	689052	744127	1.80

从地区生产总值增长速度来看,2010—2016 年, 西北地区 GDP 年均增速呈现逐年下降的趋势,但一直高于全国平均水平。从 2010—2016 年 GDP 增速的平均值来看, 陕西省增速最快, 其次为青海,新疆、甘肃、宁夏增速略低,但仍高于全国平均值 2 个百分点以上。分年份来看,2010—2012 年,GDP 增速最高的为陕西省, 增速最高达到 14.5%,2013 年, 其增速与新疆持平,2014—2015 年,新疆 GDP 增长速度继续领跑西北五省,至 2016 年,宁夏 GDP 增速变为最高。

可以看出,近六年来,尽管西北各地区经济得到快速发展,经济实力得到显著加强,但与全国相比,仍存在一定距离,且西北各地区之间的经济发展不平衡。

表 2　西北各省区 2010—2016 年地区生产总值增长速度比较

地区	GDP 增速（%）							
	2010	2011	2012	2013	2014	2015	2016	平均值
陕西	14.5	13.9	12.9	11	9.7	7.9	7.6	11.1
甘肃	11.5	12.5	12	10.8	8.9	8.1	7.6	10.2
青海	15.3	13.5	12	10.8	9.2	8.2	8	11.0
宁夏	13.4	12	11.5	9.8	8	8	8.1	10.1
新疆	10.6	12	12	11	10	8.8	7.6	10.3
全国	10.6	9.5	7.9	7.8	7.3	6.9	6.7	8.1

（二）五省区三次产业结构比较

1. 三次产业结构变动分析

2005—2016 年,西北五省区第一、二、三产业增加值均呈现稳步上升趋势(图 1),其中,陕西的一、二、三产业增加值均是最高的,新疆次之,甘肃居于中间位置,宁夏和青海三次产业增加值均比较低。从增幅来看,一产增幅最大的是陕西,增长了 3.9 倍,其他四省的一产增幅低于陕西,但是增加值均在 3 倍以上;五省二产增幅最大的是宁夏,其次是陕西,分别增长了 5.2 倍和 5.1 倍以上。在此期间,青海的二产产值也有了 4.7 倍左右的增长,但产业规模较小,新疆和甘肃二产的增长幅度较低;西北五省中陕西第三产业的增速也是最快的,十二年间增长了 5.8 倍, 这有赖于陕西丰富多样的自然文化旅游资源,宁夏三产增幅居于第二位,增长了 5.7 倍。青海的第三产业也得到快速发展,从 2005—2016 年,产值提高了 5.1 倍,甘肃和新疆的三产十二年间均增长了 4.7 倍左右。

从区域内部的发展差距来看,2005 年, 第一产业增加值最高的陕西与最低的青海之间相差 444.65 亿元,2010 年, 这一差距扩大到

943.71 亿元,2016 年,达到 1472.65 亿元。这种差距在第二、三产业中仍然存在,且差距均呈现逐年扩大的态势。这说明尽管各省区的三次产业增加值都在增长,但由于发展基础与发展速度存在巨大差异,导致西北地区内部三次产业增加值的差异仍然在逐步拉大。

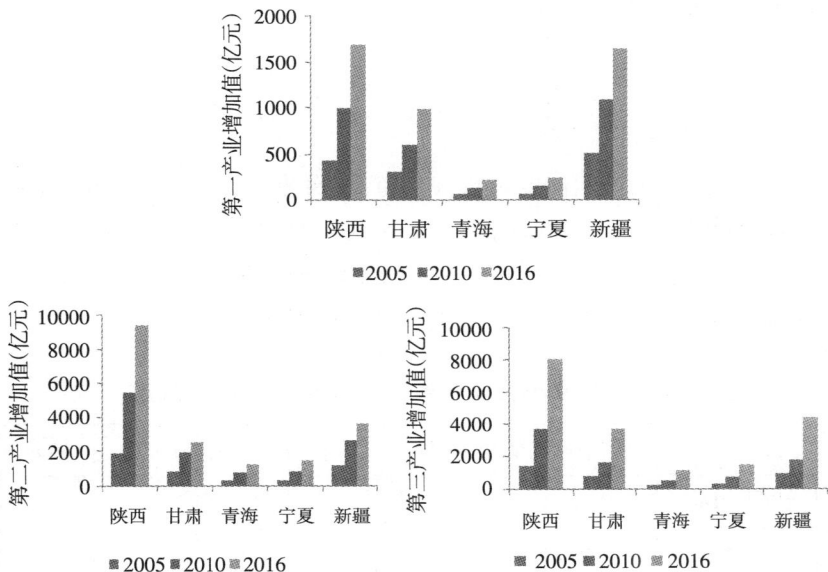

图 1　2010—2016 年西北地区三次产业增加值变动情况

从三次产业结构变动来看,近 7 年来,西北五省区中,陕西、青海、宁夏三次产业的增加值主要呈"二三一"结构,甘肃和新疆表现出由"二三一"向"三二一"转化的趋势。这一时期的变动也呈现出了一定的规律,一产、二产比重各省都有所下降,三产比重变化各省略有差别,但基本呈现上升趋势。与全国平均水平相比较,西北地区的一产、二产比重下降速度和三产发展速度均较为缓慢。

2. 产业结构相似度分析

不同地区的产业发展应该各具特色,产业结构也应该各有差异。对西北五省区产业结构相似度的分析,也是从这个角度考察西北五省区产业结构的特点,我们采用产业结构相似系数来表示西北五省区的三产结构相似度,其计算公式为:

$$\rho=\left(\sum_{k=1}^{3}x_{ik}\times x_{jk}\right)\bigg/\sqrt{\left(\sum_{k=1}^{3}x_{ik}^2\times\sum_{k=1}^{3}x_{jk}^2\right)}$$

ρ 为产业结构相似度系数;x_{ik} 和 x_{jk} 分别为 k 产业在 i 和 j 地区产业结构中所占的比例;当 $\rho=1$,表示两个对比区域的产业结构完全一致,当 $\rho=0$ 时,表示完全不一致。根据西北五省区 2016 年三次产业结构比计算西北五省区间产业结构的相似系数,见表 3。

表 3　2016 年西北五省区产业结构相似度系数

	全国平均水平	陕西	甘肃	青海	宁夏	新疆
全国平均水平	1.0000					
陕西	0.9799	1.0000				
甘肃	0.9946	0.9629	1.0000			
青海	0.9820	0.9999	0.9654	1.0000		
宁夏	0.9901	0.9980	0.9749	0.9986	1.0000	
新疆	0.9882	0.9748	0.9938	0.9761	0.9801	1.0000

西北五省区的三次产业结构与全国平均水平下的三产结构基本相似,其中甘肃和宁夏两省区的三次产业结构与全国平均水平更为接近,相似度系数分别为 0.9946 和 0.9901,即使与全国平均水平差别最大的陕西省,相似系数也高达 0.9799;西北各省区内部的三次产

业结构的横向比较中也存在这种趋同的现象。从省际横向比较来看，陕西和青海的三次产业结构相似度最高，相似系数达到了 0.9999，产业结构比重差距最大的甘肃与青海两省的相似度系数也达到了 0.9654，表明西北各省区间三次产业结构的相似度都非常高。产业结构高度趋同使西北五省区的产业结构布局存在一定程度的局限性，容易形成各自为政的"诸侯经济"，加剧了相同和类似产业在地区间的竞争，不利于资源能源的供给和消费，也不利于区域产业的分工协作和合理布局。在开放经济的条件下，能否充分利用不同地区在自然资源、劳动力、资金方面的比较优势，因地制宜调整当地的三次产业的比重以及主导产业的方向，建立区域间协调也符合各省区特色优势的合理的产业结构，是今后西北地区产业发展的重要举措之一。

3. 产业结构偏离度与比较劳动生产率（CLP）分析

本研究采用产业结构偏离度和比较劳动生产率（CLP）为指标，描述西北五省区的产业劳动效率。产业结构偏离度是劳动力比重与产值比重的差，产业结构偏离度＝劳动力比重－产值比重，偏离度越小，说明劳动效率越高。CLP 即比较劳动生产率，是产值比重与劳动力比重之比，即比较劳动生产率＝产值比重/劳动力比重，CLP 越高，说明劳动效率越高。表 4 是 2015 年全国与西北各省区的产业结构偏离度和比较劳动生产率（CLP）值。

西北五省区的一产结构的产业结构偏离度值均为正值，呈正向偏离，西北五省区的偏离度均高于全国平均水平，可以反映出西北五省区有着比较丰富的农业劳动力资源；西北五省区的二产结构的产业结构偏离度值均为负值，呈负向偏离，偏离度都高于全国平均水平；西北五省区第三产业的产业结构偏离水平差别较大，但均呈现负向偏离，除甘肃省以外，其余四省的偏离程度均正向于全国平均水平。再看 CLP 指标，除了新疆，其他四省区第一产业的 CLP 值均低于

表4 西北五省区产业结构偏离度和比较劳动生产率

	指标	陕西	甘肃	青海	宁夏	新疆	全国平均水平
一产	产值比重(%)	8.8	14.06	8.6	8.2	16.7	8.88
	劳动力比重(%)	45.37	57.06	35.8	44.15	44.08	28.3
	CLP	0.24	0.33	0.32	0.23	0.61	0.46
	产业结构偏离度	36.57	43.00	27.20	35.95	27.38	19.42
二产	产值比重(%)	51.5	36.74	50	52.9	38.2	40.93
	劳动力比重(%)	19.26	16.11	23.0	18.21	15.16	29.3
	CLP	2.67	2.28	2.17	2.90	2.52	1.40
	产业结构偏离度	−32.24	−20.63	−27.00	−34.69	−23.04	−11.63
三产	产值比重(%)	39.7	49.2	41.4	44.4	45.1	50.19
	劳动力比重(%)	35.37	26.83	41.2	37.64	40.76	42.4
	CLP	1.12	1.83	1.00	1.18	1.11	1.18
	产业结构偏离度	−4.33	−22.37	−0.20	−6.76	−4.34	−7.79

全国平均值;五省区第二产业的CLP值均高于全国平均值;除甘肃外,三产的CLP值均小于或等于全国平均水平。

综合两个指标来看，西北五省区的从事农业的劳动力与全国平均水平相比偏多，但第一产业劳动效率普遍偏低；而五省区二产的劳动效率均高于全国平均水平；除甘肃外，其余省区三产的效率都低于全国平均水平。

4. 三次产业结构变动效益分析

产业结构对西北地区经济发展有重要影响，本研究采用份额偏离分析法（shift-share-method）来定量评价产业结构的变动对西北各省区经济总量变化的影响。具体指标及计算公式如下：

$$G_j = N_j + P_j = D_j$$

$$N_j = \frac{E_t}{E_0} \cdot e_{j0} - e_{j0}$$

$$P_j = \sum_{i=1}^{3} \left(\frac{E_{it}}{E_{i0}} - \frac{E_t}{E_0} \right) \cdot e_{j0}$$

$$D_j = e_{jt} - \sum_{i=1}^{3} \left(\frac{E_{it}}{E_{i0}} \cdot e_{ij0} \right)$$

$$(P+D)_j = P_j + D_j$$

偏离率 = 偏离量/GDP 实际增长额

其中，G_j 为 j 区域经济增长总量，N_j 为 j 区域增长分量；P_j 为 j 区域产业结构偏离量；D_j 为 j 区域结构偏离量；$(P+D)_j$ 为 j 区域总偏离量；E 为 GDP 全国平均水平；e_j 为 j 区域国内生产总值；i 为第 i 个产业（$i=1、2、3$）；0 为基期（年）；t 为报告期（年）。计算的各项指标如下：根据 SSM 计算方法，分别得到西北五省区的区域经济增长总量、总偏离量、产业结构偏离量和区位偏离量，如表 5 所示。首先各省区的经济总增长量均为正值，说明 2010—2016 年西北各省区的经济发展水平均有不同程度的提高，地区生产总值数额从最低的青海 1222.06 亿元到最高的陕西 9041.91 亿元不等。其次，陕西、青海、宁夏的经济

表5 西北五省区三次产业结构偏离——份额分析

	陕西	甘肃	青海	宁夏	新疆
经济总增长量	9041.91	3016.17	1222.06	1460.41	4179.76
总偏离量(亿元)	926.63	−299.27	139.52	105.94	−179.08
总偏离率%	10.25%	−9.92%	11.42%	7.25%	−4.28%
结构偏离量(亿元)	−434.80	−111.60	−69.76	−23.98	−315.54
结构偏离率%	−4.81%	−3.70%	−5.71%	−1.64%	−7.55%
区位偏离量(亿元)	1361.43	−187.66	209.27	129.92	136.46
区位偏离率%	15.06%	−6.22%	17.12%	8.90%	3.26%

增长总偏离量为正值，表明这三个省区地区生产总值的实际增长额高于按全国比例的增长量,而甘肃和新疆总偏离量为负值,低于按全国比例的增长份额。从偏离幅度来看,总偏离量最大的是陕西,宁夏偏离幅度最低。结合总偏离率分析,更能从整体上比较出这段时间内各省发展的优劣:西北五省区的经济发展总量存在较大差距,总偏离率大于10%的省份有陕西和青海,其余均在10%以内,可见,西北地区内部经济发展不均衡。

从各省区的产业结构偏离量来看,西北五省区产业结构偏离量均为负值,说明与全国平均水平相比,西北地区产业结构不尽合理,亟待进一步优化调整,总体表现为地区经济发展滞后。从区位偏离量来看,除甘肃外,其余四省区均为正值,说明陕西、青海、宁夏、新疆四个省区的经济增长的主要贡献因素是其区位的优势,优越的区位优势能推动地区经济的发展。其中,陕西区位优势最为明显,青海居第二位,新疆和宁夏位列三四位;而甘肃在产业结构和区位因素方面都呈劣势。

综合上述,在近七年内,西北五省区经济得到了快速发展,但在影响西北五省区经济发展的两个因素(区位因素和结构因素)中,无一得益于结构因素,结构效益均为负,各省区的产业结构都呈现出较大的负向偏离,产业结构落后的劣势,对经济的发展影响加大,说明这七年间西北地区产业结构优化调整的效果不显著,对经济发展没有产生明显的推动作用,但随着一系列国家战略的实施,西北地区的区位优势有所上升。

5. 三次产业内部结构比较

第一产业是国民经济的基础产业。通常,第一产业内部结构又可细分为农业(种植业、其他农业)、林业、牧业和渔业。如表6所示,西北五省区第一产业内部,农业和牧业增加较大,而林业和渔业增加值很小,这反映出西北地区耕地、草原面积较大,在种植业和牧业方面具有一定优势。从农业增加值来看,2010年,新疆农业增加值最高,为812.36亿元,陕西居于第二位,为684.87亿元,甘肃居于第三位,为441.3亿元,宁夏和青海农业增加值相对较低;2015年,农业增加值排在首位的是陕西,达到1178.6亿元,超过排在第二名的新疆31亿元,其余省区农业增加值均有提高,但总体格局保持不变。2010—2015年,陕西农业增加值涨幅最高,为493.73亿元,新疆以335.24亿元排名第二,甘肃紧随其后,增长了312.5亿元,宁夏和青海以65.17亿元和30.5亿元居于四、五位。2010年,西北五省区中,牧业增加值最高的陕西达到233.7亿元,新疆为217.96亿元,甘肃略低,为123.9亿元,青海和宁夏分别为74.86亿元和34.93亿元,分居四、五位,2015年,除新疆取代陕西居于首位之外,其余省区的排名均未改变;从增幅来看,新疆最大,宁夏最小,总体来说各省区牧业产业增加值均呈现缓慢增长的趋势。西北五省区林业增加值和渔业增加值的基数均很小,因此,2010—2015年增加的数额也比较低。

表6　2010—2015 西北五省区第一产业内部结构变动

单位(亿元)

指标	区域	2010 年	2011 年	2012 年	2013 年	2014 年	2015 年
农业增加值	陕西	684.87	841.6	944.1	1060.7	1157.1	1178.6
	甘肃	441.3	498.04	580.7	657.8	705.1	753.8
	青海	55.1	61.33	69.5	81.8	85.3	85.6
	宁夏	110.53	126.54	135.9	151.5	154.1	175.7
	新疆	812.36	844.8	979.9	1052.6	1130.1	1147.6
林业增加值	陕西	22.37	26.9	37.2	43	46.8	47
	甘肃	7.81	7.57	9.3	10.6	12	12.9
	青海	2.53	2.79	2.9	3.6	4.2	4.5
	宁夏	3.08	3.31	3.4	3.5	3.6	4.1
	新疆	18.69	19.99	22.5	25.2	25.7	27.7
牧业增加值	陕西	233.7	297.4	322.9	347.2	349.7	358.8
	甘肃	123.9	143.47	158	174.9	182.2	185.8
	青海	74.86	88.35	101.3	118.3	124.8	116.6
	宁夏	34.93	41.44	44.8	50.7	53.6	51.9
	新疆	217.96	241.53	281.5	349.7	374.4	374.5
渔业增加值	陕西	4.72	6	0.1	10.1	11.3	13.3
	甘肃	0.8	1.1	8.3	1.4	1.5	1.5
	青海	0.08	0.15	1.2	1	1.7	2.2
	宁夏	3.1	3.94	0.4	5.1	5.7	6.1
	新疆	5.45	6.06	5.1	7.3	8.4	9.3

第二产业是传统产业中对第一产业和本产业提供的产品(原料)进行加工的产业部门。依照"三次产业分类法"可以将二次产业细分为采矿业,制造业,电力、燃气及水的生产和供应业、建筑业。为便于比较分析,本部分研究中主要以工业和建筑业作为研究对象。

从工业增加值来看,2010 年,陕西工业增加值最高,为 4558.97

亿元,是第二位新疆的 2.1 倍多,甘肃居于第三位,工业增加值为 1602.87 亿元,宁夏和青海农业增加值相对较低,均低于 1000 亿元;2015 年,工业增加值排在首位的仍然是陕西,达到 7344.62 亿元,是排在第二的新疆的 2.7 倍,两者之间的差距有所扩大;其余省区工业增加值均有不同程度的提高,但总体格局保持不变。2010—2015 年,陕西工业增加值涨幅最高,为 2785.65 亿元,新疆以 579.32 亿元排名第二,宁夏和青海分别以 336.67 亿元和 280.22 亿元居于三和四位,甘肃虽然总量仍居于中间位置,但 6 年间仅增长了 175.23 亿元,工业发展动力不足。2010 年,西北五省区中,建筑业增加值最高的陕西达到 887.13 亿元,新疆为 430.76 亿元,甘肃略低,为 382.1 亿元,宁夏和

表 7 2010—2015 西北五省区第二产业内部结构变动

单位(亿元)

指标	区域	2010 年	2011 年	2012 年	2013 年	2014 年	2015 年
工业增加值	陕西	4558.97	5857.92	6847.41	7507.34	7993.39	7344.62
	甘肃	1602.87	1923.95	2070.24	2155.22	2263.2	1778.1
	青海	613.65	811.73	895.89	912.68	954.27	893.87
	宁夏	643.05	816.79	878.63	933.12	973.53	979.72
	新疆	2161.39	2700.2	2850.06	2925.74	3179.6	2740.71
建筑业增加值	陕西	887.13	1077.67	1226.46	1452.79	1645.65	1780.85
	甘肃	382.1	453.88	529.85	607.37	681.34	730.88
	青海	130.98	163.45	196.45	238.97	280.43	313.81
	宁夏	184.86	239.36	280.74	327.11	368.37	399.98
	新疆	430.76	525.7	631.5	750.33	867.54	959.03

青海分别为 184.86 和 130.98 亿元,分居四、五位;2015 年,西北五省区建筑业产值的排名均未改变;从增幅来看,陕西最大,达到 893.72 亿元,青海最小,为 182.83 亿元,各省区建筑业产业增加值均稳步增加。

第三产业即服务业,包括:批发和零售业,交通运输、仓储和邮政业,住宿和餐饮业,信息传输、软件和信息技术服务业,金融业,房地产业,租赁和商务服务业,科学研究和技术服务业,水利、环境和公共设施管理业,居民服务、修理和其他服务业,教育,卫生和社会工作,文化、体育和娱乐业等。为便于收集数据和统计分析,通常统计年鉴中第三产业主要包括批发和零售业,交通运输、仓储和邮政业,住宿和餐饮业,金融业,房地产业及其他行业六类,本研究也从这六个方面进行分析。

如表 8 所示,首先,从批发和零售业增加值来看,2010 年,陕西批发和零售业增加值最高,为 856.65 亿元,新疆和甘肃差距不大,分别为 276.28 亿元和 272.13 亿元,分别居于第二、三位,宁夏和青海批发和零售业增加值相对较低;2015 年,这一格局基本未变,批发和零售业增加值排在首位的依然是陕西,达到 1504.04 亿元,几乎是排在第二、三名的新疆和甘肃的三倍之多,宁夏和新疆仅相当于陕西的 1/10。2010—2015 年,陕西省批发和零售业增加值增长得最多,为 647.39 亿元,宁夏最低,仅增长 47.47 亿元,差距巨大。其次,2010 年,西北五省区中,交通运输、仓储和邮政业增加值最高的陕西省达到 474.6 亿元,甘肃为 227.18 亿元,新疆略低,为 222.47 亿元,宁夏和青海分别为 145.17 亿元和 61.26 亿元,分居四、五位;2015 年,除新疆取代甘肃居于第二位之外,其余省区的排名均未改变;从增幅来看,新疆最大,陕西次之,二者涨幅均大于 200 亿元,其余三省区涨幅均小于 100 亿元。住宿和餐饮业增加值上升最快的也是陕西,六年间升

表8 2010—2015 西北五省区第三产业内部结构变动

单位(亿元)

指标	区域	2010 年	2011 年	2012 年	2013 年	2014 年	2015 年
批发和零售业增加值	陕西	856.65	1036.35	1166.9	1289.6	1413.16	1504.04
	甘肃	272.13	351.97	398.52	440.31	491.68	508
	青海	81.44	93.7	109.44	139.08	150.64	154.78
	宁夏	89.5	109.99	124.66	133.77	139.07	136.97
	新疆	276.28	371.9	426.65	559.01	550.67	523.58
交通运输、仓储和邮政业增加值	陕西	474.6	552.54	617.39	611.11	675.66	713.02
	甘肃	227.18	280.33	319.66	267.18	280.73	274.65
	青海	61.26	67.53	71.87	74.23	81.7	90.55
	宁夏	145.17	174.1	196.49	198.39	198.92	200.66
	新疆	222.47	256.72	357.9	386.97	480.44	536.06
住宿和餐饮业增加值	陕西	218.16	266.92	312.27	338.51	365.85	432.02
	甘肃	97.4	123.61	141.68	159.64	178.23	196.37
	青海	16.3	18.93	21.39	34.42	37.3	43.27
	宁夏	31	37.15	42.67	44.16	47.74	51.31
	新疆	68.06	77.87	108.39	130.43	142.85	155.62
金融业增加值	陕西	384.75	432.11	551.2	738.52	948.93	1082.37
	甘肃	100.54	145.05	184.43	294.18	364.84	443.12
	青海	54.53	62.56	83.73	145.23	175.21	220.87
	宁夏	97.87	134.18	167.48	206.34	230.16	256.38
	新疆	225.2	288.77	360.4	473.57	536.94	563.8
房地产业增加值	陕西	315.95	398.03	450.12	518.6	579.44	695.53
	甘肃	110.02	134.25	146.32	218.39	234.14	244.82
	青海	25.41	29.05	31.41	46.21	48.96	53.59
	宁夏	60.53	79.01	87.51	104.05	114.28	97.05
	新疆	143.44	176.22	194.38	286.29	281.56	285.38

续表

指标	区域	2010 年	2011 年	2012 年	2013 年	2014 年	2015 年
其他行业增加值	陕西	1438.82	1669.86	1911.77	2222.93	2432.01	2796.19
	甘肃	729.23	928.58	1079	1308.54	1403.49	1618.86
	青海	231.94	268.41	306.45	323.65	355.78	434.09
	宁夏	278.38	327.49	363.71	408.35	450.39	538.02
	新疆	831.24	1073.64	1255.46	1463.2	1659.26	1961.96

高 213.86 亿元,其余四省区均低于 100 亿元;金融业、房地产业与批发和零售业增加值的变化情况类似,陕西一马当先,甘肃和新疆分别居于二、三位,但与陕西有较大差距。因此,从总体来看,陕西无论其第三产业发展基础还是发展势头,在西北五省区中都具有不可动摇的领先地位,甘肃和新疆有一定发展,但发展规模仍逊色于陕西,青海和宁夏由于其基数较小,虽然也在不断发展,但从总量来看,与其余省区还有不小的差距。

表 9 西北各省区固定资产投资总规模比较

地区	2010 年(亿元)	2015 年(亿元)	年均增速(%)	倍数
甘肃	3158.34	8754.23	18.52	2.77
陕西	7963.67	18582.24	15.17	2.33
宁夏	1444.16	3505.45	15.93	2.43
青海	1016.87	3210.63	21.12	3.16
新疆	3423.24	10813.03	21.13	3.16

(三)五省区投资、消费、净出口三大需求结构比较

1. 固定资产投资

从固定资产投资总规模来看,近六年来,西北五省区均不断加大

投资规模。甘肃固定资产投资由 2010 年的 3158.34 亿元增至 2015 年的 8754.23 亿元,年均增速约 18.52%。2015 年,宁夏完成固定资产投资 3505.45 亿元,相当于 2010 年的 2.43 倍。青海固定资产投资由 2010 年的 1016.87 亿元增至 2015 年的 3210.63 亿元, 年均增长 21.12%。2010—2015 年, 陕西固定资产投资由 1980.5 亿元增至 18582.24 亿元,年均增速为 15.17%,增长了 2.33 倍。2015 年,新疆固定资产投资 10813.03 亿元,与 2010 年相比,增长了近 3.16 倍,年均增速为 21.13%。可以看出,近七年来,西北各省区投资规模不断扩大,其中投资规模增长最快的为新疆和青海,其次是甘肃,陕西和宁夏的投资规模增长倍数较低。

2. 消费

消费是社会再生产过程中的最终环节, 是恢复人们劳动力和劳动力再生产必不可少的条件,也是拉动经济增长的"三驾马车"之一。从图 2 可以看出,近 10 年来,西北地区各省区的社会消费品零售总额均呈现上升趋势,其中,上升趋势最明显的是陕西,且其规模远远高于其他省区,2006 年,社会消费品零售总额排名第二位的是新疆,总量为 733.2 亿元,比排名第三的甘肃高出 3.7 亿元;2015 年,甘肃省消费品零售总额达到 2907.2 亿元,高出新疆 301.2 亿元。而排名四、五位的宁夏和青海社会消费品零售总额的规模和增长趋势均比较一致,2006 年, 宁夏和青海的消费品零售总额分别为 202.5 亿元和 182.6 亿元,相差 19.9 亿元;2014 年,二省之间的差距最大达到 116.4 亿元,但 2015 年,这一差距又有所减小,变为 98.6 亿元。2006—2015 年,宁夏和青海社会消费品零售总额分别增长 3.90 倍和 3.55 倍。仅从增长倍数来看,同期全国消费品零售总额增加 3.80 倍,陕西、甘肃、宁夏均高于这一水平,并且在西北五省区内部,除陕西较快外,其余四省区的增速差距不大。

　　从居民消费水平来看(图3),近10年来,西北地区各省区的居民消费水平均呈现上升趋势,与全国平均居民消费水平的发展趋势基本一致。其中,上升趋势最明显的是青海,增速居于第二位的是宁夏,2006—2015年,增长3.39倍,2015年,宁夏也成为西北五省区中

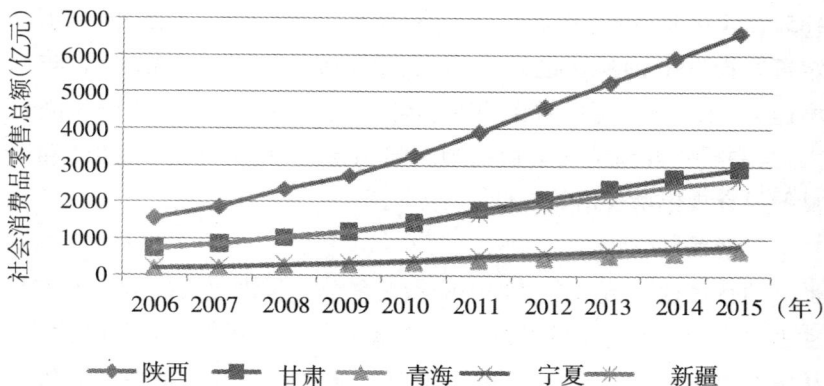

图2　2006—2015年西北各省区社会消费品零售总额变化情况

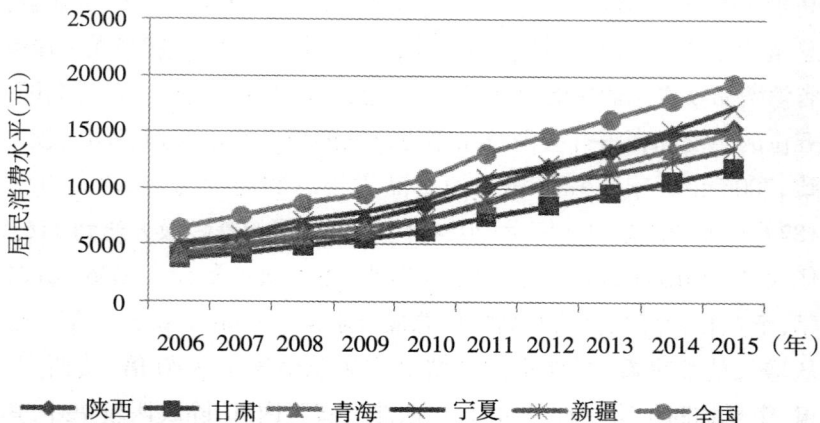

图3　2006—2015年西北各省区居民消费水平变化情况

人均消费水平最高的省区。2006—2015 年,新疆居民消费水平增长
3.30 倍,增速排在第三位,但 2015 年新疆居民消费水平位居西北五
省区的第四名,较为落后。从总量来说,陕西人均消费水平在西北五
省区中仅次于宁夏而排在第二位,但其增速低于宁夏,2006 年,陕西
居民消费水平为 4742 元,2015 年达到 15363 元,增长 3.24 倍。同期,
全国居民收入水平由 6416 元增长到 19397 元,虽然增长倍数低于西
北各省区,但其数额远高于西北各省区,由此可以看出,西北地区居
民消费水平低,远远落后于全国平均水平。

综上所述,从社会消费品零售总额及居民消费水平增长倍数来
看,西北地区的消费水平正在逐步提升,与全国的差距也在逐步缩
小,但是,由于西北地区经济发展水平较差,人均收入水平在全国也
处于落后位置,导致西北地区居民消费水平远远落后于发达地区,今
后各省区应进一步完善相关政策,提高居民生活水平,为促进消费提
供有力保障。

3. 净出口

进出口贸易收支是一个国家或地区国际收支中经常项目的重要
组成部分,指出口价值和进口价值之间的差额。当出口大于进口时,
称为顺差;当净出口为负时则称为逆差。

2006—2015 年,中国和西北五省区的净出口值均呈现出波动状
态,从数额来看,中国净出口值一直为正,即一直保持贸易顺差。
2006—2008 年,中国的净出口差额呈现在波动中逐渐增加的趋势,
之后下降,2011 年达到最低值,之后一直稳步增加,至 2015 年达到
最大值 593903.7 百万美元。同期,西北五省区中一直保持贸易顺差
的仅有宁夏,净出口额在 29350 千—1349320 千美元之间变化,总量
和变化幅度均很小。波动较小的还有青海,2006—2015 年的 10 年
中,有 6 年净出口额为负值,最大也仅达到 142361 千美元。甘肃同期

的净出口额均为负值,即甘肃出口总额远小于进口总额,表明甘肃商品的国际竞争力弱,在对外贸易中长期处于不利地位。2006—2015年,陕西有6年的净出口额为正,且最大净出口额达到3107215千美元,在西北五省区中居于第二位。西北五省区中,净出口额波动最大的是新疆,2006—2010年,净出口额均为正值,但最大值出现在2008年,达到11984444千美元,之后逐渐降低,2011年后均为负值,2013年后虽然呈现上升趋势,但依旧没能摆脱贸易逆差的状况。

总体来看,西北地区在对外贸易中未形成明显优势,在国际贸易中处于不利地位。就西北地区进出口总额占全国的比重来看,2008年最高时仅达到4.32%,这也说明西北地区对全国对外贸易净出口差额贡献率低。

(四)五省区经济发展资源环境代价比较

合理开发能源资源、密切关注环境保护问题,确保资源、环境与社会经济的可持续发展,越来越受到关注。而将经济发展中能源资源

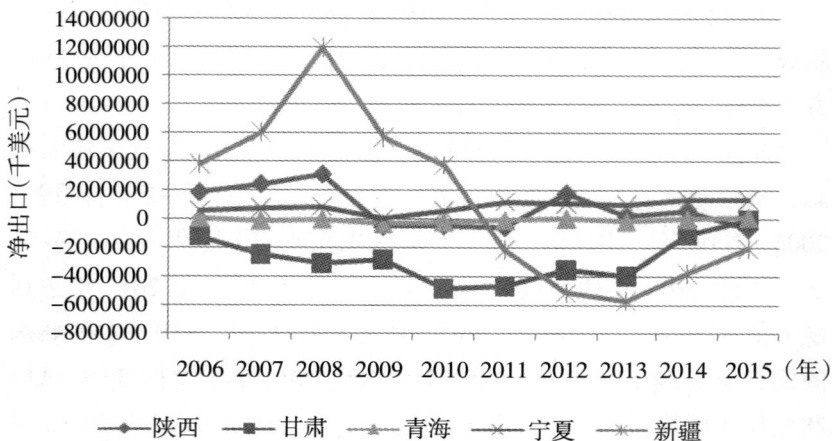

图4　2006—2015年西北各省区净出口额变化情况

的投入及产生的环境代价货币化，是研究经济社会可持续发展的重要手段之一。本部分主要评估 2015 年西北地区各个省区经济发展中资源耗费情况以及发展产生的环境代价。

用 2015 年各类资源的消耗量乘以其单价，就能得到经济发展所耗费的资源成本，用各种废弃物的数量乘以处理单位质量的废物所需的成本即可以得到治理经济发展中产生的废物所需的代价，两者之和即为社会经济发展的资源环境代价，通过计算，得到的西北地区各省区经济发展的环境代价及其占地区生产总值的比重如表 10 所示。

从经济发展的资源环境代价总量来看，西北地区各个省区的成本值都在 1000 亿元以上，占地区生产总值的比重也都在 10% 以上，可见，西北地区经济的发展对资源的依赖和对环境的影响均比较大，经济增长方式比较粗放。分省区来看。青海经济发展耗费的资源环境代价占地区生产总值的比重最大，但青海地处青藏高原东缘，生态环境脆弱，如此巨大的资源环境投入必然对区域生态环境带来不良的

表 10　2015 年西北地区能源消费量及废弃物排放量

	指标	陕西	甘肃	青海	宁夏	新疆
资源代价	煤炭消费量（万吨）	18373.61	6557.06	1508.12	8907.37	17359.28
	焦炭消费量（万吨）	970.06	614.92	249.21	488.53	748.59
	原油消费量（万吨）	2101.1	1446.5	154.33	477.12	2489.49
	汽油消费量（万吨）	249.51	158.2	44.96	36.08	254.5
	煤油消费量（万吨）	34.48	5.86	0.01	0.02	27.98
	柴油消费量（万吨）	465.71	335.6	114.53	122.75	637.14
	燃料油消费量（万吨）	25.51	4.97	0.03	50.83	1.76
	天然气消费量（亿立方米）	82.69	26.04	44.38	20.65	145.84

续表

	指标	陕西	甘肃	青海	宁夏	新疆
资源代价	电力消费量（亿千瓦小时）	1221.73	1098.72	658	878.33	2160.34
	农业用水总量（亿立方米）	57.9	96.2	20.9	62	546.4
	工业用水总量（亿立方米）	14.2	11.6	2.9	4.4	11.8
环境代价	废水排放总量（万吨）	168122	67071.51	23662.83	32024.56	99952.06
	二氧化硫排放量（吨）	735017.2	570621.4	150766	357596.2	778330.3
	氮氧化物排放量（吨）	627366.2	387271.5	117855	367633.9	736504.8
	烟（粉）尘排放量（吨）	603648.9	295439.9	246020	229909.5	595916.7
	固体废弃物产生量（万吨）	9330	5824	14868	3430	7263

后果。随着近几年宁东工业基地的发展,宁夏经济发展中资源环境的投入有所增加,2015 年,宁夏资源环境代价占到其地区生产总值的37.21%;新疆也是一个能源资源大省,依靠丰富的自然资源投入取得了经济的快速发展,但资源环境代价占地区生产总值的 31.55%,说明这两省区资源利用效率均比较低,今后需进一步优化产业结构,提

表 11　2015 年西北地区经济发展的资源环境代价

指标	陕西	甘肃	青海	宁夏	新疆
资源环境代价（亿元）	1808.74	1431.06	1184.36	1083.46	2941.94
占 GDP 比重（%）	10.04	21.07	49.00	37.21	31.55

高发展的资源环境效率。甘肃资源环境代价占地区生产总值的21.07%，说明甘肃经济发展也是以大量投入资源、劳动力并以生态环境恶化为代价取得的，要使区域经济资源环境生态系统协调发展，使经济增长模式从数量型向质量型转变。西北五省区中陕西经济发展的资源环境代价占地区生产总值的比重最小，但也超过10%，说明陕西经济发展的模式也比较粗放，科技等生产要素投入不足。

　　总体上来看，由于经济发展模式粗放，且西北地区生态基底脆弱，导致西北地区经济发展的环境代价较大。当前，世界范围内掀起的绿色经济发展浪潮则是人类积极探索和改善人与自然关系的重要形式。我国也将生态文明上升到国家意志和国家战略的高度，并强调以绿色发展的模式应对各种资源和生态危机。西北地区环境容量小、生态脆弱，但近年来经济增长发展较快，以往的粗放型发展模式与我国发展生态文明建设的战略思想相悖，坚持绿色发展将是新时期社会经济发展的具体方向和实现路径。

　　(五)五省区财政收入和城乡居民收入水平比较

　　1.财政收入

　　从图5可以看出，2010—2016年西北五省区财政收入整体呈逐年上升的趋势，其中新疆和宁夏2015—2016年经济增幅较2010—2014有较大的提升，甘肃和青海平稳向上发展，陕西财政收入在2011年增长较快，在2016年较2015年偏低，但仍位居五省区之首。

　　2010—2016年，陕甘青宁新五省区的财政收入平均值分别为1655.95亿元、590.67亿元、221.58亿元、328.85亿元、1072.67亿元，说明西北区域内部财政收入差异性仍然很大。在此期间，陕甘青宁新五省区的财政收入平均增长速度为13.10%、14.46%、22.32%、28.72%、22.44%，全国财政收入平均增长水平为13.83%。从数据看出，青宁新三省区的增长速率远高于全国水平，甘肃略高，陕西略低于全国平均水平,五省区财政收入整体发展趋势平稳良好。随着西部大开发战略和"一带一路"倡议的提出和实施,预计五省区财政收入将会进一步增长。

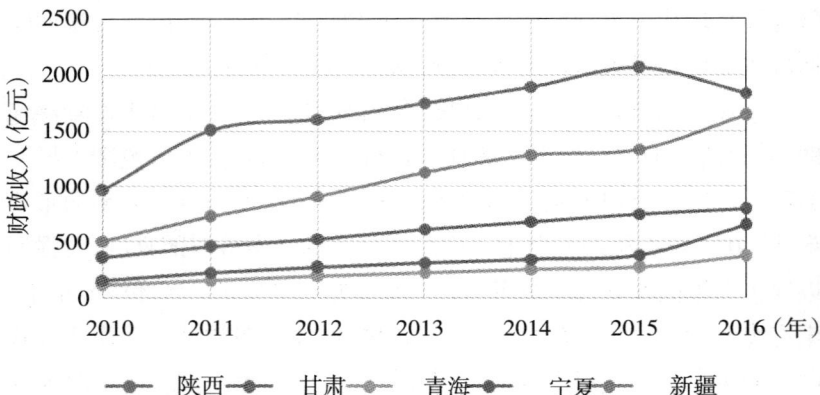

图5 2010—2016年西北五省区财政收入

2. 城乡居民人均可支配收入

2010—2016年陕甘青宁新五省区城镇居民人均可支配收入逐年提升,并且区域之间的差异越来越小,例如陕西和新疆,2010年城镇居民人均可支配收入分别为15695元、13644元,但到2016年,两地城镇居民人均可支配收入差异仅为200元,但是地区差异性仍然不容忽视。

2010—2016年,西北五省区镇居民人均可支配收入相对全国水平,一直处于滞后状态。陕甘青宁新五省区城镇居民人均可支配收入平均为22472.57元、19223.57元、19884.57元、21513.29元、20478.43元,相比较全国平均值26661.57元,五省区均低于该数,也在一定程度上反应了五省区经济较其他省份差距较大。但就2010—2016年城镇居民人

均可支配收入平均增幅来看，陕甘青宁新五省区分别为 10.47%、
11.78%、11.61%、10.02%、12.96%，均高于全国平均增幅 9.91%，由此
可以看出，五省区的经济基础薄弱，但是发展态势良好。

2010—2016 年，虽然陕甘青宁新五省区的农村居民人均可支配
收入逐年递增，但是与全国平均水平仍然有一定的差距，并且西北五
省区区域之间的差异以及与全国农村居民人均可支配收入的差距越
来越大。从西北五省区自身发展状况来看，2016 年陕甘青宁新五省
区农村居民人均可支配收入分别是 2010 年时的 2.29 倍、2.18 倍、
2.42 倍、2.11 倍和 2.19 倍，五省区均有很大的提升。

综上所述，可以看出西北五省区经济欠发达，但五省区在 2010—
1016 年经济增长的态势良好。因此要发展出各自地区的特色产业，
通过不断地革新产业链，吸引外部的投资，进一步发展，才能够慢慢
地缩小与其他省份的差距。

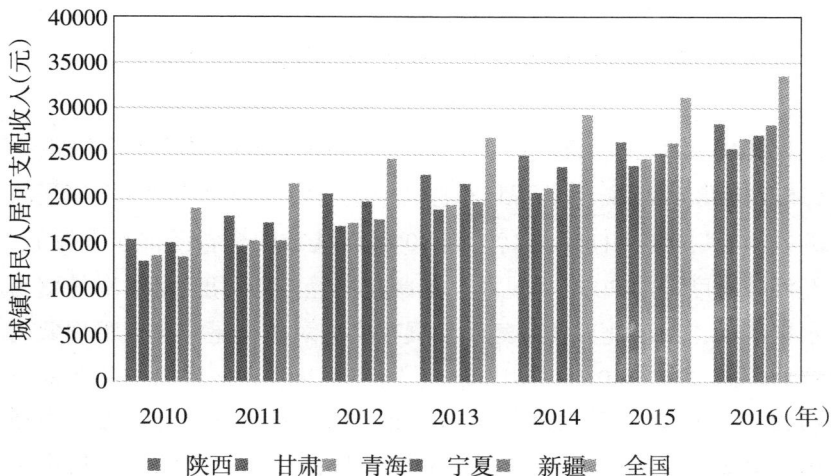

图 6 2010—2016 年西北五省区城镇居民人均可支配收入

（六）经济外向度比较

经济外向度是反映一个地区开放型经济发展规模、发展水平的综合性指标,计算时通常用进出口总额与地区生产总值的比值来表示。

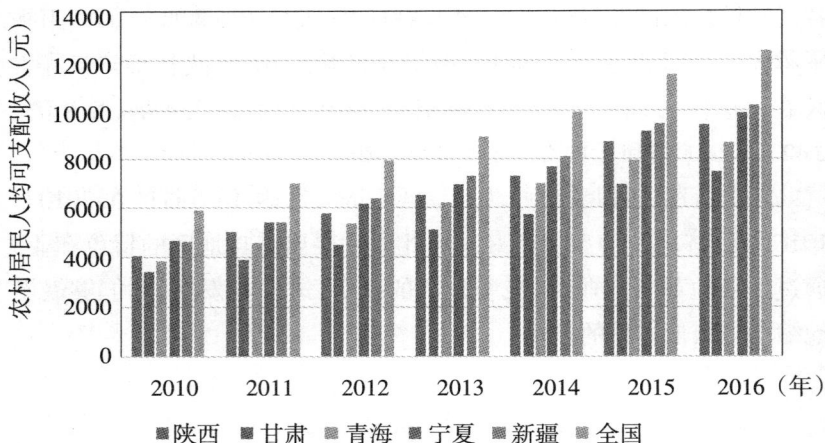

图 7　2010—2016 年西北五省区农村居民人均可支配收入

2010—2015 年,西北五省区经济外向度显著偏低于全国水平（35.6%~48.8%）,新疆是西北五省区中进出口总额和经济外向度最高的省份,其经济外向度最高达到 30%,而其余四个省区都显著偏低,经济外向度不足 20%,可见西北地区总体经济外向度较低,对外贸易水平落后, 而西北五省区经济发展程度相对较低是导致这种现象出现的原因之一。2010—2015 年,全国和西北五省区进出口总额逐年递增,而全国经济外向度却逐年下降,新疆、甘肃经济外向度也表现出了显著下降的趋势,青海、宁夏年际波动较小,只有陕西表现出了较为明显的增长趋势。

　　根据以上分析,发现虽然全国经济外向度 2010—2015 年有所下降,但是进出口总额处于增长趋势,说明全国经济对国际经济的依赖度在逐步减少,新疆经济外向度和进出口总额与全国的变化趋势相同,说明新疆在增加进出口总额的同时也减小了对国际经济的依赖;陕西的进出口总额和经济外向度都有显著的增加趋势,说明陕西逐年提升了对外贸易水平,同时也增加了受国际经济发展趋势影响的程度;宁夏和青海的经济外向度基本波动不前,但是宁夏进出口总额处于增长态势,而青海处于负增长态势,说明宁夏在提升 GDP 的同时,对外贸易水平也在逐步提升;而青海对外贸易减小趋势显著;甘肃的经济外向度和进出口总额都在逐步减小,说明甘肃在近六年的经济发展中,对外贸易额趋于减少。今后应加强开放力度,提升西北地区特色产品及优势产品的国际竞争力,使西北地区对外经济活力进一步提升。

(七)五省区经济竞争力比较

　　区域经济竞争力是支撑一个区域持久生存和发展的力量,是一

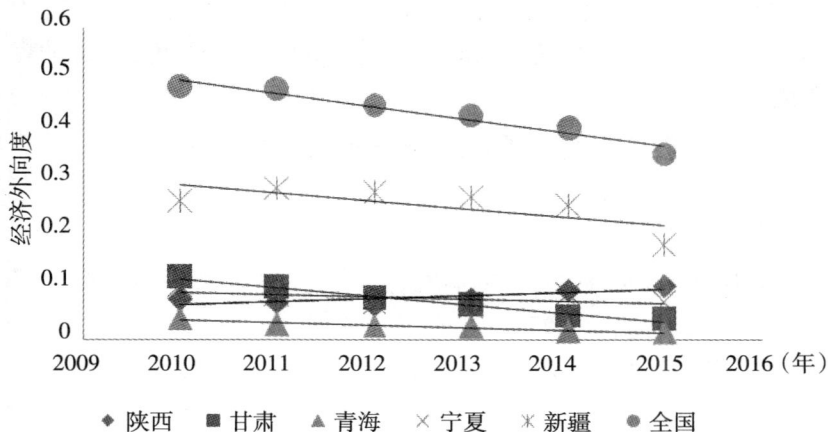

图 8　2010—2015 年西北地区经济外向度

个区域为其自身发展对资源的吸引力和市场的争夺力，它是区域的经济实力及发展潜力的综合反映。区域经济竞争力主要体现在一个地区集散资源、创造财富、提供服务以带动辐射周边地区的能力等多个方面，因此，衡量区域经济竞争力应该进行多角度、综合性分析。本研究中，为了衡量西北地区的经济竞争力，并与全国其他省区进行比较，我们采用区域综合竞争力、产业竞争力、国际竞争力、基础设施竞争力、创新竞争力和城市竞争力来综合反映，所采用的评价指标体系如表 12 所示。

本研究选取多指标的评价体系来测度区域经济竞争力，由熵值法来确定各指标的权重，进而进行计算。熵值法是一种客观赋权方法，能够克服多指标变量人为确定权重的主观性，它通过计算指标的熵值法，根据指标的相对变化程度对系统整体的影响来决定指标的权重，相对变化程度大的指标具有较大的权重，所给出的指标权重值比层次分析法和专家经验评估法有更高的可信度，此方法现广泛应用于统计学各领域，具有较强的研究价值。具体步骤为：

①本文均采用正向指标，标准化公式为 $X_{ij}=X_{ij}/X_{jmax}^{*}$，其中，$X_{ij}$ 为第 i 个区域第 j 个指标的指标值，X_{ij} 为其标准化值，X_{jmax}^{*} 为指标 j 的理想值。

②计算第 j 项指标下第 i 个区域指标值的比重 p_{ij}：

$$p_{ij}=x'y/\sum_{i=1}^{m} x'ij$$

③计算第 j 项评价指标的熵值 e_j：

$$e_j=-1/lnm\cdot\sum_{i=1}^{m} p_{ij}$$

表 12　区域经济竞争力评价指标体系

一级指标	二级指标
综合实力竞争力	全省生产总值 GDP(亿元)
	社会固定资产投资(亿元)
产业竞争力	第三产业占 GDP 比重(%)
国际竞争力	外贸进出口总额(亿美元)
基础设施竞争力	货物周转量(亿吨公里)
	旅客周转量(亿人公里)
	邮电业务总量(亿元)
创新竞争力	高等教育在校人数(万人)
	科研经费支出(亿元)
城市竞争力	城镇居民人均可支配收入(元)
	农村居民人均可支配收入(元)
	人口总数
	城镇人口占总人口比重(%)

④计算第 j 项评价指标的权重 w_j：

$$w_j = (1 - e_j) / \sum_{j=1}^{n} (1 - e_j)$$

⑤计算第 i 个区域的经济竞争力：

$$S_i = \sum w_j * x'_{ij}$$

为便于分析,将评价结构以条形图展示(图 9),分析可知,西北五省区域经济竞争力在全国范围内来看, 均处于比较靠后的位置。其中,新疆经济竞争力最强,在 31 个大陆省份中排名 15 位,评价值为 0.1903,不及广东省的三分之一。西北地区竞争力排名第二位的是陕西,评价值为 0.1794,在全国排名 17 位。甘肃、宁夏和青海三省区域经济竞争力居于全国倒数,分别是 27 位、29 位和 30 位,甘肃、宁夏、青海的区域竞争力评价值分别为 0.0680、0.0280 和 0.0220,仅相当与第一名广东省的 3%~10%。31 个省区市经济竞争力评价值的均值为 0.2117,高于西北地区的所有省区。因此,在未来发展中,要不断完善西北地区基础设施建设,提升区域科技创新能力,继续优化产业结构,采取多种措施来提高居民收入水平,进一步提升西北地区经济竞争力。

总的来看,虽然近些年西北地区经济发展也取得了来之不易的成绩,但西北地区经济发展仍存在经济基础整体薄弱、经济结构失衡固化、经济依赖投资驱动、体制机制仍不健全、创新驱动能力偏弱、资本供给仍然不足、人力资本结构性短缺、基础设施欠账较多、省区间发展不平衡等突出问题,这些长期积累的矛盾亟待破解,加快经济转型发展势在必行。

三、西北地区经济转型跨越发展的政策建议

面对全面建成小康社会的目标,西北地区要切实落实"五大新发展理念",紧紧围绕实现与全国同步全面建成小康社会的宏伟目标,以增强自我发展能力和提升经济发展质量与效益为核心,以供给侧结构性改革为主线,以经济结构的战略性调整为主攻方向,以深化体制机制改革为根本动力,以提升自主创新能力和加强人才培育为要素支撑,深化区域合作为空间合力,培育多元支柱产业,加快脱贫攻坚,强化基础设施,加大开发开放活力,全面推进经济转型跨越发展,确保如期与全国同步全面建成小康社会。

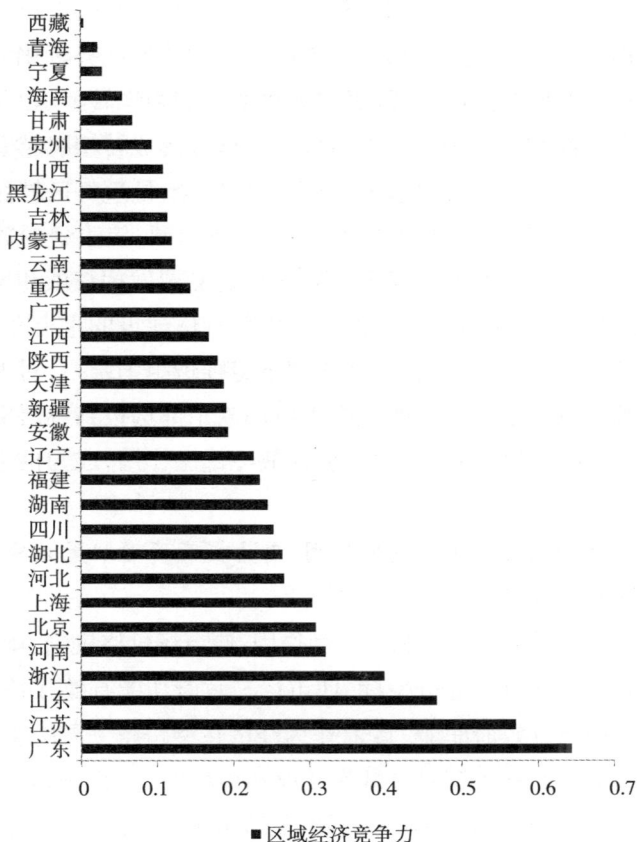

图9　2015年全国各省(市、区)经济竞争力

(一)坚决加强党的集中统一领导,为经济转型跨越发展提供坚实的政治保证

西北地区地处内陆深处,经济发展水平相对滞后,民族宗教关系复杂,是域外敌对势力文化入侵和宗教渗透的前沿区域,生态环境脆弱,文化传统独特,人口空间分布相对分散,经济转型跨越发展有着

自身的特殊性和复杂性,只有坚持党的集中统一领导,发挥党的权威和核心作用,统一思想形成共识,才能把党的政治优势转化为现实的发展优势,调动西北地区各族各界人民凝心聚力谋转型、团结奋进促跨越的积极性和主动性,才能引领西北地区形成转型跨越发展的强大合力。首先,党要立足边疆安全和国防安全,处理好区域民族关系和宗教矛盾,维护民族团结和谐,维护宗教和顺,使边疆少数民族地区成为牢固的国防要冲和安全屏障。其次,党要发挥权威和核心引领作用,把培养锻炼少数民族干部当作干部队伍建设的重点和关键,依据德才兼备、以德为先的标准确保把坚定维护祖国统一,对大是大非问题头脑清醒、立场坚定的优秀少数民族干部选拔到各层次领导岗位。再次,党的基层组织要充分发挥战斗堡垒作用,成为推进经济转型跨越发展的根本依靠。

(二)充分发挥市场和政府作用,着力提高资源配置效率,优化经济转型跨越发展环境

要使市场对资源配置起决定性作用,使市场价格机制、竞争机制、供求机制作用能真正充分发挥,使市场与政府功能有效互补,必须明确界定和履行好政府职能。政府作为经济转型跨越发展的主导者,其发挥作用的核心和关键是处理好政府和市场的关系,解决政府在经济活动中的越位、错位和缺位问题,转变政府职能,努力建设服务型政府、法治型政府和廉洁高效政府。首先,市场对资源配置真正起决定性作用,政府更好发挥作用。在经济领域坚持市场主导,市场与政府职能对接严密,同时防止权力与市场结合,防范行政垄断,营造有利于公平的市场环境。其次,构建法治、清廉、服务型政府,维护公平、公正、稳定、法治的发展环境。西北地区地方政府职能的转型与优化,应在明确中央政府与地方政府职能和关系的前提下,弥补市场失灵,切实转变政府职能,使地方政府能真正"服务公共利益、维护社会公

正、承担公共责任、体现法治精神"。

（三）强化现代农业基础地位，加快工业经济转型升级，创新发展现代服务业

目前，西北地区正处于经济结构深度调整期和新旧动能交替接续的关键期，加快推进供给侧结构性改革，加速经济结构的战略性调整，以新科技革命引领产业加速转型升级，强化现代农业基础地位，加快工业经济转型升级，创新发展现代服务业，将是经济转型跨越发展的根本所在。因此，一是要加快发展现代农业，促进农业提质增效。以提高农业经济效益和增加农民收入为核心，挖掘农业发展潜力，强化农业科技支撑，转变农业发展方式，优化农业经济结构，发展多种形式的适度规模经营，发展农业精深加工，加快一二三产业融合发展，构建现代农业服务体系，打造一批优质农副产品生产基地，提高农产品的有效供给和市场竞争能力。二是要以信息化推进新型工业化发展，促进产业转型升级。推进信息化与工业化深度融合，推动能源化工产业向高端发展，加强传统产业的转型升级，培育发展战略性新兴产业，提高经济运行效率，努力培育产业发展的核心竞争力，力争形成新的经济动能。三是要着力服务业创新发展，增强经济新动能。建立健全有利于服务业加快发展的政策体系，大力拓展服务业发展新模式和新业态，通过把握产业发展趋势和消费市场新动态，着力发展现代生产性服务业和生活性服务业，不断加快西北地区经济转型跨越发展。

（四）深化重点领域体制机制改革，以制度降低经济运行成本，提高经济质量和效率

改革就是突破原来的体制机制框架，通过完善制度规范引导经济主体行为，激发经济主体发展活力，降低经济运行的制度成本，提高经济运行的质量和效率，这是西北地区实现经济转型跨越发展和

实现全面建成小康社会宏伟目标的制度保证和根本动力。行政管理体制改革，就是要加快从经济建设型政府向公共服务型政府、从规制审批型政府向公共服务型政府转型，重点是让市场机制在资源配置中发挥决定性作用，政府要强化公共服务职责、社会管理职责和基础设施建设职责，着力打造服务政府、法治政府、责任政府、效能政府、廉洁政府；农村综合改革，就是要以农业增效、农民增收、农村增绿为核心，深化农村综合配套改革，优化农业供给结构性矛盾，巩固农业发展基础地位，加快培育农业农村发展新动能，持续增加农民收入；国有企业改革，就是要坚持市场化改革方向，以提高国有资本效率、增强国有企业活力为中心，完善现代企业制度，健全国有资产监管体制，实现国有企业的保值增值，提升企业市场竞争力和经营绩效，为促进西北地区经济转型跨越发展作出贡献；科技体制改革，就是要以提高自主创新能力为核心，培育以企业为中心的创新主体，优化创新体制机制，增强自主创新能力，以促进科技与经济社会发展紧密结合为重点，着力解决制约科技创新的突出问题；人才体制改革，就是要坚持党管人才的原则，加快形成人才优先发展战略布局，以立足自主培养和用好用活现有人才为基础，以深化改革、创新机制、激发活力作为关键环节，依托重点产业、重大项目和重点学科，统筹推进各类人才队伍发展。

（五）筑牢发展基础，补足发展短板，精准稳定脱贫奔小康

由于自然条件、区位特点、发展历史等诸多因素，西北地区发展条件艰苦、生态脆弱、基础薄弱，成为西北地区经济发展的严重短板。为此，一是要坚持统筹规划、合理布局、适度超前、综合配套，创新公共基础设施投融资体制，推广政府和社会资本合作（PPP）模式，加大基础设施建设力度，提高基础设施现代化水平，增强基础设施承载能力，为经济社会发展提供有力保障。二是要实施绿色生态发展，把生

态文明建设融入经济建设、政治建设、文化建设、社会建设的各方面和全过程，努力形成节约资源和保护环境的产业结构、生产方式、消费方式，进而实现绿色发展、循环发展、低碳发展，促进经济向绿色生态之路转型。三是要实现精准稳定脱贫。深入落实国家新十年扶贫开发纲要，瞄准最贫困的乡村、最困难的群体、最迫切需要解决的问题，以持续增加贫困人口收入为核心，突出路、水、电、房等基础设施建设，创新扶贫资金运作模式，转变经济发展方式，推进公共服务均等化，不断增强自我发展能力和内生动力，全力推进贫困地区转型跨越发展。

（六）加强区域交流合作，增强互利共赢发展合力，积极融入"一带一路"建设

区域经济一体化发展，要求有世界眼光和战略思维，从国家战略和区域发展目标的统一中加强交流合作，增强向西开放的合力，加快实现互利共赢发展。西北五省区应该自觉肩负起国家向西开放发展战略的神圣使命，把自身放在全国如期全面建成小康社会的宏伟目标中去发展，结合国家宏观战略调整和区域发展格局特点，依据各自所处的区位、资源和产业优势，明确发展的战略定位和产业导向，充分利用战略机遇，加快建设国际陆港、海关监管中心、中欧班列、陆路口岸、综合保税区、国际物流园区、边境经济合作区等，努力发展内陆开放型经济，积极开拓中亚、中东、俄罗斯等新兴出口市场，在联动合作和互利共赢中加快经济转型跨越发展。

（七）维护民族团结和谐，确保社会公共安全，维护稳定有序的发展环境

西北地区以资源型产业为主，自然条件严酷，多民族聚居，远离我国经济中心，由此使得生产安全、生态安全、网络安全、食品安全等安全形势较为严峻，社会稳定压力较大。西北地区经济转型跨越发展

的阶段,也是公共安全领域矛盾多发的高危阶段,增强公共安全产业对安定有序的发展环境的保障力,是实现经济转型跨越发展的必要条件。为此应紧紧围绕保障社会公共安全的重点难点问题,加强"防灾减灾、安全生产、道路交通安全、食品药品安全、网络信息安全、社会安全、生态环境安全、防火防爆安全、安全文化与服务"九大重点安全领域产业发展,增强防范、应对和处置突发公共安全事件的产业支撑能力,更好确保西北地区经济转型跨越发展的公共安全环境。

(原载于《甘肃行政学院学报》2017 年第 5 期)

明确乡村功能定位　科学实施乡村振兴战略

习近平总书记在党的十九大报告中首次提出实施乡村振兴战略,并明确指出要按照产业兴旺、生态宜居、乡风文明、治理有效、生活富裕的总要求,建立健全城乡融合发展体制机制和政策体系,加快推进农业农村现代化。这是我国决胜全面建成小康社会、开启全面建设社会主义现代化国家新征程的重大举措。实施乡村振兴战略,推动城乡融合发展,要以明确乡村的功能与定位作为前提和基础。

1. 在坚持乡村基本功能的基础上实现多元化发展

现代化的历史表明,农业生产总值在现代国家 GDP 中的占比降低、农业人口总量的减少,并不意味着乡村衰弱是必然规律。在有着13 多亿人口的中国,乡村的基本功能没有变,农业的国民经济基础性地位没有变,农业农村农民问题是关系国计民生的根本性问题的性质没有变。特别是当中国特色社会主义进入新时代,解决人民日益增长的美好生活需要和不平衡不充分的发展之间的矛盾,实现全面建成小康社会,进而向第二个百年奋斗目标迈进,最艰巨最繁重的任务在"三农",最广泛最深厚的基础在"三农",最大潜力和后劲也在"三农",解决好"三农"问题作为全党工作重中之重的地位不仅不能削弱,而且更要加强。

经过改革开放 40 年来的快速发展,我国经济已经由量的积累进入质的提升阶段,乡村振兴肩负着化解新时代我国社会主要矛盾的历史性使命。乡村经济有其自身的优势和特点,加快推进农业农村现代化,实现一二三产业融合发展,不仅要尊重自然规律,保护和继承传统农业的衣食功能,而且还要日益突出乡村的产业发展功能、文化科普功能、旅游观赏休闲功能、生态修复与环境保护功能。通俗地讲,乡村地区要由过去传统的养口、养胃的定位发展到现在的养眼、养心、养肺、养神的定位,实现多样化发展。十九大报告提出,发展多种形式适度规模经营,培育新型农业经营主体,健全农业社会化服务体系,实现小农户和现代农业发展有机衔接。因此,在今后相当长的历史时期,小农户将是推动实现乡村经济多元化多样化发展的主体。十九大报告提出"建立健全城乡融合发展体制机制和政策体系",支持小农户多元化的联合与合作,提升小农户组织化程度和市场竞争能力,推动小农户积极参与三产融合发展,完善小农户分享产业链的收益机制。

坚持乡村经济多元化、多样化发展是尊重自然规律、推进绿色发展的必然要求,是在坚持人与自然和谐共生的基础上不断满足人民日益增长的美好生活需要的必然选择,是建设美丽中国的物质基础。

2. 乡村振兴必须重视不同区域乡村发展的差异性

我国农村地域辽阔,乡村类型复杂多样,不同区域之间发展极不平衡。在实施乡村振兴战略的过程中,要重视各地乡村的差异性,处理好顶层设计和基层探索的关系。要探索适合各地实际的振兴路径,防止"一刀切",尤其要注重统筹规划、因地制宜、分类推进,在追求粮食安全、产业效益、生态环境保护、农村环境整治、新型市场主体培育、资源要素合理配置、乡村治理创新、农村经济体制设计等方面进行理性选择。对于条件较好的乡村要率先振兴,对于条件一般的乡村要积极创造条件振兴,对于条件较差的乡村要采取帮扶等措施打牢振兴基础。要认真总结改革开放以来特别是党的十八大以来"三农"领域出现的历史性变化,全面分析新时代我国社会主要矛盾转化在农业领域、农村地区和农民群体中的具体体现,深入贯彻习近平总书记有关"三农"工作的重要思想,以国家主体功能区建设规划为依据,对乡村进行分类,明确未来发展目标定位,实行宜粮则粮、宜经则经、宜草则草、宜牧则牧、宜林则林、宜渔则渔、宜退则退、宜居则居。要优化农业功能分区,立足特色资源优势、环境承载能力和经济条件等推进农业主体功能区建设,确定重点发展区、优化发展区、适度发展区、保护发展区。不管哪一类地区,都要以支持和帮助广大农民创业和增收为基本取向。

3. 乡村振兴必须立足于乡村资源要素的特殊禀赋

乡村资源禀赋主要包括水土光热等自然资源和劳动力、资本等社会资源的要素总和。千百年来,我国各民族在历史的长河中利用各种资源要素因地制宜共同创造了灿烂的农耕文明,形成了源远流长的中华文化。同时,资源的差异性形成了不同区域乡村的多样性,资源的稀缺性形成了不同区域乡村产业结构的差异性、多样性。如水资源丰富的区域,水资源价格相对较低,喜水耗水型农业产业就比较发达,而在缺水地区旱作农业、节水农业就成为基本产业业态。同样,西部地区辽阔的草原、雄伟的山脉成为我国的"中华水塔""空气净化器"和重要的生态屏障;不同形态、绚丽多彩的景色形成了一个个生动的、形象的科普图书和旅游胜地。保护好乡村资源、提高资源要素利用效率、确立市场在资源配置中的决定性作用是乡村振兴的立足点和出发点,是不断满足人们日益丰富的物质、文化、精神需要的基本保障。

实践证明,与现代工业相比,依赖土地产出的传统农业容易出现两方面的突出矛盾:一是农村的生产要素配置效率低下,尤其表现在产出效率上,乡村各资源要素边际生产率远低于城市各部门的要素贡献度;二是农业发展模式与工业发展模式的差别导致显著的二元结构,突出表现在乡村居民收入显著低于城市居民。这两方面的矛盾都会导致农业的粗放经营和低水平生产,使得农业增产、农民增收只能依赖要素投入的增加和农产品数量的扩张,出现农业发展无法摆脱注重生态效益和社会效益的同时却在经济上得不到合理回报的怪圈。因此,加快转变发展方式、优化经济结构、合理利用资源,建设市场在资源配置中起决定性作用的乡村资源配置的现代化经济体系,是当前乡村经济不断走向高质量发展阶段的关键。

4. 乡村振兴必须坚持重点突破

根据广大乡村有别于城市的资源禀赋和功能定位,乡村振兴战略的制定和实施应着重解决以下突出问题。

首先,建立城乡统一的要素市场,保障要素在城乡之间的自由流动。建立健全城乡融合发展的体制机制和政策体系,破除一切不合时宜的体制机制障碍,推动城乡要素自由流动、平等交换,促进公共资源在城乡的均衡配置。一要深化农村改革,尤其是深化农村土地制度改革,完善承包地"三权"分置制度。使乡村的土地资源要素适应城乡融合发展的需要,进而推动农业经营制度适应市场竞争的规则和变化,达到吸引乡村以外尤其是城市的资金、技术、人才等要素源源不断向农村流动的趋势,使效率不高、效益不佳的乡村资源转变为发展休闲农业、乡村旅游、养老养生、文化教育等产业的有效载体。二要创新乡村人才培育引进使用机制,大力培育新型职业农民,加强农村专业人才队伍建设,真正把农村劳动力变成乡村振兴事业的主力军。鼓励社会各界投身乡村建设,努力使农业成为有奔头的产业、农民成为有吸引力的职业、农村成为安居乐业的美丽家园。

其次,坚持农业农村优先发展,提供全方位的制度性供给保障。巩固和完善农村基本经营制度,坚持市场为主导,农户、企业为主体,释放个人、集体、社区和各经营组织的活力。健全和完善农业支持保护制度以及相关的财政、金融等投融资保障制度，建立职业农民制度，建立市场化多元化生态补偿机制，鼓励引导工商资本参与乡村振兴，制定国家各级各区域乡村振兴战略规划。要积极推动互联网、大数据、人工智能在农村经济社会中的运用，促进创新，加快农业农村经济发展质量变革、效率变革、动力变革。

最后，规划先行引领乡村振兴。乡村振兴规划是指导乡村振兴战略及其发展建设的蓝图，是全局性、综合性、战略性、前瞻性的规划。乡村振兴必须在法治的框架下依法规划，充分调研论证，根据乡村不同资源条件、主要功能区块、主要景观、生态环境特点、历史文化及习俗习惯，遵循、顺应规律，合理引导和把握乡村振兴发展趋势，综合安排空间资源配置，创新规划理念，增强规划编制的科学性、规划实施的强制性、规划管理的系统性；切实维护规划的权威性、严肃性，充分发挥乡村振兴规划的战略引领作用，保障乡村振兴建设健康协调可持续发展。推动城乡一体化发展，带动乡村的经济发展和基础设施建设，提高农村居民的生活水平和质量，促进产业转型和升级，提高产业发展水平，打造宜居宜业宜游的空间，提升乡村空间品质，解决区域发展"不平衡不充分"的问题，最终实现"乡村，让生活更美好"的目标。

（原载于 2018 年 6 月 5 日《光明日报》）

发扬脱贫攻坚精神　全力推进乡村振兴

2020 年,在以习近平同志为核心的党中央坚强领导下,甘肃与全国一道赢得了"坚决打赢脱贫攻坚战"的伟大成就。习近平总书记指出:"脱贫攻坚战的全面胜利,标志着我们党在团结带领人民创造美好生活、实现共同富裕的道路上迈出了坚实的一大步。同时,脱贫摘帽不是终点,而是新生活、新奋斗的起点。"对稳定脱贫与乡村振兴任重道远的甘肃而言,这就是接续奋斗的时代号角,是建设幸福美好新甘肃的历史新起点。

创造脱贫攻坚奇迹

20 世纪 80 年代,联合国官员在考察甘肃省定西等地后,得出了"这里是不适合于人类生存土地"的基本结论。贫困面大、贫困程度深、致贫原因复杂、脱贫难度大是甘肃的基本省情。全省 86 个县市区中,有 58 个县列入国家六盘山、秦巴山和涉藏地区"三大片区",还有 17 个省定"插花型"贫困县,贫困村 6220 个、贫困人口 552 万人,贫困人口规模居全国第 8 位,贫困发生率高达 26.6%。2017 年,甘南州、临夏州和天祝县(两州一县)整体列入国家重点支持的"三区三州"范围,都是贫中之贫、坚中之坚。

面对千百年来困扰甘肃人民的贫困问题,甘肃省委省政府以绝不拖全国脱贫攻坚后腿的政治自觉和造福陇原人民的使命担当,全面贯彻落实"精准扶贫、精准脱贫"方略,在陇原大地展开了一场"拔穷根、挪穷窝、消除绝对贫困"的反贫困攻坚战。四十万名干部上山下乡,同贫困老百姓住在一起、吃在一起、共同奋斗在脱贫攻坚第一线,创造了许多可歌可泣的感人事迹与脱贫篇章。2019 年 3 月 7 日,在全国脱贫攻坚进入倒计时的总攻阶段,习近平总书记在参加全国两会甘肃代表团审议时指出,"脱贫攻坚是一场必须打赢打好的硬仗。各级党委和政府要坚决把责任扛在肩上,着力抓重点、补短板、强弱项"。甘肃省委省政府坚决贯彻习近平总书记的指示,上下同心、尽锐出战,最终实现全省 552 万建档立卡贫困人口全部脱贫、7262 个贫困村全部出列、75 个贫困县全部摘帽,与全国一道打赢脱贫攻坚战,奋力谱写了 21 世纪脱贫攻坚、富民兴陇的历史新篇章。

弘扬脱贫攻坚精神

在脱贫攻坚伟大事业中,全国人民有效赓续并传承中华民族伟大的民族精神和时代精神,锻造形成了"上下同心、尽锐出战、精准务实、开拓创新、攻坚克难、不负人民"的脱贫攻坚精神。

"上下同心、尽锐出战"反映了中国人民在中国共产党领导下同心同德、共同奋斗的制度优势。省委书记立下军令状、五级书记抓扶贫、社会各界齐努力、亿万人民共脱贫,是甘肃反贫困的真实写照。有了以习近平同志为核心的党中央亲切关怀,有了东部兄弟省市大力帮扶,有了 2600 万人民的众志成城与不懈奋斗,在甘肃脱贫攻坚历史进程中涌现出一系列典型案例与感人事迹,如产业扶贫"庄浪模式"获全国脱贫攻坚组织创新奖、陇南电商扶贫和农业保险被农业农村部评为全国产业扶贫十大机制创新典型案例,长期贫困的康县更是"上下同心、久久为功",不但最终战胜绝对贫困,而且建成了享誉海内外的全域美丽乡村,将"上下同心、尽锐出战"的精神演绎得淋漓尽致,创造了一个脱贫攻坚与美丽乡村建设双丰收的甘肃样板。"精准务实、开拓创新"反映了马克思主义反贫困理论的最新成果,精准扶贫是我国打赢脱贫攻坚战的制胜法宝,开拓创新是中国改革开放的时代精神,二者融合形成的开发式扶贫方针是中国特色减贫道路的鲜明特征。在甘肃的扶贫历程中,坚持开发式扶贫一直是甘肃反贫困的典型特征。甘肃认真践行习近平总书记"六个精准""五个一批"的精准脱贫反贫困方略,最终打赢脱贫攻坚战,这是甘肃人民的骄傲,也是中国人民的骄傲,标志着中国反贫困历史掀开新的篇章,也标志着中国特色反贫困理论的伟大胜利。"攻坚克难、不负人民"反映了中国共产党以人民为中心的发展理念。习近平总书记明确指出:"人民对美好生活的向往,就是我们的奋斗目标。"在过去八年多时间里,全国有1800多名同志将生命定格在了脱贫攻坚征程上,其中就有从甘肃涌现出来的"全国脱贫攻坚模范"舟曲县扶贫办副主任张小娟、"全国脱贫攻坚先进个人"华池县挂职副县长邱军等优秀帮扶干部,她(他)们用生命诠释了当代中国共产党人的初心使命与责任担当,生动诠释了甘肃人民"敢死拼命、志在必得"的脱贫攻坚责任担当与精神风貌,是真正的人民英雄。

为有牺牲多壮志,敢教日月换新天。伟大的脱贫攻坚精神已经成为甘肃攻坚克难的制胜法宝和精神财富,激励着2600万陇原儿女奋力开拓乡村振兴美好前景。

开创乡村振兴新篇章

习近平总书记指出:"乡村振兴是实现中华民族伟大复兴的一项重大任务。"目前,中央全面作出了巩固拓展脱贫攻坚成果同乡村振兴有效衔接的各项工作安排,一幅"农业强、农民富、农村美"的乡村振兴宏伟画卷正在中华大地徐徐展开。

为此,一要切实发扬脱贫攻坚精神,坚决守住不发生规模性返贫的底线，用稳定脱贫的实际成效夯实全面开启社会主义现代化建设的底色和成色，把社会主义制度的优越性充分展现出来；二要坚持脱贫攻坚长效机制，坚持和完善驻村第一书记和工作队、东西部协作、对口支援、社会帮扶等帮扶制度，把脱贫攻坚中行之有效的体制机制转化为保障乡村振兴的制度基石；三要增强脱贫地区产业振兴的基础，提升产业振兴的内生动力和可持续发展能力，最终让产业富民、产业振兴成为乡村振兴的坚实基础；四要加快农业农村现代化步伐，走出一条具有甘肃特色的乡村振兴新路，和全国人民一道努力开拓中国特色社会主义现代化新征程，向着第二个百年奋斗目标奋勇前进。

（原载于 2021 年 6 月 3 日《光明日报》）

五、甘肃经济改革与经济发展研究

甘肃贯彻落实科学发展观的难点
及体制保障问题研究

甘肃地处西北内陆,战略地位十分重要,加快甘肃经济社会发展是实现全国区域协调发展和全面建设小康社会的必然要求;是构建西北生态屏障,保障全国国土生态安全的客观需要;是促进民族团结、维护边疆稳定的战略举措;是进一步发挥甘肃的比较优势,促进省际区域分工和促进西部大开发的重要任务。受区位地理条件、自然资源、思想观念、经济结构、政策取向等多方面因素的影响,甘肃与全国及周边地区的发展差距明显拉大,并日显边缘化态势,已经引起多方面的高度关注。如何以科学发展观为指导,加快转变发展方式,理顺发展思路,努力遏制和缩小发展差距,是需要深入研究和解决的重大课题。笔者以为,甘肃经济社会方面发展的差距很大程度上是体制差距所致。由此,本文拟就甘肃贯彻落实科学发展观的难点及体制保障问题作些初步探讨。

一、甘肃经济社会发展的基本态势

甘肃目前发展的基本态势是:纵向发展较快,横向相对滞后,且纵向发展的程度不及横向滞后的幅度,从而造成了甘肃与东部和全国的差距扩大。

1. 甘肃经济社会发展的差距

横向比较,甘肃发展相对滞后,与全国和周边地区的差距不断扩大。

一是经济发展总体水平低，差距不断扩大。从经济发展水平看，我省总体上仍处于工业化初期向中期过渡的阶段，经济对社会的支持和带动作用十分有限。全国已在 2000 年总体上达到小康水平，而我省目前仍处在基本解决温饱的水平。改革开放的前期，甘肃主要经济指标在全国的比例急剧减少，大约从 20 世纪 90 年代初、中期开始，甘肃省的主要经济指标在全国中所占的比例基本上徘徊在现在的水平上——总量基本上是 1%左右，人均在 55%左右，城镇居民可支配收入徘徊在全国水平的 3/4 左右（见表 1）。三十年来，甘肃省几项主要经济指标在全国的位次逐年后移，比例降低。特别是 2007 年甘肃省的城市居民人均收入和农民人均收入双双位列全国各省区市的最后一名。甘肃省在全国的位次和比例的变化，是全国不同地区发展差距的真实反映，这个问题在全国已经非常突出，牵涉到区域发展、人民生活、民族关系、社会稳定等一系列重大的社会敏感问题，除了甘肃省等省区市自身应付出更大的努力外，还需要中央政府更大的关注，更有力的扶持，更多、更实惠的政策。

二是甘肃省内区域发展严重失衡。甘肃不同区域的人均 GDP 的差距在加速扩大，远大于甘肃和全国发达地区的差距（见表 2 和表 3）。

表 1　甘肃主要经济指标在全国的位次变化

	1978 年	1985 年	1995 年	2006 年	2007 年
GDP	23	25	26	27	27
人均 GDP	14	23	29	30	29
工业增加值	20(1980 年)	23	23	26	/
城市居民收入	13(1980 年)	/	27	30	31
农民收入	27	30	30	30	31

注：根据历年《甘肃统计年鉴》计算，下同

表 2　甘肃省人均 GDP 最多和最少的市比较情况

		1990 年	2000 年	2006 年
嘉峪关	人均 GDP	4018 元	11750 元	50933 元
定西	人均 GDP	495 元	1483 元	2755 元
		8.12 倍	7.92 倍	18.47 倍

　　三是城乡居民人均收入之间的差距过大。2007 年,甘肃城乡差距超过全国近 1 个点,反映出甘肃属于典型的二元社会经济结构特征。

表 3　甘肃省人均 GDP 前三名城市与最后的三个市的情况

		1990 年	2000 年	2006 年
嘉峪关	人均 GDP	4018 元	11750 元	50933 元
金昌	人均 GDP	3660 元	7798 元	32785 元
兰州	人均 GDP	2834 元	10702 元	20419 元
	平均	2946.8 元	9654.7 元	22590 元
定西	人均 GDP			
临夏	人均 GDP	495 元	1483 元	2755 元
陇西	人均 GDP	516 元	1435 元	3199 元
	平均	553 元	1531 元	3421 元

　　四是县域经济发展与全国水平差距大。根据中国县域经济研究所县域经济基本竞争力评价中心评价结果显示,在全国 31 个省区市中,2000 年甘肃排名第 29 位,属于第 4 类发展水平,竞争力数为 515,到 2005 年甘肃排名第 30 位,下降一位,发展水平下降至第 5 类,与西藏自治区发展水平为同一类,竞争力数为 422,下降了 93,下降 18.06%。

五是民族地区经济发展严重滞后。甘肃省是个少数民族聚集地省份,民族经济发展对全省经济社会发展至关重要。但与全国三十个少数民族自治州相比较,甘肃两个少数民族自治州临夏回族自治州和甘南藏族自治州是发展明显落后,应予特别关注。

表4　甘肃两个民族自治州的人均GDP比较

	人均GDP	1990年	2000年	2007年
临夏市		516元	1435元	3689元
宁夏回族自治区		1320元	4839元	12695元
甘南区		832元	2100元	5197元
西藏自治区		1127元	4559元	12000元
甘肃省		1099元	3838元	10335元
全国		1644元	7858元	18678元

从表4中明显看出:两个州的发展水平很低。2007年临夏的人均GDP只是全省的35.7%,是宁夏回族自治区的29%,是全国的19.75%。甘南的人均GDP只是全省的50.3%,是西藏自治区的43.3%,是全国的27.8%。这个差距从1990年以来在不断扩大。

六是社会事业发展缓慢,与国家总体发展水平差距大。据第五次人口普查资料统计,甘肃各类从业人员的平均受教育年限只有6.51年,低于全国平均水平(7.55年)1.04年;15岁及以上人口中的文盲半文盲比重为19.64%,超过全国平均水平7个百分点;人类发展指数(HDI)为0.632,居全国第28位,人口素质较低。甘肃全省还有23个县没有实现"两基",高等教育规模仍然偏小,高等教育毛入学率比全国低5个百分点, 每万人口中拥有普通高校在校生数仅占全国平均数的78%。公共卫生服务体系存在结构性缺陷,疾病预防控制任务艰巨。社会保障水平低,尚未建立起农村居民最低生活保障制度,社会不稳定因素增多。城镇文化体育设施短缺,农村基本上是空白,开展体育文化活动乏力。

2. 甘肃发展中呈现日益被边缘化的态势

边缘化,是指一个区域或省区在某个时期被甩到更大区域重心的边缘而远离发展核心区的状况。在我国出现边缘化的现象,既是地区差距不断扩大的过程,也是差距不断扩大的结果。甘肃省在经济社会发展方面自宋、元、明、清以来,一直以偏远内陆省区自居,无论经济范畴还是社会范畴都处于边缘的地位。中华人民共和国成立以来,在计划经济条件下,主要依靠中央政府支配资源和生产要素,经过嵌入式布局和计划式均衡,甘肃一度走向了国家经济建设和工业产业布局的重点区域,甘肃的边缘化地位一度得到扭转。改革开放以来,国家梯度发展战略的实施,再加上甘肃不具备东部省份发展市场经济的优势,以及体制和机制的严重滞后,使甘肃边缘化地位的扭转得而复失。尽管 2000 年以后国家实施西部大开发战略,已经重视起这一问题,但被边缘化的惯性趋势仍未得到根本扼制。

首先,从各省区市的生产总值占西部地区的份额看,占西部地区 GDP 的比重在 20%以上的有四川;占 10%~20%的有内蒙古、广西、陕西;占 5%~10%的有重庆、贵州、云南、甘肃、新疆;占 5%以下的有西藏、青海、宁夏。从各地区生产总值对西部 GDP 总量的拉动率和贡献率来看,贡献率不到 5%的有甘肃、新疆、西藏、青海和宁夏,贡献率大于所占比重的有四川、陕西、内蒙古和广西,这四个省区的贡献率的总和达到 55.7%,它们的发展情况在很大程度上决定着西部经济的整体增长情况。

其次,从 GDP 的增长率看,西部地区的追赶势头很猛,是全国增长最快的地区,2007 年分别比东部、东北、中部地区高 2.28、1.96、

表5 "十五"时期甘肃及周边省区主要经济指标增长率对比表

指标＼省区	陕西	甘肃	青海	宁夏	新疆	内蒙古	四川
GDP	11.5	10.7	12	10.9	9.8	16.6	11.2
固定资产投资	19.2	14.6	20.9	23	17.2	44.3	19.8

0.26个百分点,比全国平均水平高1.79个百分点。但从GDP占全国GDP的比重和对全国GDP增长的贡献率看,西部地区所占的比重仍然较低,贡献率也不足;从人均GDP看,西部地区是各地区中最低的,仅分别相当于东部、东北、中部和全国平均水平的39.91%、59.67%、88.39%和61.09%,仍是最贫穷落后的地区。

自"十五"时期以来,特别是国家提出实施西部大开发战略以来,甘肃经济得到了快速发展,但周边省区发展更快。从"十五"时期甘肃及周边省区主要经济指标对比来看(见表5),GDP增长率最高的是内蒙古,其次是陕西和四川,甘肃以10.7%的增长率仅高于新疆;固定资产投资增长率最高的是内蒙古,最低的是甘肃。再从2005年甘肃及周边省区主要经济指标对比来看,GDP增长最快的是内蒙古,其次是陕西和四川,甘肃以11.7%的增长速度排在倒数第3位,仅高于新疆和宁夏;固定资产投资增长最快的是内蒙古,最慢的就是甘肃,排在末位;工业增加值增长也仅高于宁夏,排在倒数第2位。这样从中期指标到年度指标以及各指标的消长变化中可以看出,在西部大开发以来,周边省区比甘肃省发展更快,甘肃处于增长的"洼地"(见表6)。

再次,从未来趋势分析,根据甘肃周边省区的"十一五"规划数据,甘肃GDP增长率仅高于新疆和四川,排在倒数第3位;固定资产投资增长率仅高于四川和青海,仍处于倒数第3的位置(见表7)。由

表 6　2005 年甘肃及周边省区主要经济指标对比表

省区\指标		陕西	甘肃	青海	宁夏	新疆	内蒙古	四川
GDP	绝对值	3674.8	1928.1	543.2	599.4	2609.0	3822.3	7385.1
	增长率	19.2	11.7	12.2	10.3	10.9	21.6	12.6
固定资产投资	绝对值	1980.5	874.5	367.2	444.7	1352.3	2687.3	3462.1
	增长率	28.3	15.7	15.4	16.8	16.4	48.6	30.7
工业增加值	绝对值	1267.2	685.8	203.9	228.3	1010.0	1390.9	2512.6
	增长率	18.7	15.3	21.0	6.8	16.5	30.3	19.9

资料来源:各省区"十一五"规划及《中国发展数字地图》

表 7　"十一五"时期甘肃及周边省区主要经济指标增长率对比表

省区\指标	陕西	甘肃	青海	宁夏	新疆	内蒙古	四川
GDP	11	10	>10	>10	9	13	9
固定资产投资	20	15	10	14—16	>16	18	11

资料来源:各省区"十一五"规划及相关专题研究

此可见,周边省区由于过去和将来的增长惯性,其纷纷崛起是一个长趋势,甘肃产业发展将长时间地受到更大的挑战。

二、甘肃发展方式的粗放型特征

客观地讲,甘肃经济发展在相当长的时间一直是主要靠资源、资本和一般劳动力等生产要素的投入,造成资源消耗大、效率低、环境保护成本高,缺乏经济增长的后劲和潜力。

1. 产业发展模式粗放,效益不高

2005 年甘肃工业普查资料表明,甘肃 GDP 能耗比全国平均水平高出 60%,万元工业增加值电耗是全国水平的 2.4 倍,万元 GDP 取水量是全国平均水平的两倍。甘肃重工业万元产值耗能 1.3 吨标准煤,高于全国水平的 38.64%;轻工业万元产值耗能 0.99 吨标准煤,高于全国水平的 63.1%;全省矿产、化学、化纤、建材、黑色金属、有色金属行业占工业行业的 21.4%,消耗能源占全省 37.3%。这表明甘肃的产业增长正处于能源消耗的高位时期,能源、原材料优势没有转化为深度加工增值的产业优势,甘肃省电解铜产量占全国的 6.4%,电解铝产量占全国的 10.35%,但铜材和铝材产量分别占 1.52% 和 0.94%,铜、铝的加工转化率分别仅有 28% 和 7%。

2. 产业支撑面渐行渐窄,产业位势渐行渐低,产业竞争力渐行渐弱

甘肃产业支撑面渐行渐窄,窄到基本上靠以原材料初加工的产业来支撑产业的发展。

产业位势处于渐行渐低的态势。从工业产业的总体位势来讲,改革开放 20 多年间,甘肃工业年平均增长 10.9%,同一时期全国工业平均增长 15.8%,高出甘肃 4.9 个百分点,工业在全国的位次也由改革开放前的前 16 位,下降到 2005 年的第 26 位;在西部省区中,甘肃工业总产值 1978 年处于第 3~4 位(因考虑省区行政区划变动因素),到 2006 年,下降到第 8 位。

从全国范围讲,甘肃产业发展整体上已处于下风头,甚至有趋弱、趋衰的苗头,振兴产业发展已经成为区域经济可持续发展的重要内容。2006 年甘肃工业竞争力列西北地区第 4 位,比 1998 年的第 3 位下降了 1 位,与新疆和陕西的差距进一步拉大(见表 8)。

表8　西部五省区工业竞争力对比表

指标＼省区	陕西	甘肃	青海	宁夏	新疆
1998 年	5	3	4	2	1
2004 年	3	4	2	5	1

注:根据《中国区域综合竞争力研究报告》(1998—2006)在西北重新排序得出

3. 水资源短缺,供需矛盾突出

甘肃大部分地区处于干旱半干旱地区,资源性缺水严重,地区间分布严重不均衡。全省多年平均水资源总量为 289.4 亿立方米。地表自产水资源人均占有量 1200 立方米,居全国第二十四位,不足全国人均的一半。随着经济的发展,农业用水、城市用水、工业用水、服务业用水、生态用水快速增长,供需矛盾日益突出,区域性缺水情况进一步加剧。水资源的短缺使地下水超采严重,地下水位下降,引起草场退化、林木死亡、土地沙化等生态损失。不合理的水资源开发利用,造成水质不断下降。2007 年,全省 30 条省控河流(段)中达到一类和二类水质的有 6 条,三类水质的有 9 条,四类水质的有 12 条,五类和劣等水质的竟有 14 条之多。据估计,全省 1978 年以来水环境变化产生的经济损失约为 13 亿元。

4. 能源消费总量逐年扩大

2006 年全省能源消费量为 4367.67 万吨标准煤,与全省经济基本同步增长,年均增长 11.8%,高于"十五"同期全省经济平均增幅 1.5 个百分点。从万元 GDP 综合能耗来看,2005 年我省每万元 GDP 综合能耗为 2.26 吨标准煤,比全国平均水平高 1.22 吨标准煤,相当于全国平均水平的两倍。从能源消费弹性系数来看(能源消费弹性系数反映经济每增长一个百分点,相应的能源消费需要增长多少个百分点），2001 年以来全省能源消费弹性系数依次为 0.19、0.44、1.10、1.37、0.99。可以看出，2006 年能源消耗达到"十五"峰值，较全国水平高出 0.02。

5. 环境代价依然严峻

2006 年，工业废水各主要污染物中，化学需氧量排放量为 5.88 万吨，比上年增长 54.63%，氨氮排放量为 2.14 万吨，增长 54.54%，砷排放量为 250.76 吨，增长 231.56%。工业废气排放量 4250 亿标立方米，增长 15.17%，二氧化硫排放量为 51.68 万吨，增长 18.08%，工业粉尘排放量 16.64 万吨，增长 8.67%。工业固体废物产生量 2248.99 万吨，增长 5.14%。2006 年，全省万元工业增加值工业废水排放量分别为 408.26 吨；万元工业增加值工业废气排放量为 6.20 万标立方米，万元工业增加值排放二氧化硫 75.36 千克；万元工业增加值产生固体废物 3.28 吨，这些指标均大大高于全国平均水平。

6. 耕地面积持续减少

自 20 世纪 90 年代以来，甘肃耕地面积呈持续减少态势。1990 年我省耕地面积为 347.68 万公顷，至 2000 年减少到 343.32 万公顷，到 2005 年进一步减少为 342.10 万公顷，年均减幅为 0.2%。2005 年全省耕地面积较上年减少 3.23 万公顷，其中，建设占用耕地 0.17 万公顷，农业结构调整占用耕地 0.24 万公顷，退耕还林 2.77 万公顷，灾毁耕地 320.39 公顷，由于其他原因减少耕地 127.92 公顷。2005 年，全省增加耕地与减少相抵，净减耕地 42.82 万亩，减幅为 0.6%。

三、甘肃发展滞后与发展粗放的主要原因及体制障碍

发展滞后与发展粗放互为因果，造成恶性循环。发展滞后往往诱发不顾客观条件的赶超和急于求成，使粗放经营的发展模式固化；粗放发展导致的低效益、低水平、高耗能、高污染又进一步加剧落后。造

成甘肃发展滞后和发展粗放的原因是多方面的，既有与全国同质性的一面，但更多地反映了甘肃自身的特征。一是甘肃地处我国偏远西部的内陆地区，既不沿边，也不沿海，更不是国家重点开发区或少数民族地区，发展的区域位势、政策位势、要素位势、市场位势等均不占优；二是自然条件严酷，发展的基础条件差，贫困人口多；三是甘肃发展的根基是"一五"时期的 16 项重点工程和"三线"建设的 142 户搬迁企业，改革开放以来，从项目规模、资金投入、人力资源配置和政策扶持上都没有相当的拓展，发展的空间相对狭窄；四是旧的投资管理体制和地域分工思想的导向带来的严重偏差。甘肃民间资本薄弱，发展主要靠国家投资，20 世纪八九十年代，过分强调东西部地区在产业上的垂直分工，西部省区主要以原材料供给区出现，导致了产业单一、产品加工程度低、产业价值链过短，人为地将产业协作链条甩到了沿海地区，"断裂"和"阻隔"了一些本可以发展起来的优势产业。但客观地讲，甘肃经济社会的发展在相当长的时间一直是主要靠资源、资本和一般劳动力等生产要素的投入和中央政策的扶持，造成资源消耗大、效率低、环境保护成本高，以及"等靠要"依赖意识强，观念陈旧，从而缺乏增长和发展的后劲和潜力。但甘肃发展方式转变步履维艰的深层次原因是体制落后，机制不健全，以及政策的不配套、不协调、不连贯。

1. 改革相对滞后

计划经济惯性大，所有制结构不合理，公有制和国有制、国有企业比重过高，非公有制发展严重滞后，经济社会发展缺乏强劲动力。

2. 产业管理体制上条块分割严重

国有企业隶属于中央与地方以及民用与军工的不同部门，这些部门各自追求的目标经常相悖，从而产业相互之间缺乏有效的分工与协作，造成资源要素浪费，产业链延伸成本过高。

3. 政府改革和职能转变明显滞后

一是当地官员的选拔标准、任期长短和政绩考评体系的不科学导致过分追求短期利益与 GDP 增长指标;二是基于利益驱动、政绩考核与横向攀比等原因导致一些地方运用政府的动员能力,不惜以很大的资源、环境代价和扭曲性政策实现 GDP 的高增长,表现出强烈的追求短期经济增长的倾向;三是各级政府仍然习惯于用计划经济的思维和办法搞市场经济,用行政办法协调不同隶属关系的企业行为而不断错失发展良机,业务主管部门仍未根本改变用计划经济的办法协调产业发展。

4. 财税体制不合理

目前以增值税和流转税为主的税收体系,刺激了各个地方拼命追求 GDP 的高速发展和发展重化工业以获得更多税收,客观上刺激了粗放式扩张,不利于 GDP 的稳步健康增长;资源税征收范围过窄导致一些自然资源被廉价甚至无偿使用,资源税税率低、没有考虑资源开采回采率的差别、从量计征的定额税等不合理的资源税税率没有起到调节资源开采和使用行为,资源税税目的设置无法体现公平以及资源税的计税依据无法遏制资源浪费,也是影响经济发展方式转变的重要体制障碍。

5. 价格体制改革不到位

这是影响甘肃经济发展方式转变的重要原因。一是资源性要素价格形成机制不健全,价格水平没能反映资源的稀缺程度及全部成本,包括资源开采过程中造成的环境破坏和污染等外部成本,从而使得加工企业的生产成本低估、资源浪费严重,成为难以从机制上推进经济发展方式转变的一个重要原因。二是重要生产要素,如土地、石油和天然气价格的市场化程度较低,导致资源配置严重失当。

6. 国有企业改革突破举步维艰是经济发展方式难于转变的根本性的体制障碍

由于政企尚未彻底分开、许多企业初步形成的现代企业制度框架离规范的要求还差很远、企业软预算约束明显等主要体制因素造成企业尤其是国有企业的主体意识与竞争观念仍然不到位，使得企业对国家的各项产业发展政策及其变化、市场价格及其变化所体现的资源稀缺程度与配置效率，难以正确理解并对相关变化作出及时而有效的反应。

7. 金融体制改革的影响

金融体制改革导致甘肃资金不足和资金外流并存。一是获得国家支持的信贷资金的规模和渠道减少；二是目前实际流向甘肃的社会资本规模非常有限；三是资本市场发展滞后，国民经济证券化程度较低，资本市场发育程度与全省经济持续增长的要求极不相符。企业流动资金不足已经成为严重制约甘肃企业和产业发展的首要因素。据甘肃统计部门调查，甘肃有65%的企业贷款难以及时收回，赊销比例最高达80%以上。甘肃省投资结构单一，融资渠道狭窄，以国有投资和银行投资为主，其中国有投资占总投资的67.87%，比全国水平高21.88个百分点。同时，甘肃资金外流现象严重，至2005年末存款增量创历史新高，全省人民币存款余额2895.86亿元，贷款余额1923.46亿元，有将近1000亿元的存贷差，而且存款增幅大于贷款回落的幅度，资金流失这一趋势在短期将会持续。

8. 城乡二元结构突出

农村富余劳动力比重大，素质相对低下；农村改革滞后，小生产与大市场矛盾突出，土地撂荒现象普遍；农业产业化水平低，农业规模效益差；农村贫困面大，脱贫攻坚任务艰巨。从一定意义上说，甘肃发展的滞后性和粗放型皆源于农民太多、农民太穷、农村太落后。这是贯彻和落实科学发展观、转变发展方式的真正难点和重点之所在。

四、甘肃贯彻落实科学发展观的制度与体制安排

要在进一步查清省情和科学判断发展新形势的基础上，明确甘肃的战略地位,理清发展的总体思路,从全局的高度提出符合甘肃实际的对策和建议。当前,特别要以关键领域的体制改革与制度创新破解发展难题,推动发展方式的根本转变。

1.构建以人为本发展理念的制度与体制保障

甘肃的科学发展首先要解决好全面发展问题,把解放人、发展人作为发展的主旋律。要通过必需的制度约束与政策设计,使经济社会发展的目标与现实定位真正体现以人为本。

一是国家要从建设社会主义和谐社会的大局，高度关注和解决甘肃发展差距不断拉大,边缘化趋势明显,城乡居民生活水平低下的问题。通过必要的制度、体制、机制设计与政策支持,在税制设置、收入划分、财政转移支付力度、基础教育发展、生态恢复、保护与治理、重要资源开发权限划分、环境保护、基础设施建设、人力资源开发、少数民族地区发展、县域经济发展等领域尽快出台支持甘肃发展的具体措施。

二是省内各级政府要把实现人力资源合理开发和继续解放思想,转变观念作为破解甘肃发展难题的重中之重。要按照人才柔性流动(指把人才实体与才智分开、变人员流动为智力流动,从而实现由刚性流动到柔性流动的转变)的原理实施人才共享战略,建立以人才共享为目标的新型人才管理模式，努力实现人才的社会共有和共同使用,以实现人才资源的合理配置。解放思想的重点和关键在干部队伍。所谓甘肃思想解放滞后,主要指干部队伍的思想解放滞后;各级领导干部应在继续解放思想中走在前列，努力增强贯彻落实科学发

展观的自觉性和坚定性,着力转变不符合科学发展观的思想观念。

2. 构建全面协调可持续发展的机制保障

实现经济社会的全面协调可持续发展是科学发展观的基本要求。受区位条件、自然环境、经济实力和思想观念等多重因素的影响,甘肃实现经济建设、政治建设、文化建设、社会建设和生态建设的全面发展的任务尤为艰巨,处理经济发展与人口、资源环境矛盾的难度尤为巨大,往往面临着在"多条战线作战"的艰巨任务。必须要通过良好的制度和政策设计和"人一之,我十之;人十之,我百之"的甘肃精神加倍努力方能初见成效。

首先,要制定经济建设、政治建设、文化建设、社会建设和生态建设全面发展的中长期规划,并将政治建设、文化建设、社会建设和生态建设与经济建设一样纳入年度发展规划,确定具体的发展目标。

其次,探索制定经济体制改革与政治体制、文化体制、社会体制等配套改革的具体方案,以改革的新突破构建科学发展观的制度与体制保障。

第三,提高资源保障和环境承载能力,构建可持续发展的长效机制。坚持开发与节约并重的方针,积极推进资源综合利用,保护和改善环境,促进资源节约型和环境友好型社会的建设;深化能源价格改革,形成有利于节能、提高能效的价格激励机制,提高资源支撑能力;全面推行重大决策和建设项目环境影响评价制度,健全环境监测体系,加强环境保护执法和监督,加大环境保护与治理力度;按照"减量化、再利用、资源化"的原则,大力发展循环经济。

3. 找准统筹兼顾在甘肃的着力点,构建统筹兼顾发展的制度与体制保障

统筹兼顾是科学发展观的根本方法,统筹兼顾就是要总揽全局、科学筹划、协调发展、兼顾各方。

（1）准确把握统筹兼顾在甘肃的着力点。把统筹城乡发展的着力点放在培育壮大优势产业、提升城市的带动力上；把统筹区域发展的着力点放在发挥优势、走各具特色的发展之路上；把统筹经济社会发展的着力点放在开发人力资源、提高劳动者素质上；把统筹人与自然和谐发展的着力点放在加强生态建设、转变经济增长方式上；把统筹自身发展和对外开放的着力点放在改善投资环境、培育壮大多元投资主体上；统筹中央和地方关系的着力点放在提升地方聚财能力，培育新的经济增长点上；把统筹个人和集体、局部和整体、当前和长远的着力点放在解决好当地人民最关心、最直接、最现实的利益问题上；把统筹国内国际两个大局的着力点放在正确研判发展形势，抢抓和制造发展机遇，充分利用两种资源、两个市场的机会和优势上。

（2）加快构建统筹兼顾发展的制度与体制保障。首先，要科学区分不同类型的主体功能区，建立区域协调发展的互动机制。依据甘肃各地的自然条件、地理区位和经济社会联系，突出区域主体功能定位和发展方向，打破行政区划限制，发展各具特色、优势互补、相互配合、利益共享的经济区，促进区域经济协调发展。实行分类指导的区域协调发展政策，鼓励优势地区率先发展，不断提高综合实力和竞争力，其他地区要发挥比较优势，寻求加快发展的突破口。其次，深化农村改革，加快社会主义新农村建设，搭建统筹城乡发展的制度平台。甘肃落后的根子在农村，农村落后又根源于农民太多、农民太穷，而农民多又穷的根本原因在传统二元经济社会体制的沉重压迫和农村改革的滞后。目前，作为甘肃农村市场主体的农民最值价的两个要素反而最不值钱。一是农村劳动力价格严重偏低，二是农民的主要生产资料土地不值钱，不能由物质形态转化为价值形态，不能资本化成为农村增收的主要手段，目前甘肃农民中的青壮年部分基本都出外打工，农业的兼业化态势非常突出，造成大量土地撂荒。建议有关方面在深入调查研究的基础上尽快出台农地产权改革、基本公共产品均等化改革、农民户籍制度改革、乡镇机构改革的具体方案。三是正确认识和处理"两只手"的有机结合。"市场协调"和"政府协调"是区域经济协调发展的两种手段、两种机制,二者相互影响、相互作用,共同促进区域经济的协调发展。甘肃经济总量小,发展水平低,原始积累不足,民间资本薄弱,单靠市场这只手难以有效促进又好又快发展,由此,必须利用政府这只手的强力支撑。政府要通过提供均等化的文化教育、医疗卫生、社会保障等基本公共服务以及能源、交通、通信等基础设施,使区域间市场主体的竞争公平化,实现区域之间的"竞争效率"。要不断完善市场体制,打破地区垄断和封锁,促进生产要素合理流动。要对中央政府和地方政府在促进区域经济协调发展的过程中的功能进行合理定位。四是建立促进可持续发展的生态补偿机制。生态补偿是指生态环境和自然资源利用的受益者支付代价,向生态环境和自然资源的保护者提供补偿的一种社会经济活动。生态补偿机制就是促进补偿活动,调动生态保护积极性的各种规则、激励机制。通过建立生态补偿机制,可促进"绿色 GDP"这一体现新的资源价值观念的国民经济核算体系的确立,实现资源市场化,促进资源的有效配置,实现社会效益、经济效益和生态效益的统一。

建立甘肃生态补偿机制的基本设想:

一是开发者补偿、受益者付费。开发者不但要为其利用资源环境付出代价,而且有责任和义务对造成的生态破坏和环境污染损失给予赔偿;受益者有责任和义务向提供优良生态环境质量的地区和人们提供适当的补偿。二是着眼于共同发展。进行生态补偿时要充分考虑和正视欠发达地区的发展权,促进保护地区与受益地区的共同发展。三是要根据当前经济社会发展的现实基础,多元筹措生态补偿资金。既要坚持政府主导,调整政府财政支出结构,增加财政投入,又要提倡社会参与,多方筹集,市场运作。

4. 以关键领域改革的实质性突破打造又好又快发展的体制基础

(1)加快对国有企业实行改革和改组的步伐,大力发展非国有经济。从政策推动所有制形式多样化、产权低成本流动、社会保障机制建立等方面,降低国有经济退出及撤并重组障碍,不断降低政府直接投资范围和力度,鼓励支持非国有经济的发展,除少数需要由国家控制的行业外,允许非国有经济实行参股、控股,鼓励非国有企业通过股份制、股份合作制改造、加快制度创新。

(2)改革完善投资、融资体制,以加快投资的社会化和资本社会化为目标,拓宽融资渠道。一是扩大对民间资本的开放领域;二是在加强监管的基础上加快发展非国有金融机构;三是清除不利于居民个人直接投资办企业的各种限制,尽快实现投资的社会多元化;四是提高上市公司数量,调整上市公司结构,增加民营上市公司比重。

(3)深化财税体制改革。按照健全公共财政框架的基本要求,合理界定各级政府的事权范围,明确省以下各级政府的财政支出责任,进一步健全和完善财税体制。结合行政管理体制改革,开展"省直管县"改革试点工作,稳步扩大"乡财县管"试点范围。加快公共财政体系建设,优化财政支出结构。调整税收政策,建立促进地区经济协调发展的税收制度。甘肃要极力争取中央的倾斜政策。首先应争取国家加大分税制下甘肃税收的留成比例,使甘肃税收在总税收中的比重加大。其次要争取中央加大对甘肃财政的转移支付力度,增强财政实力。

(4)加快以政府改革为核心的行政管理体制改革。要加快转变政府经济管理职能,使其从各种形式的市场参与者角色中淡出,重点转向再分配关系、城乡和区域平衡、公共产品和公共服务的供给;把节能、降耗、减排等指标纳入政府绩效考核中,放在与 GDP 或人均 GDP 的增长率同等重要的地位;通过规范垂直管理部门与地方政府的关系,协调中央政府与地方政府的事权与财权关系,建立地方政府的绩效评估制度和问责制度等以提高政府尤其是地方政府转变经济发展方式的执行力。

(5)加快价格体制改革步伐。继续改革和完善资源性要素价格形成机制,逐步理顺被压低和扭曲的资源价格体系,从根本上解决导致资源浪费的机制和制度性因素。建议:积极稳妥地推进石油、天然气等资源性产品价格形成机制改革;通过征收特别收益金、资源级差收入,较大幅度地提高资源税率,建立健全资源有偿使用制度和生态环境补偿机制,提高城镇土地使用税,开征物业税、燃油税等新的消费税等手段促进提高资源利用效率,促使经济发展方式转变。

(6)继续营造良好的发展环境。环境也是生产力。继续营造环境,是加快我省改革开放和发展的一项重大任务。进一步落实行政审批制度改革措施,推行“一站式”服务,减少和规范行政审批行为,创造良好的办事环境。全面推进依法行政,落实政务公开措施,严格、公正、文明执法,创造良好的法制环境。加快社会信用体系建设,强化政府信用的导向作用,建立健全统一的企业和公民个人信用社会征信服务平台,加大社会信用监督和失信惩戒力度,创造良好的社会信用环境。

(原载于《甘肃理论学刊》2009 年第 6 期)

甘肃省经济社会跨越式发展的指标、
难点与方案选择研究

2010 年 5 月 2 日,《国务院办公厅关于进一步支持甘肃经济社会发展的若干意见》明确提出了努力建设工业强省、文化大省和生态文明省,以新思路、新举措走出一条具有甘肃特色的跨越式发展之路,到 2020 年,基本实现全面建成小康社会目标的宏伟构想,甘肃的区域发展战略由此上升为国家战略,甘肃经济社会发展迎来了新的历史性机遇。时至今日,跨越式发展已为陇原广大人民尤其是甘肃省内各级党委政府所普遍接受,但是如何从一个较为抽象的概念进入可操作的实践层面仍需要深入探讨。其中,一个至关重要的问题是如何测定和评价跨越式发展的状态和程度。因此,有必要在借鉴国外发达国家(或地区)、发展中国家(或地区)以及国内发达地区和欠发达地区的发展经验的基础上,建立一套切实可行的跨越式发展的指标体系,以便引导省内各级政府更好地贯彻与实施跨越式发展战略。

一、甘肃省实现经济社会跨越式发展的目标及其指标体系设计

(一)甘肃省跨越式发展目标界定

跨越式发展目标是跨越式发展战略与思路的基础性和根本性问题,只有明确了目标指向,跨越式发展才真正具有确定的参照系统和着力方向。经济社会跨越式发展既包括量的方面(发展速度和发展总量),也包括质的内容(质量、结构、发展方式、生态环境、居民收入与

幸福指数等),其中基础判断尺度是发展速度和总量的跨越,没有较快的发展速度和较大规模的总量,经济社会的跨越式发展就无从谈起。但快速发展和快速跟进并不等于跨越式发展,只有落后者跨过先行者的某个发展阶段某种发展水平才属跨越。同时,跨越式发展的衡量和判断是就横向比较而言的,是对先行者发展阶段、发展水平的赶超。如果纵向比较成就显著,横向比较差距继续拉大,就没能实现跨越式发展目标。据此,甘肃省走跨越式发展道路,首先要通过深入研究和全面科学测算,确定合理、可行的目标和指标体系。指标的设计要尽可能具体、可测度,防止和纠正目前存在的缩小、接近、赶超等模糊表述。甘肃省跨越式发展目标的界定需要把握以下几点。

第一,跨越式发展目标既把甘肃省的发展置于全国发展大局,又与甘肃省"十二五"规划、"国办 47 条"等重大发展战略相衔接,充分体现甘肃省所处的发展阶段和特征。

第二,跨越式发展从 2011 年开始,止于 2050 年,时间跨度为 40年。近期目标是从甘肃省基本实现了总体小康的发展目标(2008 年)之后的 2010 年算起,到实现与全国同步进入全面小康社会的宏伟目标止(与建党 100 周年大致吻合)。其中,2011—2015 年为近期目标第一个阶段;2016—2020 年为第二个阶段。它们分别与"十二五"规划和"十三五"规划相吻合。远景目标是从全面小康社会建成之日开始,到第三步现代化战略目标实现之时结束(与中华人民共和国成立100 周年大致吻合)。本文主要分析近期目标,即跨越式发展从起跳到落点的时限为 2010—2020 年。

第三,甘肃省跨越式发展应是全方位、多层次、宽领域的,且发展目标不但重视横向比较,更注重纵向比较。就前者而言,跨越式发展的目标至少应高于自身以前的某一阶段(主要是指 2000—2010 年这一时期)的平均发展水平。就后者而言,这一目标应至少高于全国(间或包括西部)同期平均水平,与此相应,各项指标的最低阈值均应高于全国(间或包括西部)同期的平均水平。

(二)甘肃省跨越式发展评价指标体系的选择动因

经过慎重考虑,笔者决定采用国家统计局的全面建设小康社会统计监测指标体系作为衡量甘肃省跨越式发展指标体系的近似替代形式,这主要基于以下理由。

第一,甘肃省跨越式发展的近期目标介于总体小康社会与全面小康社会两个目标之间。换言之,甘肃省跨越式发展的评价指标体系是发展目标的进一步分解与具体反映,理所当然地始终内嵌且贯穿于全面建设小康社会的整个进程。

第二,全面小康社会指标体系是由国家统计局牵头的各方面专家与学者集体智慧的结晶,具有很强的科学性。同时,该指标系官方制定的评价尺度,具有很高的权威性。

第三,全面小康社会评价指标是国家和地方各级政府制定经济社会发展政策的重要参考依据,从而增强了有关发展规划或政策的连续性和可操作性。加之其统计口径高度一致,既便于甘肃省与自身进行纵向比较,也便于与全国(以及其他兄弟省份)进行横向比较。

二、甘肃省实现跨越式发展的重点、难点与参照系分析

(一)甘肃省实现跨越式发展的重点与难点分析

用过去10年甘肃省全面建设小康社会进程的有关数据(实现程度与实际值),从全面建设小康社会的整体实现程度、六大子系统实现程度以及23项指标实现程度(或实际值)三个层面对甘肃省实现跨越式发展的基点进行了全面分析(纵向差距、横向差距分析与速度比较)(如表1、表2和表3所示)。同时,结合甘肃省今后经济社会发展的重点和方向,可以初步形成以下判断。

表1 2000—2010年甘肃省跨越式发展的纵向与横向差距

监测指标	纵向差距（2010年实现程度与实际值）			横向差距（2010年实现程度）		
	与基本实现全面小康社会差距/%	与完全实现全面小康社会差距/%	实际值与2010年目标值差距	与全国差距/%	相当于全国哪一年水平	与全国差距/年
一、经济发展						
1.人均国内生产总值	52.9	62.9	19751 元	26.9	2004	6
2.R&D 经费支出占 GDP 比重	49.3	59.3	3.48%	29.7	2001	9
3.第三产业增加值占 GDP 比重	15.4	25.4	12.7%	11.6	2000 年之前	≥10
4.城镇人口比重	29.8	39.8	23.9%	23.1	2000	10
5.失业率（城镇）	0.0	0.0	0.09%	0.0	2010	0
二、社会和谐						
6.基尼系数	32.9	42.9	0.065	22.7	低于 2008 或 2009	有波动

续表

监测指标	纵向差距（2010年实现程度与实际值）			横向差距（2010年实现程度）		
	与基本实现全面小康社会差距/%	与完全实现全面小康社会差距/%	实际值与2010年目标值差距	与全国差距/%	相当于全国哪一年水平	与全国差距/年
7.城乡居民收入比	66.7	76.7	0.65	65.9	低于2009	有波动
8.地区经济发展差异系数	90.0	100.0	34.7%	100	低于2002	有波动
9.基本社会保障覆盖率	21.7	31.7	28.57%	4.5	2009	1
10.高中阶段毕业生性别差异系数	0.0	1.38	2.68	1.8	2005	5
三、生活质量						
11.居民人均可支配收入	55.1	65.1	7765元	32.1	2003	7
12.恩格尔系数	0.0	4.9	2.06%	4.9	2003或2005	5~7
13.人均住房使用面积	37.8	47.8	12.9	47.8	2000年之前	≥10
14.5岁以下儿童死亡率	0.0	0.0	-0.65%	0.0	2010	0

续表

监测指标	纵向差距（2010年实现程度与实际值）			横向差距（2010年实现程度）		
	与基本实现全面小康社会差距/%	与完全实现全面小康社会差距/%	实际值与2010年目标值差距	与全国差距/%	相当于全国哪一年水平	与全国差距/年
15.平均预期寿命	0.0	0.4	0.3岁	0.0	2010	0
四、民主法制						
16.公民自身民主权利满意度	0.0	8.9	7.12%	0.0	2010	0
17.社会安全指数	4.3	14.3	14.3%	9.9	2003或2004	有波动
五、文化教育						
18.文化产业增加值占GDP比重	64.6	74.6	3.73%	29.6	2000之后	≥10
19.居民文教娱乐服务支出占家庭消费支出比重	31.8	41.8	6.68%	5.7	低于2009	有波动
20.平均受教育年龄	13.7	23.7	2.49年	6	2005	5

续表

监测指标	纵向差距（2010年实现程度与实际值）			横向差距（2010年实现程度）		
	与基本实现全面小康社会差距%	与完全实现全面小康社会差距%	实际值与2010年目标值差距	与全国差距%	相当于全国哪一年水平	与全国差距/年
六、资源环境						
21.单位GDP能量	47.7	47.7	1.15吨标准煤/万元	27.2	低于2005	有波动
22.耕地面积指数	0.0	0.0	≤0.05%	0.0	2010	0
23.环境质量指数	30.9	20.9	20.9%	0.0	2010	0

表2 2000—2010年甘肃省跨越式发展的速度比较

监测指标	年均速度（2000—2010年）			年均速度（2001—2005年）			年均速度（2006—2010年）		
	甘肃	全国	差距	甘肃	全国	差距	甘肃	全国	差距
经济发展									
指标一	2.40	3.90	1.50	1.70	2.66	0.96	3.10	5.14	2.04
指标二	1.22	3.43	2.21	2.40	3.48	1.08	0.04	3.38	3.34
指标三	−0.84	0.82	1.65	−0.32	0.44	0.76	−1.36	1.20	2.56
指标四	2.02	2.29	0.27	2.00	2.26	0.26	2.04	2.32	0.28
指标五	0.00	0.00	0.00	0.00	0.00	0.00	0.00	0.00	0.00
社会和谐									
指标六	−3.07	−1.88	1.19	−8.60	−4.5	4.10	2.46	0.24	1.72
指标七	−4.82	−2.95	1.87	−14.3	−1.18	10.12	4.66	−1.72	6.38
指标八	−5.08	5.35	11.33	−11.96	8.60	20.56	0.60	2.10	2.10
指标九	5.99	5.80	0.19	8.38	2.48	5.90	3.60	9.12	5.52
指标十	9.82	2.83	6.99	2.72	5.38	2.66	16.92	0.28	16.64
生活质量									
指标十一	1.98	4.25	2.27	1.64	2.98	1.34	2.32	5.52	3.20
指标十二	0.79	1.23	0.44	0.80	1.64	0.84	0.38	0.82	0.04
指标十三	2.30	2.98	0.28	2.96	3.42	0.46	2.44	2.54	0.10
指标十四	0.52	4.30	2.22	3.02	4.62	1.60	10.02	3.98	6.04
指标十五	0.96	0.28	0.68	0.94	0.42	0.52	0.98	0.14	0.84
民主法制									
指标十六	2.44	2.44	0.00	2.88	2.88	0.00	2.00	2.00	0.00
指标十七	0.13	−0.44	0.57	0.66	−2.14	2.80	−0.40	1.26	1.66
文化教育									
指标十八	0.50	2.40	1.90	1.36	3.04	1.68	−0.36	1.76	2.12

续表

监测指标	年均速度 （2000—2010 年）			年均速度 （2001—2005 年）			年均速度 （2006—2010 年）		
	甘肃	全国	差距	甘肃	全国	差距	甘肃	全国	差距
指标十九	−2.53	−0.91	1.62	1.12	1.06	0.06	−6.18	−2.88	3.30
指标二十	1.33	0.81	0.52	0.68	0.44	0.24	1.98	1.18	0.80
资源环境									
指标二十一	1.29	0.93	0.36	0.86	−0.32	1.18	1.32	2.18	0.46
指标二十二	0.00	0.00	0.00	−0.26	0.00	0.26	0.26	0.00	0.26
指标二十三	4.47	1.89	2.58	3.68	1.70	1.98	5.26	2.08	3.18

就全面建设小康社会六大子系统实现程度而言，无论是从纵向比较还是横向比较的结果来看，社会和谐、经济发展、文化教育三个子系统的实现程度均不容乐观。除了社会和谐子系统在西部排名中居于末位以外，文化教育子系统既在六大子系统中实现程度最低，又比全国落后至少 10 年以上，已经成为六大子系统中的"短板"，理应是今后发展的重中之重。就全面建设小康社会 23 项指标实现程度与实际值而言（如表 4 和表 5 所示）：第一，有些指标目前实现程度还较低，但后续提升的潜力很大。其中，人均 GDP 在 23 项指标中权重最大，2010 年实现程度只达到目标值的 37.1%；2010 年城乡居民人均可支配收入为 5235 元，比全国平均水平（10046 元）低 4811 元，实现程度仅为 34.9%，比全国低 32.1 个百分点。不过，这些指标经过一定的努力基本实现全面建设小康社会的可能性很大。

第二，从未来的发展情况看，有些指标的实现难度相对较大。例如，甘肃省城乡居民收入差距由 2000 年的 2487 元扩大到 2010 年的 9764 元；城乡居民收入比由 2000 年的 3.44 扩大到 2007 年的 4.30，2007 年以后开始有所下降，到 2010 年为 3.45，虽有缩小之势，

表3 2011—2020年甘肃省建设全面小康社会的不同发展方案选择

监测指标	年均速度（I）(2000—2010年)	年均速度（II）(2006—2010年)	参照系（I）(2000—2010年)	参照系（II）(2000—2005年)(2006—2010年)	年均速度（预测）(2011—2020年)	建议方案（或策略）
经济发展	2.44	0.8	2.58	1.04	3.46/4.46	跨越式发展（I）
指标一	2.40	3.10	3.90	5.14	5.29/6.20	跨越式发展（II）
指标二	1.22	0.04	3.43	3.48	4.93/5.93	跨越式发展（II）
指标三	-0.84	-1.36	0.82	1.20	1.54/2.54	跨越式发展（II）
指标四	2.02	2.04	2.29	2.32	2.98/3.98	跨越式发展（II）
指标五	0.00	0.00	0.00	0.00	0.00/0.00	零发展
社会和谐	3.37	9.54	3.37	9.54	3.22/4.22	维持发展（I）维持发展（II）
指标六	-3.07	2.46	-1.88	2.46	3.29/4.29	跨越式发展（II）
指标七	-4.82	4.66	-2.95	4.66	6.67/7.67	跨越式发展（II）
指标八	-5.98	0.00	5.35	8.60	9.00/10.00	跨越式发展（II）
指标九	5.99	3.60	5.99	9.12	2.17/3.17	维持发展（II）
指标十	9.82	16.92	9.82	16.92	0.02/0.18	零发展 维持发展（I）

续表

监测指标	年均速度（I）（2000—2010年）	年均速度（II）（2006—2010年）	参照系（I）（2000—2010年）	参照系（II）（2000—2005年）（2006—2010年）	年均速度（预测）（2011—2020年）	建议方案（或策略）
生活质量	3.73	5.76	3.73	5.76	2.40/3.40	维持发展（I）
指标十一	1.98	2.32	4.25	5.52	5.51/6.51	跨越式发展（I）跨越式发展（II）
指标十二	0.79	0.78	1.23	1.64	0.00/0.49	零发展 维持发展（II）
指标十三	2.70	2.44	2.98	3.42	3.78/4.78	跨越式发展（II）
指标十四	6.52	10.02	6.52	10.02	0.00/0.00	零发展
指标十五	0.95	0.98	0.96	0.98	0.00/0.04	零发展 维持发展（I）
民主法制	0.07	−0.48	0.87	1.74	0.18/1.18	跨越式发展（I）跨越式发展（II）
指标十六	2.44	2.00	2.44	2.88	0.00/0.89	零发展 维持发展（II）
指标十七	0.13	−0.40	0.13	1.26	0.43/1.43	跨越式发展（II）
文化教育	−0.33	−2.36	0.97	1.70	3.81/4.81	跨越式发展（II）
指标十八	0.50	−0.36	2.40	3.04	0.46/7.46	跨越式发展（II）

续表

监测指标	年均速度（Ⅰ）(2000—2010年)	年均速度（Ⅱ）(2006—2010年)	参照系（Ⅰ）(2000—2010年)	参照系（Ⅱ）(2000—2005年)(2006—2010年)	年均速度（预测）(2011—2020年)	建议方案（或策略）
指标十九	-2.53	-6.18	-0.91	1.12	3.18/4.18	跨越式发展（Ⅱ）
指标二十	1.33	1.98	1.33	1.98	1.37/2.37	维持发展（Ⅰ）跨越式发展（Ⅱ）
资源环境	3.20	3.28	3.20	3.28	1.97/2.97	维持发展（Ⅰ）
指标二十一	1.29	1.72	1.29	2.18	4.77/5.77	跨越式发展（Ⅱ）
指标二十二	0.00	0.26	0.00	0.26	0.00/0.00	零发展
指标二十三	4.47	5.26	4.47	5.26	1.09/2.09	维持发展（Ⅰ）

注：前面的数字为基本实现全面建设小康社会的实现程度（或方案）；后面的数字为完全实现全面建设小康社会的实现程度（或建议方案）

但离目标值还差 0.65 个百分点。再如,单位生产总值能耗与全面建设小康社会的目标(小于 0.84 吨标准煤/万元)尚有相当大的差距,加之甘肃省重化工业偏向的产业结构不利于节能减排。以 2010 年为例,甘肃省单位生产总值能耗为 1.99 吨标准煤/万元(2000 年不变价,下同),比全国平均水平 1.21 吨标准煤/万元高出 0.78 吨标准煤/万元。

第三,有些指标在过去的 10 年间波动较大,即使有些指标已经处于高位运行态势,甚至达到或者接近预期目标,但是维持并提高其现有水平的不确定性增加。譬如,经济快速发展时期,也是社会矛盾容易激发的危险时期,如果不能很好地加以化解,那么民主法制类指标反复波动的可能性比较大。社会安全指数虽然近年来实现程度较高,但由于该指标受某些意外事件的影响较大,如果在交通、火灾、工矿伤亡等方面发生特大灾害事件,则有可能出现急剧下降的情形。再如,地区经济发展差异系数从 2000 年的 72.7%扩大到 2006 年的 115.0%,达到最高值,2007 年降为 104.33%,2009 年比 2008 年下降 2.8 个百分点,虽然有缩小之势,但比全国 2008 年的 59.4%高 40.2 个百分点,2010 年进一步缩小到 94.7%,但离目标值 60%还有很大的差距。今后随着甘肃省跨越式发展战略的稳步推进,各市(州)之间的发展差异可能会进一步扩大。

人均国内生产总值、R&D 经费支出占 GDP 比重、基尼系数、城乡居民收入比、地区经济发展差异系数、居民人均可支配收入、人均住房使用面积、文化产业增加值占 GDP 比重、单位 GDP 能耗等 9 项指标既是甘肃省实现跨越式发展的薄弱环节,也是实现跨越式发展的重点与难点。这是因为上述 9 项指标有以下五个共同特征:一是低于甘肃省全面建设小康社会实现程度的平均水平;二是低于各自子系统实现程度的平均水平;三是实现程度均小于 60%,即尚未完全实现

表 4 2011—2020 年甘肃省基本实现全面建设小康社会进程预测
（实现程度/%）

监测指标	2010	2011	2012	2013	2014	2015	2016	2017	2018	2019	2020
经济发展	55.4	58.86	62.32	65.78	69.24	72.70	76.16	79.62	83.08	86.54	90.00
指标一	37.1	42.39	47.68	52.97	58.26	63.55	68.84	74.13	79.42	84.71	90.00
指标二	40.7	45.63	50.56	55.49	60.42	65.35	70.28	75.21	80.14	85.07	90.00
指标三	74.6	76.14	77.68	79.22	80.76	82.30	83.84	85.38	86.92	88.46	90.00
指标四	60.2	63.18	66.16	69.14	72.12	75.10	78.08	81.06	84.04	87.02	90.00
指标五	100.0	100.0	100.0	100.0	100.0	100.0	100.0	100.0	100.0	100.0	100.0
社会和谐	57.8	61.02	64.24	67.46	70.68	73.90	77.12	80.34	83.56	86.78	90.00
指标六	57.1	60.39	63.68	66.97	70.26	73.55	76.84	80.13	83.42	86.71	90.00
指标七	23.3	29.97	36.64	43.31	49.98	56.65	63.32	69.99	76.66	83.33	90.00
指标八	0.0	9.0	18.0	27.0	36.0	45.0	54.0	63.0	72.0	81.0	90.0
指标九	68.3	70.47	72.64	74.81	76.98	79.15	81.32	83.49	85.66	87.83	90.00
指标十	98.20	98.20	98.20	98.20	98.20	98.20	98.20	98.20	98.20	98.20	98.20
生活质量	66.0	68.4	70.8	73.2	75.6	78.0	80.4	82.8	85.2	87.6	90.0
指标十一	34.9	40.41	45.92	51.43	56.94	62.45	67.96	73.47	78.98	84.49	90.00
指标十二	95.1	95.10	95.10	95.10	95.10	95.10	95.10	95.10	95.10	95.10	90.00
指标十三	52.2	55.98	59.76	63.54	67.32	71.10	74.88	78.66	82.44	86.22	90.00
指标十四	100.0	100.0	100.0	100.0	100.0	100.0	100.0	100.0	100.0	100.0	100.0

续表

监测指标	2010	2011	2012	2013	2014	2015	2016	2017	2018	2019	2020
指标十五	99.6	99.60	99.60	99.60	99.60	99.60	99.60	99.60	99.60	99.60	90.00
民主法制	88.2	88.38	88.56	88.74	88.92	89.10	89.28	89.46	89.64	89.82	90.00
指标十六	91.1	91.10	91.10	91.10	91.10	91.10	91.10	91.10	91.10	91.10	90.00
指标十七	85.7	86.13	86.56	86.99	87.42	87.85	88.28	88.71	89.14	89.57	90.00
文化教育	51.9	55.71	59.52	63.33	67.14	70.95	74.76	78.57	82.38	86.19	90.00
指标十八	25.4	31.86	38.32	44.78	51.24	57.70	64.16	70.62	77.08	83.54	90.00
指标十九	58.2	61.38	64.56	67.74	70.92	74.10	77.28	80.46	83.64	86.82	90.00
指标二十	76.3	77.67	79.04	80.41	81.78	83.15	84.52	85.89	87.26	88.63	90.00
资源环境	70.3	72.27	74.24	76.21	78.18	80.15	82.12	84.09	86.06	88.03	90.00
指标二十一	42.3	47.07	51.84	56.61	61.38	66.15	70.92	75.69	80.46	85.23	90.00
指标二十二	100.0	100.0	100.0	100.0	100.0	100.0	100.0	100.0	100.0	100.0	100.0
指标二十三	79.1	80.19	81.28	82.37	83.46	84.55	85.64	86.73	87.82	88.91	90.00

注:限于篇幅,仅提供了基本实现全面建设小康社会实现程度的数值,而完全实现小康社会实现程度的数值没有提供

表 5 2011—2020 年基本实现全面建设小康社会
进程预测（实际值/%）

监测指标	2010	2011	2012	2013	2014	2015	2016	2017	2018	2019	2020
经济发展											
指标一	11649	13310	14971	16632	18293	19954	21615	23276	24937	26598	28260
指标二	1.02	1.14	1.26	1.39	1.51	1.63	1.76	1.88	2.00	2.13	2.25
指标三	37.3	38.1	38.8	39.6	40.4	41.2	41.9	42.7	43.5	44.2	45.0
指标四	36.1	37.9	39.7	41.5	43.3	45.1	46.8	48.6	50.4	52.2	54.0
指标五	5.4	≤6.0	≤6.0	≤6.0	≤6.0	≤6.0	≤6.0	≤6.0	≤6.0	≤6.0	≤6.0
社会和谐											
指标六	0.465	0.453	0.460	0.457	0.455	0.451	0.448	0.445	0.441	0.436	0.432
指标七	3.85	3.80	3.76	3.70	3.65	3.59	3.53	3.46	3.38	3.29	3.18
指标八	94.7	79.1	78.1	77.1	76.0	74.8	73.6	72.2	70.6	68.7	66.3
指标九	61.43	63.42	65.38	67.33	69.28	71.24	73.19	75.14	77.09	79.05	81.00
指标十	102.68	102.68	102.68	102.68	102.68	102.68	102.68	102.68	102.68	102.68	102.68
生活质量											
指标十一	5235	6062	6888	7715	8541	9368	10194	11021	11847	12674	13500
指标十二	42.06	42.06	42.06	42.06	42.06	42.06	42.06	42.06	42.06	42.06	42.06
指标十三	14.1	15.1	16.1	17.2	18.2	19.2	20.2	21.2	22.3	23.3	24.3
指标十四	11.35	≤12.0	≤12.0	≤12.0	≤12.0	≤12.0	≤12.0	≤12.0	≤12.0	≤12.0	≤12.0
指标十五	74.70	74.70	74.70	74.70	74.70	74.70	74.70	74.70	74.70	74.70	74.70
民主法制											
指标十六	72.88	72.88	72.88	72.88	72.88	72.88	72.88	72.88	72.88	72.88	72.88

续表

监测指标	2010	2011	2012	2013	2014	2015	2016	2017	2018	2019	2020
指标十七	85.7	86.13	86.56	86.99	87.42	87.85	88.28	88.71	89.14	89.57	90.00
文化教育											
指标十八	1.27	1.59	1.92	2.24	2.56	2.89	3.21	3.53	3.85	4.18	4.50
指标十九	9.32	9.82	10.33	10.84	11.35	11.86	12.36	12.84	13.38	13.89	14.40
指标二十	8.01	8.16	8.30	8.44	8.59	9.17	8.87	9.02	9.16	9.31	9.45
资源环境											
指标二十一	1.99	1.78	1.62	1.48	1.37	1.27	1.18	1.11	1.04	0.99	0.93
指标二十二	≥94.0	≥94.0	≥94.0	≥94.0	≥94.0	≥94.0	≥94.0	≥94.0	≥94.0	≥94.0	≥94.0
指标二十三	79.1	80.19	81.28	82.37	83.46	84.55	85.64	86.73	87.82	88.91	90.00

总体小康社会的目标；四是实现程度距离完全实现全面小康社会均在 40 个百分点以上；五是均低于全国实现程度的平均水平。

(二)甘肃省实现跨越式发展的参照系分析

与甘肃省跨越式发展目标相适应，反映全面建设小康社会三个层次的年均实现程度应至少高于全国和西部的同期平均水平以及自身以前某一阶段的平均发展水平。就全面建设小康社会实现程度而言，2011—2020 年的 10 年间，甘肃省年均提高至少应在 2.05 个百分点以上，这一数字不仅应高于 2001—2010 年的年均水平(1.73%)，也应高于西部(1.82%)和全国(2.05%)。具体来说，"十二五"时期和"十三五"时期，甘肃省年均提高应至少不低于 3 个百分点，这一数字不仅应高于"十五"时期和"十一五"时期的年均水平(分别是 0.46% 和

3.00%），也应高于西部（分别是 1.21%和 2.43%）和全国（分别是 1.51%和 2.59%）。就全面建设小康社会六大子系统实现程度而言,经济发展方面,2011—2020 年的 10 年间，甘肃省年均提高至少应在 2.58 个百分点以上,这一数字不仅应高于 2001—2010 年的年均水平（2.44%）,也应高于全国（2.58%）。具体来说,"十二五"时期和"十三五"时期,甘肃省年均提高应至少不低于 4.08 个百分点,这一数字不仅应高于"十五"时期和"十一五"时期的年均水平（分别是 4.08%和 0.8%）,也应高于全国（分别是 2.06%和 3.13%）。其他五大子系统的参照系以此类推（如表 3 所示）。

就全面建设小康社会 23 项指标实现程度而言,以人均 GDP（指标一）的参照系为例,2011—2020 年的 10 年间,甘肃省年均提高至少应在 3.90 个百分点以上，这一数字不仅应高于 2001—2010 年的年均水平（2.40%）,也应高于全国（3.90%）。具体来说,"十二五"时期和"十三五"时期,甘肃省年均提高应至少不低于 5.14 个百分点,这一数字不仅应高于甘肃省"十五"时期和"十一五"时期的年均水平（分别是 1.7%和 3.1%）,也应高于全国"十五"时期和"十一五"时期的年均水平（分别是 2..66%和 5.14%）。其他 23 项指标的参照系以此类推（如表 3 所示）。

三、甘肃省跨越式发展的前景预测与方案选择

（一）甘肃省实现跨越式发展的前景预测

就全面建设小康社会实现程度而言,2010 年甘肃省实现程度为 62.7%，若按照甘肃省 2000—2010 年建设小康社会的年均增长幅度 1.73%测算,到 2020 年甘肃省全面小康社会实现程度将达到 80%,相当于全国 2010 年的水平;到 2030 年实现程度为 97.3%,才能基本达到小康要求;到 2031 和 2032 年才能全面实现小康的既定目标,届时

实现程度将达到 99.03% 和 100.76%。若按照"十一五"期间年均 3.00% 的增长幅度测算,到 2015 年全面小康的实现程度将为 77.7%,到 2020 年实现程度将达到 92.7%,基本实现全面小康的既定目标;到 2023 年甘肃省全面小康的实现程度将能达到 101.7%,完全实现全面小康的既定目标。

甘肃省要在 2020 年基本实现全面建成小康社会,即实现程度达到 90% 以上,在未来 10 年内必须保持平均每年增加 2.73 个百分点的发展速度;若要实现全面建成小康社会,即实现程度达到 100%,在未来 10 年内必须保持平均每年增加 3.73 个百分点的发展速度。否则,在 2020 年与全国同步实现全面建成小康社会的奋斗目标将化为泡影。

就全面建设小康社会六大子系统实现程度而言,经济发展子系统要在 2020 年基本实现全面建成小康社会,在未来 10 年内必须保持平均每年增加 3.46 个百分点的发展速度。若要完全实现全面建成小康社会,在未来 10 年内必须保持平均每年增加 4.46 个百分点的发展速度。其他五大子系统基本(或完全)实现全面建成小康社会的预测值以此类推(如表 4 所示)。就全面建设小康社会 23 项指标的实现程度和实际值而言(如表 4 和表 5 所示),人均 GDP、R&D 经费支出占 GDP 比重、第三产业增加值占 GDP 比重、城镇人口比重、基尼系数、城乡居民收入比、地区经济发展差异系数、基本社会保障覆盖率、居民人均可支配收入、人均住房使用面积、社会安全指数、文化产业增加值占 GDP 比重、居民文教娱乐服务支出占家庭消费支出比重、平均受教育年限、单位 GDP 能耗、环境质量指数等 16 项指标均未完成全面建成小康社会的任务,若要 2020 年基本实现全面建成小康社会在未来 10 年内必须保持的年均速度与完全实现全面建成小康社会相比,后者要比前者高一个百分点。高中阶段毕业生性别差异系数、恩格尔系数、平均预期寿命、公民自身民主权利满意度 4 项指标均已完成基本实现全面建成小康社会的任务，而完全实现全面建成小康社会尚未完成。因此，要在 2020 年基本实现全面建成小康社会，在未来 10 年内只需保持年均零个百分点的发展速度。若要完全实现全面建成小康社会，在未来 10 年内只需保持较低的年均速度即可。城镇失业率、5 岁以下儿童死亡率、耕地面积指数 3 项指标均不但已经完成基本实现全面建成小康社会的任务，完全实现全面建成小康社会也已完成。因此，要在 2020 年基本（或完全）实现全面建成小康社会，在未来 10 年内只需保持年均零个百分点的发展速度即可。

（二）甘肃省实施跨越式发展战略的不同发展策略与方案选择

根据甘肃省要在 2020 年基本实现或完全实现全面建成小康社会的目标，在未来 10 年内全面建设小康社会 23 项指标必须保持的年均速度的高低与过去的年均发展速度、跨越式发展的参照速度之间的关系，将今后每一项指标的发展策略进行细化。也就是说，把 23 项指标在未来 10 年的发展方案分门别类地划分为零发展、维持发展和跨越式发展三种不同方案。其中，零发展方案是指该项指标已经实现（甚至超越）基本实现或完全实现全面建成小康社会的既定目标，今后不必发展（即发展速度为零），只需维持现状即可；维持发展方案是指只要维持以前的发展速度（即参照纵向速度），按部就班地发展就能实现奋斗目标；跨越式发展方案是指必须打破常规，按照跨越式发展的参照系（即参照纵向速度与横向速度）加快发展。此外，维持发展方案又有 I 型和 II 型之分，其中，I 型是指"十五"与"十一五"时期 10 年间（2000—2010 年）的年均发展速度；II 型是指"十一五"时期 5 年间（2006—2010 年）的年均发展速度。跨越式发展方案也有 I 型和 II 型之分，其中，I 型是指"十五"与"十一五"时期 10 年间（2000—

2010年)的年均发展速度;Ⅱ型是指"十五"时期5年间(2001—2005年)与"十一五"时期5年间(2006—2010年)的年均发展速度两者之中的较高者。

依据以上划分标准,建议采取零发展方案的指标有城镇失业率、5岁以下儿童死亡率、常用耕地面积指数。建议采取维持发展方案的指标有基本社会保障覆盖率、环境质量指数。其中,建议后者采取维持发展Ⅰ型方案,前者采取维持发展Ⅱ型方案。建议采取跨越式发展方案的指标有人均GDP、R&D经费支出占GDP比重、第三产业增加值占GDP比重、城镇人口比重、基尼系数、城乡居民收入比、地区经济发展差异系数、居民人均可支配收入、人均住房使用面积、社会安全指数、文化产业增加值占GDP比重、居民文教娱乐服务支出占家庭消费支出比重、单位GDP综合能耗。其中,建议居民人均可支配收入在基本实现全面建成小康社会上采取跨越式发展Ⅰ型方案,在完全实现全面建成小康社会上采取跨越式发展Ⅱ型方案。此外,高中阶段毕业生性别差异系数、恩格尔系数、平均预期寿命、公民自身民主权利满意度、平均受教育年限5项指标在基本实现与完全实现全面建成小康社会上所采取的方案不同,需要在以上三个方案中分别选择两个不同的方案(如表3所示)。

从全面建设小康社会六大子系统实现程度来看,建议经济发展、民主法制、文化教育三大子系统采取跨越式发展策略。其中,经济发展、文化教育两大子系统采取跨越式发展Ⅱ型策略;民主法制子系统在基本实现全面建成小康社会上采取跨越式发展Ⅰ型策略,在完全实现全面建成小康社会上采取跨越式发展Ⅱ型策略。建议社会和谐、生活质量、资源环境三大子系统采取维持发展策略。其中,生活质量、资源环境两大子系统采取维持发展Ⅰ型策略;社会和谐子系统在基本实现全面建成小康社会上采取维持发展Ⅰ型策略,在完全实现全面建成小康社会上采取维持发展Ⅱ型策略。

从全面建设小康社会实现程度的整个层面来看，甘肃省要在2020年基本实现全面建成小康社会，在未来10年内必须保持年均2.73个百分点的发展速度，故建议采取维持发展Ⅱ型战略。若要完全实现全面建成小康社会，即实现程度达到100%，在未来10年内必须保持年均3.73个百分点的发展速度，故建议采取跨越式发展Ⅱ型战略。

三、甘肃省实现跨越式发展的数据检验、规划衔接以及深入探讨的几个问题

（一）部分数据检验与规划衔接

迄今为止，涉及甘肃省跨越式发展的纲领性文件至少有4个，依次是提出甘肃省未来10年经济社会发展目标的《国务院办公厅关于进一步支持甘肃经济社会发展的若干意见》，提出甘肃省未来5年经济社会发展目标的《甘肃省国民经济和社会发展第十二个五年规划纲要》，提出甘肃省2012年经济社会发展目标的《甘肃省人民政府关于分解落实2012年全省经济社会发展主要目标任务的通知》以及《2011年甘肃省国民经济和社会发展统计公报》。纵观这些文件，最后一个已经将跨越式发展的年度规划变成了现实，当务之急是将其与实施跨越式发展战略的2011年度预测数值进行比对以更好地发现规划实施中暴露的问题。而前3个为甘肃省实施跨越式发展战略绘制了美好的蓝图，当务之急是将其与实施跨越式发展战略的预测数值、方案选择进行有机衔接以更好地落实下去。

从2011年部分数据检验的角度看，将经过简单计算后得到的部分数据与2011年预测值进行比较，发现城镇登记失业率（3.19%）与恩格尔系数（40.41%）控制在预定范围内（分别为6.0%和42.06%），

而 R&D 经费支出占 GDP 比重(0.90%)、第三产业增加值占 GDP 比重(37.0%)、城镇人口比重(37.15%)等指标均未实现 2011 年预定目标,因为按照基本实现全面建成小康社会的要求 2011 年预测值应分别为 1.14%、38.1% 和 37.90%。此外,第三产业增加值也没有达到甘肃省"十二五"规划提出的要求,按 2010 年不变价计算的该数值应为 1744.20 亿元,而实际完成仅为 1705.95 亿元。

从规划衔接的角度看,以 2012 年为例,按照甘肃省政府制定的年度目标任务分解的具体要求,城镇登记失业率(4.6%)控制在预定范围内(≤6.0%),而第三产业增加值占 GDP 比重(37.1%)、城镇人口比重(计划增长 1% 以上)、单位 GDP 综合能耗(计划降低 3.2%)均低于预测值,因为按照基本实现全面建成小康社会的要求,应依次为:达到 38.8%,增长 1.8%,降低 9.0%。这说明 2012 年度指标中有些偏低,即使确保 100% 完成任务,也极有可能实现不了全面小康社会的目标。以 2015 年为例,按照甘肃省"十二五"规划提出的要求,城镇登记失业率(≤4.0%)、人均住房使用面积(≥30.0m²)、5 岁以下儿童死亡率(9.0‰)、平均预期寿命(≥73.0 岁)均达到或超过预定目标(分别为≤6.%,19.2m²,≤12.0‰,67.5 岁)之内,而 R&D 经费支出占 GDP 比重(1.50%)、第三产业增加值占 GDP 比重(40.0%)、城镇人口比重(≥40.0%)、平均受教育年限(≥8.00 年)均低于预测值,因为按照基本实现全面建成小康社会的要求,应依次为 1.63%、41.2%、45.1% 和 9.17 年。这说明甘肃省"十二五"规划中有些指标仍然偏低,即使确保 100% 完成任务,也极有可能实现不了全面小康社会的目标。

(二)需要深入探讨的几个问题

1. 应尽早着手研究甘肃省后小康社会的跨越式发展目标与指标体系问题

跨越式发展指标体系的研究是一项长期而复杂的工作,既要制定长远的战略目标,又要有不同阶段的具体目标,并相应提出实现这些目标的战略措施。甘肃省跨越式发展的时间跨度应为40年。近期目标(2010—2020年),即从甘肃省基本实现了总体小康的发展目标之后的2010年算起,到实现与全国同步进入全面小康社会的宏伟目标为止;远景目标是从全面小康社会建成之日开始,到第三步现代化战略目标实现之时结束。本文主要关注近期目标,没有触及远景目标。因此,研究与筹划甘肃省后小康社会的跨越式发展目标与指标体系问题应尽快提上议事日程。

2. 正确处理省级指标体系与市、州以及县级指标体系的关系问题

全方位建立跨越式发展状态比较与参照系统是科学地把握一个国家和地区跨越式发展水平的重要基础。跨越式发展的比较,不仅要有动态的比较功能,而且要具有空间比较功能。甘肃省是一个区域差异十分明显的省份,客观地描述与评价跨越式发展状态的区域差异,是可持续发展指标体系研究的重要内容。本文就当前甘肃省实现跨越式发展的指标体系进行系统研究,但对于市、州 (县)级指标体系及其省级与市、州(县)级指标体系的关系问题尚未进行深入探讨。如何建立两者之间良好的互动关系,是今后应重点考虑的问题之一。

3. 甘肃省通过跨越式发展同步实现全面小康社会的方式需要进一步探讨

目前,甘肃省绝大多数市(州)都先后提出与全国同步实现全面建成小康社会的宏伟目标。有些行业不甘落后,也提出跨越式发展的各种指标。问题是,鉴于甘肃省内不同地区(行业或社会阶层)之间的经济社会状况参差不齐,即便2020年甘肃省与全国同步实现全面小康社会的目标,也不可否认有些地区、行业或社会阶层未必完成全面建设小康社会的每一项指标。换言之,甘肃省同步实现全面小康社会这一目标的方式是通过"优势指标"与"短板指标"相互折中以取长补

短的方式总体上同步实现全面小康,还是藉由"瓶颈"地区(行业或社会阶层)中每一项"短板指标"都要达到全面建成小康社会的要求? 这个问题值得进一步分析与研究。

（原载于《甘肃社会科学》2012 年第 4 期）

以改革创新为动力打造甘肃经济发展升级版
——甘肃经济运行形势与对策分析

近年来,面对复杂多变与不确定的国内外经济形势,甘肃坚持稳中求进的经济工作总基调,以转型跨越发展和全面小康社会建设为目标,以提高经济发展质量和效益为中心,以改革总揽经济社会发展全局,总体上保持了经济的健康发展。但自 2013 年下半年以来甘肃省经济运行中暴露出许多新的矛盾与问题,经济下行压力不断加大,对甘肃省经济社会发展已经和正在产生深刻影响。科学审视和研判当前甘肃经济形势,及时确定有效应对之策,对甘肃省经济的转型升级跨越发展以及全面建成小康社会具有重大意义。

一、甘肃经济运行面临的压力与挑战

(一)经济增长下行压力仍在加大

1. 经济增速放缓,差距明显

2014 年一季度甘肃生产总值 1098.27 亿元, 在全国排第 27 位,一季度同比增长 7.9%,较去年同期的 12.1%下降了 4.2 个百分点,增速在全国排第 18 位,在全国的排位由第 6 位下滑到第 18 位(见表 1),是 2008 年以来首次跌破两位数的增长, 在西北五省区中仅高于宁夏。其中,第一产业增加值同比增长 4.3%,第二产业增加值同比增长 9.1%,第三产业增加值同比增长 6.6%。经济整体下行压力进一步加大,工业生产、投资、消费等主要指标同比增速均有不同程度回落。

表1　2014年一季度全国各省(区市)生产总值对比表

地区	总额/亿元	总额排名	增长/%	增长排名	地区	总额/亿元	总额排名	增长/%	增长排名
全国	128213.00	—	7.4	—	天津	3190.30	16	10.6	3
广东	13636.91	1	7.2	24	内蒙古	3161.38	17	7.3	22
江苏	12892.90	2	8.8	13	广西	3014.36	18	8.0	17
山东	11995.00	3	8.7	14	重庆	2982.71	19	10.9	1
浙江	7768.00	4	7.0	26	江西	2948.40	20	9.3	8
河南	7456.88	5	8.7	14	黑龙江	2650.00	21	4.1	31
四川	5878.54	6	8.1	16	山西	2631.67	22	5.5	29
辽宁	5663.60	7	7.4	21	云南	2454.73	23	7.7	20
河北	5426.80	8	4.2	30	吉林	2305.10	24	7.0	26
湖北	5137.26	9	9.2	9	贵州	1421.15	25	10.8	2
湖南	5042.72	10	9.2	9	新疆	1295.89	26	10.2	4
上海	4937.50	11	7.8	19	甘肃	1098.27	27	7.9	18
北京	4413.00	12	7.1	25	海南	815.05	28	7.3	22
福建	4037.73	13	9.4	7	宁夏	442.64	29	6.9	28
安徽	3971.20	14	9.6	6	青海	388.94	30	10.1	5
陕西	3339.16	15	9.2	9	西藏	172.33	31	9.2	9

注:生产总值数据来源于各省统计局网站

2. 工业生产低位运行,工业效益下滑严重。2014 年一季度甘肃规模以上工业增加值 431.38 亿元,同比增长 8.9%,经济增长虽然高于全国 0.2 个百分点(增幅为 2009 年 4 月以来最低水平),但增速比 2013 年同期和 2013 年全年分别回落 5.5 和 2.6 个百分点,比 2013 年同期下降 2.2 个百分点,规模以上工业增加值增速在全国排第 18 位(见表 2)。

一季度以来,受国家化解产能过剩等宏观调控政策及钢铁、铜、铝等大宗初级产品价格连续下跌和投资下滑影响,甘肃有色、冶金、石化、机械、建材、餐饮等支柱产业市场持续低迷,行业利润大幅下滑,部分企业亏损严重。

3. 固定资产投资增速高位略缓

2014 年一季度,甘肃固定资产投资累计完成 586.83 亿元,同比增长 22.7%,比 2013 年同期下降 5.55 个百分点。固定资产投资总量在全国排第 24 位,增速排全国第 6 位。固定资产投资增速下降拖累经济增长下滑至少一个百分点以上。其中房地产投资增速下滑达到 36.6 个百分点。通过对比序列数据发现,与 2011 年、2012 年和 2013 年同期相比,绝对值分别增加 319.55 亿元、214.03 亿元和 108.7 亿元,但以 18.85、16.75 和 5.55 个百分点的速度逐年下降。2011 年以前,甘肃固定资产投资增速保持在 36%以上高位运行,2012 年保持在 30%以上,2013 年全年稳定在 27%左右,2014 年开局下滑至 25.2%,同样,从 2011—2013 年每年 1—6 月和 1—12 月同期数据比较看(见图 1),增速也呈明显下降趋势。可见,甘肃省固定投资虽仍呈现出稳定增长的态势,但投资高速增长的势头正在弱化,投资对经济增长的带动作用正呈下降趋势。

横向来看,2014 年一季度甘肃省全社会固定资产投资增速虽高于全国 5.15 个百分点(见表 3),但由于基数小,因此总量仅占全国的

表2　2014年一季度全国各省(区市)生产总值对比表

地区	总额/亿元	总额排名	增长/%	增长排名	地区	总额/亿元	总额排名	增长/%	增长排名
全国	128213.00	—	7.4	—	天津	3190.30	16	10.6	3
广东	13636.91	1	7.2	24	内蒙古	3161.38	17	7.3	22
江苏	12892.90	2	8.8	13	广西	3014.36	18	8.0	17
山东	11995.00	3	8.7	14	重庆	2982.71	19	10.9	1
浙江	7768.00	4	7.0	26	江西	2948.40	20	9.3	8
河南	7456.88	5	8.7	14	黑龙江	2650.00	21	4.1	31
四川	5878.54	6	8.1	16	山西	2631.67	22	5.5	29
辽宁	5663.60	7	7.4	21	云南	2454.73	23	7.7	20
河北	5426.80	8	4.2	30	吉林	2305.10	24	7.0	26
湖北	5137.26	9	9.2	9	贵州	1421.15	25	10.8	2
湖南	5042.72	10	9.2	9	新疆	1295.89	26	10.2	4
上海	4937.50	11	7.8	19	甘肃	1098.27	27	7.9	18
北京	4413.00	12	7.1	25	海南	815.05	28	7.3	22
福建	4037.73	13	9.4	7	宁夏	442.64	29	6.9	28
安徽	3971.20	14	9.6	6	青海	388.94	30	10.1	5
陕西	3339.16	15	9.2	9	西藏	172.33	31	9.2	9

注:生产总值数据来源于各省统计局网站

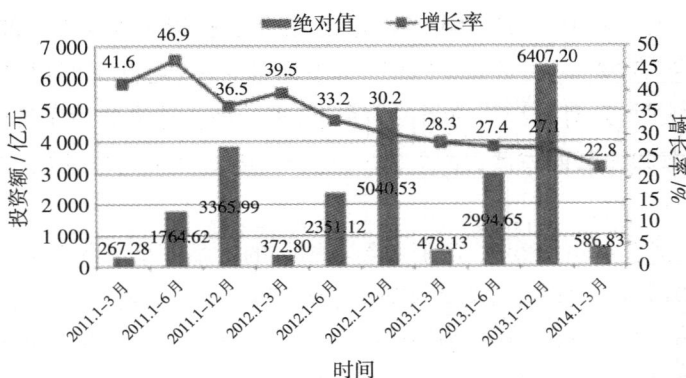

图1　2011—2014年甘肃省同期固定资产投资额及增速对比

表3　2014年1—3月甘肃省与西部省区市
全社会固定资产投资完成额比较

区域	累计绝对值/亿元	排位	累计增长率/%	排位
甘肃	586.83	8	22.7	5
内蒙古	700.94	7	16.2	12
广西	2070.20	2	16.3	8
重庆	1839.31	3	17.7	10
四川	4794.15	1	17.4	11
贵州	1223.01	6	24.9	1
云南	1779.77	5	17.9	9
西藏	53.51	12	23.9	4
陕西	1814.42	4	19.6	6
青海	145.86	11	24.5	3
宁夏	204.65	10	19.1	7
新疆	365.97	9	24.8	2
全国	68321.71	–	17.6	–

0.86%。与西部其他 11 个省区市相比,甘肃省投资额也仅占西部地区总量的 3.77%,绝对值在 12 省区市中列第 8 位,远低于四川、广西、重庆、陕西、云南、贵州、内蒙古的水平,累计增长速度落后于贵州、新疆、青海和西藏四省区,位居第五,高于西部地区平均增速(20.55%)2.15 个百分点。

4. 消费品市场疲软,消费对经济增长的贡献率呈下降趋势

2014 年一季度,甘肃省实现社会消费品零售总额 557.7 亿元(见表4),占全国的 0.90%,同比增长 12.8%,增速高于全国平均水平 0.8 个百分点。甘肃省消费品零售总额绝对量比 2012 年和 2013 年同期分别增加 182.36 亿元和 114.30 亿元,但累计增长率分别降低 5.3 和 0.2 个百分点,而与 2011—2013 各年同一时期的增长率相比较,也呈现出明显的回落态势,表明甘肃省消费需求稳步增长,但增速呈现下滑趋势。

5. 财政预算增速波动明显

2014 年一季度,甘肃财政总收入完成 154.37 亿元(见表5),比2013 年同期增长 4.98%,增速比 2013 年同期低 6.69 个百分点,占全国公共财政预算收入的份额为 0.44%,增速低于全国平均水平 4.32 个百分点,实现公共财政预算支出 489.78 亿元,比 2013 年同期增长 8.8%,增速比 2013 年同期下降 3.65 个百分点,占全国总量的 1.61%,增速低于全国 3.8 个百分点,增幅排第 31 位。

6. 存贷款规模持续扩大,增幅双双回落

截至 2014 年 3 月末,甘肃省金融机构本外币各项存款余额达12710.29 亿元,同比增长 16.7%,绝对值较 2013 年同期增加 1819.15亿元,增速比 2013 年同期回落 5.76 个百分点;金融机构本外币各项贷款余额为 9366.36 亿元,比 2013 年同期增长 22.37%,绝对值较 2013年同期增加 1712.45 亿元,增幅比 2013 年同期回落 3 个百分点。甘肃

表4 2014年一季度全国各省(区市)全社会消费品零售总额零售品零售总额对比表

地区	总额/亿元	总额排名	同比增长/%	增长排名	地区	总额/亿元	总额排名	同比增长/%	增长排名
全国	62.81.00		12.0		吉林	1382.0	16	11.8	22
广东	6658.45	1	11.3	26	陕西	1333.48	17	12.8	7
江苏	5775.27	2	12.4	15	广西	1331.60	18	12.0	20
山东	5697.80	3	12.4	15	陕西	1297.70	19	11.4	25
浙江	3974.00	4	13.1	2	内蒙古	1289.40	20	10.1	28
河南	3350.32	5	12.5	13	重庆	1244.00	21	12.9	3
湖北	2778.00	6	12.5	13	江西	1174.50	22	12.3	18
四川	2677.08	7	12.7	8	天津	1105.36	23	4.0	31
河北	2638.30	8	11.8	22	云南	981.89	24	12.6	11
辽宁	2513.60	9	12.4	15	贵州	593.74	25	12.9	3
湖南	2283.13	10	12.6	11	甘肃	557.65	26	12.8	7
福建	2238.80	11	12.8	7	新疆	524.72	27	11.7	24
北京	2111.40	12	5.1	30	海南	276.07	28	12.1	19
上海	2057.59	13	7.2	29	宁夏	160.49	29	10.3	27
安徽	1776.10	14	12.9	3	青海	131.80	30	12.9	3
黑龙江	1561.90	15	12.0	20	西藏	74.00	31	14.0	1

注:社会消费品零售总额数据源于各省统计局

表5 2014年一季度全国各省(区市)地方财政预算收入对比表

地区	总额/亿元	总额排名	同比增长/%	增长排名	地区	总额/亿元	总额排名	同比增长/%	增长排名
全国	19481.00		11.8		江西	524.20	16	15.1	11
广东	1891.52	1	16.2	8	山西	498.10	17	5.3	28
江苏	1799.10	2	11.1	19	广西	488.89	18	5.2	29
上海	1424.40	3	18.9	5	陕西	431.83	19	13.4	14
山东	1258.40	4	10.5	20	内蒙古	426.13	20	7.3	27
浙江	1205.00	5	7.6	26	重庆	382.56	21	16.5	6
北京	1081.10	6	11.7	16	黑龙江		22		25
辽宁	938.90	7	9.3	22	云南	377.67	23	8.5	24
四川	831.92	8	11.4	18	贵州	360.12	24	14.2	12
河南	673.07	9	16.3	7	吉林	314.42	25	5.1	30
河北	665.20	10	9.9	21	新疆	240.25	26	20.5	3
湖北	643.41	11	21.4	2	甘肃	154.37	27	5.0	31
安徽	631.20	12	11.5	17	海南	150.77	28	20.2	4
福建	595.18	13	15.7	9	宁夏	81.99	29	12.5	15
湖南	575.63	14	13.9	13	青海	58.33	30	8.8	23
天津	561.71	15	15.3	10	西藏	19.03	31	33.1	1

注:地方财政预算收入数据来源于各省统计局和财政厅

省金融机构本外币存贷款规模快速扩张,但增速均呈小幅回落。

7. 居民消费价格继续回落,保持低位运行

2014 年第一季度,甘肃省居民消费价格总水平同比上涨 2.6%,高于全国平均水平 0.3 个百分点,涨幅比上年同期回落了 0.2 个百分点。就西部地区而言,甘肃省居民消费价格指数低于西藏和广西两个自治区居第三位,高于西部地区平均水平 0.14 个百分点,居全国第 11 位,在西北 5 省区中,仅次于陕西省与其他 4 省区并列第二(见图 2)。2012 年以来,甘肃省居民消费价格总水平相对平稳,总体呈下滑趋势,增幅基本保持在 3%以内低位运行,但与全国及西部相比仍略偏高。

8. 工业生产者出厂与购进价格同步下跌

2014 年 3 月,甘肃省工业生产者出厂价格同比下降 5.7%,环比下降 0.2%,跌幅高出全国平均水平 3.4 个百分点。同期,工业生产者购进价格同比下降 3.2%,环比下降 0.1%,跌幅较全国平均水平高 0.7 个百分点。在西部 12 省区市中,除西藏自治区(购进价格指数尚未发

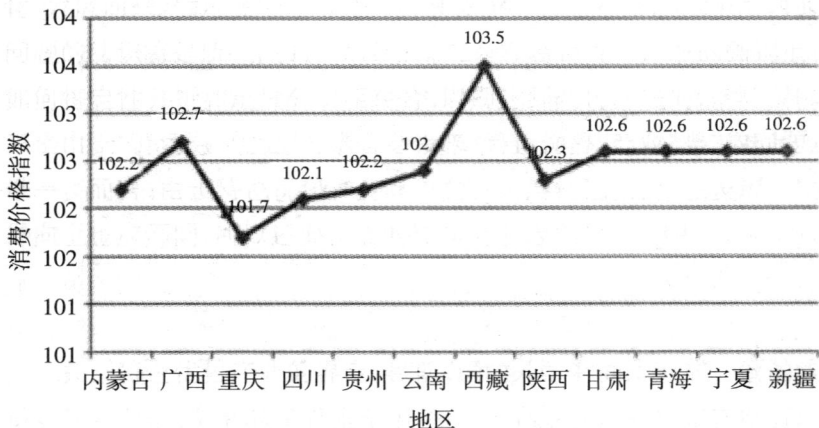

图 2　西部各省区 2014 年 1—3 月居民消费价格指数

布)工业生产者出厂价格总水平有所上涨外,其余省区市工业生产者出厂与购进价格均出现不同程度的下跌。其中,甘肃省工业生产者出厂与购进价格总水平均居倒数第二。

(二)国际国内环境充满不确定性,潜在风险不容低估

2014年第一季度,全球经济形势变化的态势充分证明了习近平总书记做出的"2014年中国发展的外部经济环境十分复杂,充满了不确定性"的判断。这些不确定性主要表现在:发达国家新的增长动力尚不明朗,新兴和发展中经济体增速较快,但增长动能较弱;美国量化宽松政策(QE)退出会对美国经济复苏和新兴经济体产生一定的影响,尤其是对我国人民币汇率的冲击较大,中国人民银行干预汇率的可能性加大,人民币汇率下行的趋势明显;世界贸易投资格局变化方向不确定,全球债务风险没有完全得到解决,乌克兰等区域动荡给世界经济带来不稳定性;金融风险、贸易摩擦、进出口波动等问题将更加突出;我国外贸出口占发达国家市场份额逐渐缩减,劳动密集型产品和工业制成品占国际市场份额将呈下降趋势;国际范围内产业转移仍将继续但有结构性调整等。世界经济的不确定性对甘肃省的负面影响明显,在世界经济格局中甘肃省还处于产业链的低端,国际贸易投资保护主义强化,国际市场份额不断受到挤压,甘肃省发展的外部环境将更加趋紧,直接影响今后若干年内外贸的出口。

国内经济近来虽然实现了稳中向好,但经济回升基础不牢、内生动力不强问题突出,产能过剩问题已成为抑制经济发展的突出矛盾。从大的背景来看,国内经济正处于经济增速换挡期、结构调整阵痛期、前期刺激政策消化期、增长矛盾凸显期和改革攻坚克难期的"五期叠加"阶段。政策上,尽管确定了"稳中求进"的工作总基调,"稳"就是保持经济增速和就业基本稳定,防止出现大的风险;"进"就是改革要有突破,结构调整要取得进展,民生要有改善。同时,国家在推进经

济转型升级方面的政策取向日趋明朗,对能源化工、有色冶金、原材料、房地产等传统产业的政策约束不断趋紧,对主要依靠投资拉动和能源资源型产业支撑发展的省份影响会持续加大。进一步深入分析发现,2014年国内投资、消费增长下行的压力难以得到根本遏制。在我国固定资产投资中,制造业占34%,房地产占25%,基础设施占21%,三者合计占比达到80%。从过去5年的投资结构看,制造业投资增长已连续两年大幅下降。受产能过剩、利润偏低、终端需求不振等因素影响,制造业投资增长总体趋缓。由于房地产市场区域格局日益分化,不少城市库存较高,三四线城市供给已相对过剩,房价波动较大,所以2014年房地产投资增长也趋于下降。此外,往年占比例较大的基础设施投资,在目前地方政府性债务规模很大、税收和土地收入增幅下降的情况下,亦难以维持较高水平。据此预测,2014年全社会固定资产投资增长18%左右,对拉动经济增长的贡献可能略有下降。消费方面,由于近年来电子商务、信息网络、小额贷款服务等不断完善,信息、文化、教育、健康等消费热点不断涌现,再加之我国居民消费刚性较大、就业形势总体平稳、城乡居民收入增长基本稳定;因此,2014年我国社会消费品零售总额实际增长将达到11%左右。但值得注意的是,由于商品房销售前景不乐观,与住宅相关的装修、建材、家电、家具等消费将会受到抑制。同时,集团消费下降形成的缺口、企业效益不佳、股市持续低迷、结构性就业困难等等,都会直接影响消费增长。另外,国家宏观调控政策收紧和治理公款消费等措施的实施对严重依赖投资拉动的影响巨大,尤其对消费这驾马车有明显影响,如何处理好"三驾马车"的关系,在抓好投资驱动的同时,有效刺激消费和出口拉动,增强经济发展动力刻不容缓。全国的季度数据显示,我国社会消费品零售总额继续回落,消费有进一步下行的风险。在这种大背景下,把转型发展摆上更加重要的战略位置,谋求更持久的发展动力,实现更高质量、更可持续的发展显得愈发迫切。

(三)区域经济发展呈百舸争流态势

经过多年的改革发展,随着经济的梯度推进,甘肃省区位、资源、能源、市场、劳动力等在区域发展格局中的比较优势日益彰显,特别是国家支持中西部地区、革命老区、贫困地区和少数民族地区加快发展以及为甘肃省量身定做的一系列扶持政策,使其迎来了千载难逢的政策机遇集中叠加期和效应释放期。但同时,在国内区域发展中各地竞争日趋激烈,对资源、市场、资金、人才的争夺处于白热化状态,加上甘肃省基础设施、区位条件、体制结构、发展环境等瓶颈制约比较突出,千帆竞发不进则退,百舸争流慢进也是退。在搭建发展平台方面,2014年年初,中西部省份在地方"两会"上,都打出"丝路牌",均将构建丝绸之路经济带列为战略重点,关于本地区在丝绸之路经济带上的定位,成为关注的焦点。重庆提出要扩大对内对外开放,运营好渝新欧国际铁路联运大通道,积极融入横贯东西、连接南北的对外经济走廊,参与丝绸之路经济带、海上丝绸之路和长江经济带建设,推动长江上游地区与伏尔加河沿岸联邦区域合作;四川提出要争取在国家总体规划中,将四川全域纳入丝绸之路经济带,打好"市场牌""交通牌"和"产业牌";陕西提出要打造丝绸之路经济带新起点,加快建设内陆开发开放高地;青海提出要提高开放型经济发展水平,努力把青海打造成新丝绸之路的战略基地和重要支点;新疆提出要建设成丝绸之路经济带上的核心区,切实当好建设丝绸之路经济带的主力军和排头兵;宁夏强调开放也是改革,要用高水平开放倒逼深层次改革,高起点建设内陆开放型经济试验区,争取把试验区纳入丝绸之路经济带规划建设的整体之中,尽力打造向西开放桥头堡,把宁夏建成丝绸之路经济带的战略支点;河南提出要加快推进郑州航空港经济综合试验区建设,形成带动全省产业发展的发动机和核心增长极,争取构筑"丝绸之路经济带"重要桥头堡。甘肃省也积极参与和谋划丝绸之路经济带建设,适时提出扩大对内对外开放,重点精心谋划重大产业项目,把丝绸之路经济带甘肃段建设作为向西开放的重中之重,努力把甘肃打造成丝绸之路经济带黄金段。但各省在丝绸之路经济带建设中如何定位,经济带建设对经济的实际拉动作用和贡献率仍然存在较多不确定性,短期内难以显现。

从新区建设看,国家新批西咸新区、贵安新区两大国家级新区,具有较强竞争力,与兰州新区形成三足鼎立之势,一定程度上削弱了兰州新区的相对优势,国家向西部倾斜的政策、资金和项目或被稀释。

(四)改革、结构调整与消除发展遗留后遗症存在不少不稳定的因素

2014年是新一届政府的改革元年,是很关键的一年,必须鼓足勇气向前推进改革已成共识。从长期来看,改革是动力,是最大的红利,但是改革进入了深水区,也会有险滩。有许多改革,从长远来讲,是促进经济健康发展的动力;但从近期来看,有可能对经济发展有一定的影响,比如产业结构调整、过剩产能破解、环境治理以及畸形消费产业的调整等,都会对经济有一定的影响。同时,一些在应对国际金融危机时期实施高增长、高投资扩张形成的后遗症也必须予以解决。因此,无论改革、结构调整还是破解一些过去遗留下来的问题,都会与GDP的增长、就业甚至与地方的财政收入发生牵连,要对改革和宏观政策掌握全面才能做出深刻分析。

(五)甘肃省经济运行与发展面临的矛盾和压力叠加并可能集中爆发

总的来看,甘肃省经济下行压力大,经济增长动力明显不足。从增长动力看,经济增长依然主要来自土地城市化的投资驱动,经济增长的主动力是房地产和基建投资,并依赖于土地扩张金融,表现为资

产负债表的扩张。实体经济的"滞"与金融、资产部门的"涨"同时存在,成本上升与盈利能力下降使得实业趋于虚弱,家庭、企业与地方的债务风险也在持续累积。与房地产、基建投资加速以及金融扩张同步的却是制造业部门的深度调整(产能过剩)以及经济的结构性减速。消费低迷的制约因素首先是经济减速过程中的收入预期下降;其次是由于收入差距大、福利覆盖水平低,导致了居民消费倾向下降;第三是高房价抑制了居民消费,而低的租价比也难以带来可用于消费的现金流。出口贡献低于增长预期且微不足道。

短期看,经济运行与发展面临诸多新旧矛盾和压力,一些深层次问题可能集中爆发,经济调控面临艰难抉择。一是传统产能过剩与培育新经济增长点的矛盾。甘肃省是全国重要的能源、原材料基地,钢铁、水泥、电解铝、平板玻璃等行业是甘肃省国民经济的重要基础性、支柱性产业,国家加大化解和治理产能过剩举措对甘肃省经济运行将产生全局性深远影响,集中体现在对经济增速、财政增收和职工就业的直接影响。经济高速增长的动力源受到明显挤压,地方财政收入增速下滑的形势难以根本改观,"过紧日子"或成定局,职工就业矛盾进一步加剧。客观上要求在对发展理念和发展思路以及体制机制做出重大调整的基础上确定化解产能过剩的路线图与时间表。二是经济快速增长与转变发展方式的矛盾。作为欠发达地区,在相当长的时间甘肃省的经济增长主要靠政策、资源、资本和一般劳动力等生产要素的投入,具有明显的"两高一资一策"特征,属于典型的政策扶持型、项目拉动型、资金注入型经济发展模式,造成资源消耗大、效率低、环境保护成本高,以及"等靠要"意识强,观念陈旧,从而缺乏增长和发展的后劲和潜力。而且甘肃省发展滞后与发展粗放互为因果,造成恶性循环。发展滞后往往诱发不顾客观条件的赶超和急于求成,使粗放经营的发展模式固化;粗放发展导致的低效益、低水平、高耗能、高污染又进一步加剧落后。从现实来看,甘肃省促进经济高速增长与转变发展方式是一对突出矛盾,而且短期内恐怕难以根本解决。三是经济快速增长与资源环境约束日益趋紧的矛盾。由于高投入、高消耗、高污染的传统发展方式没有根本改变,甘肃省在经济快速增长的同时,也付出了很高的代价,人口、资源、环境的矛盾日益突出,对其发展的制约日益增大,主要表现在资源约束趋紧、环境污染严重、生态系统退化、气候变化问题突出等方面。甘肃省的资源、环境和生态系统已难以承载传统的发展方式,只有大力推进生态文明建设,努力走绿色循环低碳发展道路,才能从根本上缓解资源环境瓶颈制约,为甘肃省经济社会持续健康发展奠定坚实基础。但生态脆弱,有色石化等重化工业又是基础产业的事实导致推进生态文明建设、节能减排、缓解资源环境压力在短期内必然会影响和制约经济的增长。经济增长和收入增长、就业增加的刚性约束会很大程度上制约节能减排、环境与生态保护等目标的实现。四是经济快速增长与防范经济风险的矛盾。处于起步、爬坡和转型阶段的甘肃经济对房地产、财政金融特别依赖。在甘肃省固定资产投资中,重化工业、装备制造业、房地产、基础设施四者合计占比超过 80%。从过去 5 年投资结构看,受产能过剩、利润偏低、终端需求不振等因素影响,重化工业和制造业投资增长总体趋缓。由于房地产市场区域格局日益分化,不少城市库存较高,三四线城市供给已相对过剩,房价波动较大,所以 2014 年房地产投资增长也趋于下降。此外,往年占比例较大的基础设施投资,在目前地方政府性债务规模很大、税收和土地收入增幅下降的情况下,亦难以维持较高水平,房地产市场分化加剧了系统性风险,地方债务和"影子银行"等导致的金融风险可能进一步放大。五是经济快速增长与体制机制约束的矛盾。相对于发展而言,甘肃省在改革方面一直停滞不前,发展和稳定中遇到的许多深层次体制性障碍都源于改革的滞后与体制的僵化，造成甘肃发展方式落后和发展差距拉大的深层次原因主要表现在经济体制改革停滞不前，社会主义市场经济体制很不完善。从某种意义上讲，甘肃与周边地区经济发展的差距实际上是体制的差距，突出表现在：计划经济惯性大，所有制结构不合理，公有制和国有制、国有企业比重过高，非公有制发展严重滞后，经济社会发展缺乏强劲动力；市场主体发育不良，不能实现公平竞争，国有企业攻坚任重道远，非公资本进入市场存在诸多隐形壁垒，成为阻碍发展、稳定的基础性体制瓶颈；市场经济的组织功能不完整，政府与市场关系不协调，政府改革明显滞后，职能严重错位，社会组织在市场经济中应有的作用明显偏弱和缺位，导致发展方式属于典型的政府投资拉动型模式，经济社会的发展主要靠资源、资本和一般劳动力等生产要素的投入和中央政策的扶持，缺乏增长和发展的后劲和潜力，也不断累积了发展与稳定的诸多矛盾与风险；市场体系构成不完善，生产要素市场发育滞后，资源与公共产品价格严重扭曲，资源配置失衡，市场机制尚未能有效发挥决定性作用；部门分割、地区封锁、行业垄断问题突出，财权与事权不匹配，财税制度不健全；金融市场体系不健全，金融服务发展能力低；二元结构矛盾突出，城镇化、市民化进程缓慢，城乡一体化体制机制没有形成；人口、土地、资源、环境、资金等要素的红利明显衰减，进一步可持续发展缺乏基础动力，客观要求变压力为全面深化改革的动力，以改革的红利来弥补发展的不足；产能过剩问题突出，迫切需要建立健全防范和化解产能过剩的长效机制；资源开发利用和生态环境保护的合理利益分配机制尚未形成，亟待形成资源价格的形成机制、生态环境补偿机制、资源开发利益的分配机制。

长期看，推动经济高增长的传统动力正在逐步衰减，改革创新释放发展新动力势在必行。多年来，甘肃的高增长很大程度上得益于

"要素红利、市场化改革红利和全球化红利"的巨大贡献。然而,随着
这三大红利的逐步衰减,主要依靠低成本优势、增加劳动力投入、加
快资本形成、"大进大出"以及"要素驱动型"模式的超高速增长已到
尽头。未来十年,甘肃经济将进入生产要素成本周期性上升阶段,经
济增长的动力结构亟待实现重大转换。培育新的经济增长点,转变发
展方式,加快要素结构升级,通过人力资本提升、技术提升、全要素生
产率提升以及改革创新,促进经济发展模式从"要素驱动型"向"创新
驱动型"转变已经是不可逆转的大趋势。一是要素红利的衰减。人口
低成本红利、土地成本、能源成本和环境成本红利的提前透支形成的
所谓"投资成本洼地"效应明显减弱。然而,随着人口结构转变的完
成,长期以来支撑甘肃经济高增长的"人口红利"开始衰减。甘肃经济
总体已超过或临近"刘易斯拐点",资本的原始积累初步完成,劳动报
酬将加速上升,劳动力的低工资时代即将结束,工业部门已经不能再
用"不变工资制"来吸收"无限供给"的劳动力,工农业产品的剪刀差
正在供求不平衡推动下逐步回补,工业部门的利润越变越薄,资本形
成的增长将会在一定程度上放缓, 净出口对 GDP 增长的贡献减少,
经济的潜在增长率将出现趋势性下降。"资源红利"衰减后经济增长
面临的资源环境瓶颈,也必须引起高度重视。多年来,廉价的自然资
源价格为甘肃重化工业和制造业的发展提供了有利的条件, 但也由
此造就了经济增长中的高能耗、高污染现象。以不断耗竭资源为代价
的经济发展模式必将不可持续。许多资源具有生产的投入要素和消
费品的双重属性,环境质量的下降、能源供给和水资源供给的不稳定
性、生态环境的恶化将使中国面临长期增长约束。特别是在全球外部
不平衡逆转、分工体系格局日趋稳定、汇率升值压力等因素的影响
下,未来出口作为经济增长的重要动力和源泉也难以维持,并将步入
递减区域。二是浅层次市场化改革红利的衰减。按照标准的经济学理

论,决定一国增长的不仅有劳动和资本、技术等要素,而且还有制度驱动的经济增长。而改革进程带来的就是制度化变革产生的强大溢出效应。研究表明,市场化改革是 30 多年来甘肃经济增长的核心要素之一,其平均贡献率在 13%~15%。社会经济体制改革带来的政策性和体制性需求,为经济持续的高增长释放了巨大的活力空间。但近年来浅层次改革对经济增长和资源配置效率改善的作用开始步入递减区域,其贡献率从 1990—1999 年的 15%左右下降到 2013 年的 7%左右。从未来优势潜力看,必须通过全面深化改革释放新的红利,拉动经济增长。三是低水平全球化红利的衰减。今后相当长一段时期,在全球分工体系格局日趋稳定、出口产品集中度不断上升、劳动和资源成本上升、汇率升值的压力、贸易保护主义政策盛行等因素的影响下,出口作为经济增长动力源泉将步入递减区域,很难像"入世"的头十年那样享有全球化对经济增长的强大拉动作用。

综上所述,笔者对甘肃当前经济运行面临的问题及态势的基本判断是:经济下行和财政收入增速下滑的形势短期内难以根本改观,"过紧日子"或成定局,财政货币政策稳中收紧的可能性加大,稳中求快仍需靠投资驱动与货币释放,同时还要外部需求继续改善,对严重依赖投资拉动的甘肃影响巨大;经济增长面临着结构减速的压力,仍不得不倚重于传统的投资驱动模式,投资增速将适度提升,但结构优化与产能过剩的矛盾会进一步加剧;与房地产、基建投资加速以及金融扩张同步的制造业部门的深度调整以及经济的结构性减速将加剧,且风险会不断累积;产业结构不合理、投资和消费需求拉动作用不强、科技创新能力不足、新的经济增长点不多的状况短期内难以根本改变;城乡居民收入进一步增长困难加大;经济增长质量差、创新驱动能力弱仍为甘肃省发展的主要困扰;经济发展的软硬环境将进一步偏紧;发展理念和发展思路以及体制机制需做出适时调整和改革。

二、经济运行中呈现的亮点机遇与积极变化

尽管当前甘肃经济运行面临许多困难和突出矛盾，形势比较严峻，但也必须看到，甘肃经济发展的基本面和态势并未逆转，经济运行和发展中也存在诸多亮点和重要机遇，应该全面客观看待甘肃当前经济形势，树立信心，综合施策。主要亮点有：

一是投资、消费和净出口"三驾马车"竞力拉动效应明显。从需求结构看，"三驾马车"中，固定资产投资增速仍处高位，投资拉动型经济仍是甘肃省经济的特点和现实，主要商品零售额增长仍较快，一季度消费品零售总额同比增长 12.8%，位居全国第六位，尤其是进出口（净出口）总额有显著的提高，出口总值增长 116%，同比提升了 10.9个百分点，对经济的拉动效应进一步凸显。二是市场活力动力有积极变化，招商引资成为促进投资、增强内生动力的有效途径。实行注册资本登记制以来，新增市场主体同比增长 131%，注册资本同比增长219%，改革激发的社会创业欲望和市场主体活力逐步增强；新增企业拉动作用明显，截至 2014 年 3 月底，352 户新增企业拉动全省规模以上工业增加值增长 2.5 个百分点，贡献率达到 28.3%。对外开放力度不断加大，招商引资效果显著，一季度全省实际到位资金 742.06亿元，同比增长 44.6%。从所有制结构看，非公有制工业企业增加值增长 11.7%，比规模以上工业增速高出 2.9 个百分点，拉动全省工业增长 2.1 个百分点，对全省规模以上工业增长的贡献率为 24.3%，表明民营经济的增长势头强劲。"3341"项目建设工程的拉动效应开始显现，承接产业转移项目实施进度稳步加快，2014 年 1—2 月，甘肃省 924 个承接产业转移项目中，当月引进资金到位 68.98 亿元。招商引资方向由综合性招商向专业性招商转变，招商重点由数量规模型招商引资向数量质量并重型择商选资转变，由注重项目签约向注重

项目落地投产转变,招商形式由"漫天撒网式"向"精准式"转变,全省利用国内外资金和市场的能力不断增强。三是产业结构调整有积极变化,第三产业和服务业投资增长加快。一季度一产和三产占国内生产总值的比重,分别比上年同期提高 0.47 和 2.28 个百分点,表明农业基础比较稳定,三产发展的潜力正在显现。四是民生保障有积极变化。一季度全省城镇居民人均可支配收入和农民人均现金收入增幅分别达到 10.46% 和 13.35%,居全国第 4 位和第 8 位,增幅继续位居全国前列;就业形势保持稳定,城镇新增就业同比增长 15.13%,完成计划的 34.25%,比计划进度高 9.25 个百分点。五是经济有企稳回升迹象。2014 年 3 月以来,主要工业生产资料价格出现一定程度反弹,企业订单有所增加,铁路货运量有所变化。

主要机遇有:一是世界经济总体有望出现温和回升。2014 年以来,世界经济总体朝好的方向发展。据世界银行的报告预测,2014 年全球经济增速将由 2013 年的 2.4% 上升到 3.2%,发达国家经济增速将从 2013 年的 1.3% 上升到 2.2%,其中美国经济增速将由 1.8% 上升到 2.8%;欧元区经济将摆脱衰退,增速由 2013 年的 -0.4% 上升到 1.1%;日本经济增速将由 1.7% 下降至 1.4%,新兴和发展中经济体增速较快。世界经济温和回升有利于改善甘肃省外部经济环境和出口状况。二是甘肃省"国内经济回旋余地"的空间优势进一步显现。(1)我国经济结构不合理突出表现在城乡、区域发展不平衡,而发展最大的回旋余地在中西部。西部大开发在区域协调发展总体格局中具有优先位置。甘肃省在重点基础设施、生态建设等方面能够争取国家更多的倾斜,产业转移和承接作用可能得到进一步的显现,在当前全国经济下行趋势较为严峻的情况下,可能接受因国家"兜底准备"而带来的投资和红利。(2)2014 年内国家将出台丝绸之路经济带规划、国家级生态补偿示范区规划和扩内需稳增长措施,将对甘肃省的经济发展产生直接影响。(3)新型城镇化战略的实施将会进一步扩大省内市场需求。城镇化建设将会带来基础设施投资的稳定增长。据国家开发银行预计,未来三年我国城镇化投融资资金需求量将达25万亿元,巨大的投资将会带来国内市场的巨大的建设需求,成为拉动生产的又一新动力。城镇化建设将会推动城乡人口结构的快速调整,农业人口市民化、城镇棚户区和城中村改造将会大大加快消费需求和服务业的增长和发展,为甘肃省经济的持续增长提供有力的支撑。城镇化的建设必将带来社会消费需求和基本公共服务需求的快速增长,养老服务业、文化教育产业、医疗卫生、金融服务和物流业等第三产业将会随着新型城镇化的进程迎来一个新的增长空间。(4)国内的通胀压力明显减弱,如果政府着手理顺收入分配关系,促进就业增长,居民消费会有平稳增长。(5)主要由"三公消费"形成的畸形消费产业,如高档的餐饮、旅馆、公费旅游等的调整接近到位,中央八项规定等制度建设对经济增长特别是对畸形消费产业的影响得到充分释放,新的消费热点可望显现。三是甘肃省城乡差距带来的发展空间进一步显现。近5年来,甘肃省从实现经济社会跨越式发展和保障与改善民生的战略高度,大力推动城镇化进程,城镇化率达到了36.1%,全省城镇化水平从初级发展阶段进入了快速发展阶段。但是与全国的城镇化率52.57%相比仍有差距。当前国家优先西部地区城镇布局,选取一批经济发展基础好、特色鲜明的县城城关镇及中心小城镇,开展示范工程建设,加强城镇市政基础设施建设,支持地下管网、防涝防洪、污水和生活垃圾处理等市政公用设施建设与改造。顺应西部地区进入城镇化加速阶段的趋势,积极争取国家投资存在极大可能性。四是"三大战略平台"作用逐步释放。兰州新区经过3年的开发建设,呈现出四个好的发展态势,即"起步好、框架好、势头好、形象好",正在努力建成科学发展的新区、改革开放的平台和聚集产业的基地、宜业宜居的家园，一批"出城入园"和招商引资的项目即将投产，国家级循环经济示范区积极推进，将从根本上提升甘肃省可持续发展的能力，甘肃省经济发展的战略平台的牵引作用将逐步显现。坚持保护传承与创新发展并重，坚持文化事业与文化产业并重，坚持助推转型跨越发展与满足群众文化需求并重，扎实推进"1313"工程和"一带三区"建设，使文化事业建设不断加强，文化产业加快发展，华夏文明传承创新区建设的平台作用进一步显现。重点生态工程建设有序开展，大气污染和水环境治理得以强化，农村人居环境逐步改善，节能减排重点工程按期推进，国家生态安全屏障综合试验区平台初步搭建。五是新丝绸之路经济带建设将形成巨大的牵引作用。区域经济一体化是全球化时代的一个重要特征。新丝绸之路构想同步推进政治、经济、安全乃至民心方面的沟通与建设，突破了由单一领域向其他领域扩散的传统模式，使得这几方面得以相辅相成，最大限度地排除各种消极因素的干扰。随着国家、省、市对建设丝绸之路经济带甘肃黄金段的对策、规划的逐步明确，兰州新区向西开放的重要战略平台作用的进一步发挥，兰州新区综合保税区获批指日可待，新丝绸之路经济带建设的牵引作用开始显现。六是全面深化改革的重大机遇将为发展释放巨大活力。用改革的思路谋划经济工作，力求以改革的红利弥补发展的不足，已成为全省上下的基本共识。借全面深化改革东风，甘肃省在政府职能转变和行政审批制度改革、财税金融外贸改革、城乡二元结构破解、国有企业改革攻坚、社会组织发育、非公有制经济发展、收入分配体制改革等领域实现真正新突破，为发展释放新的活力。七是党的群众路线教育实践活动的凝心聚力。随着第二批党的群众路线教育实践活动的开展，甘肃省广大干部群众准确把握中央要求、基层特点、科学方法和重点任务，坚持对照理论理想、党章党纪、民心民生、先辈先进"四面镜子"，以补精神之钙、除"四风"之害、祛行为之垢、立为民之志为重点，着力解决关系群众切身利益的问题，解决群众身边的不正之风，干部"三严三实"的行为准则必将进一步确立，工作能力必将进一步增强，全省各族群众必将进一步凝心聚力，推动发展。

三、努力打造甘肃经济发展升级版

（一）坚持底线，尊重发展规律，保持定力，精准施策

冷静、准确研判大势，科学分析面临的机遇与挑战，增强忧患意识，坚持底线，把牢增长底线、质量底线、可持续底线、就业底线、稳定底线。牢牢把握经济工作主动权，着力促进机遇转化和项目落地。进一步解放思想，大胆探索，根据形势变化需要完善和调整已有发展战略思路。指导思想上关键要处理好改革、发展、稳定三者之间的关系，把改革的力度和发展的速度、社会可承受的程度有机结合起来，坚持稳中有进、稳中向好、好中求快总趋向，以改革总揽全局，充分发挥改革对发展和稳定的促进、推动和引领作用。

面对错综复杂的经济形势，加强分析研判，及时发现苗头性、倾向性问题，切实防范化解各类风险。抓紧出台已确定的扩内需、稳增长措施，加快重点投资项目前期工作和建设进度，及时拨付预算资金。落实和完善促就业政策措施，多渠道增加就业岗位。保持物价总水平基本稳定。保持发展战略、发展思路、发展政策的连续性和稳定性，保持定力，精准施策。目前形成并实施的甘肃省发展思路符合省情，切忌政策的随意调整和变动，看好的发展思路应"咬定青山不放松"，一抓到底。

（二）努力保持经济运行处在合理区间

一方面，不简单以国内生产总值增长率论英雄，要跳出 GDP 增长 1% 就能保证多少人就业的陈腐观点，因为经济的发展、增速和就

业并不存在这种一对一的关系。产业有土地资源密集型、劳动密集型、资本密集型、知识技术密集型的差别，如果为了 GDP 的增长，在资本密集型的产业里面下功夫，GDP 会增长较快，但就业解决的程度不会明显。比如增加高铁的投资，吸纳不了太多的就业，修高速公路也吸纳不了太多的就业；能吸纳更多就业的平台，一般都靠小微企业，同时，经济增长新阶段面临的资源过度开发、环境污染严重、经济结构扭曲及增长动力衰减问题，也不容许盲目追求长期两位数的高速增长。按目前形势，连续保持 12% 左右的增长速度，全面完成"十二五"规划指标，实现到 2020 年"同步进入"困难实在太大，应该实事求是地看到甘肃省面临的实际困难，胃口不能吊得太大，建议逐步在经济增长速度和发展进度方面开始微调，努力把增速调整到合理的档位，积极稳妥，留有余地，为转方式、调结构、促改革提供空间。不为"同步进入（全面小康）"所困，跳出 GDP 惯性思维的困扰，向结构、政策、体制、管理要动力。另一方面，甘肃省是后发展欠发达地区，要加快实现与全国一道全面建成小康社会和幸福美好新甘肃的目标，没有一定的增长速度是不行的，否则就没有扩大就业、改善民生的物质基础，也难以保持社会大局的稳定，关键是超出实际承载能力、以破坏资源、牺牲环境为代价的速度是万万不能要的。

（三）坚持向深化改革要动力

重点要立足于发展和稳定，考虑和部署改革的突破点。应该看到，相对于发展而言，甘肃省在改革方面一直停滞不前，发展和稳定中遇到的许多深层次体制性障碍都源于改革的滞后，因此借十八届三中全会的"东风"，部署经济工作时应在改革方面出实招、下狠手。坚决贯彻落实中央确定的各项改革任务，确定各领域改革的重点。尤其要坚持问题导向，紧盯制约发展的突出问题、群众最期盼的领域、时间表上最紧迫的事项、社会各界最容易达成共识的环节，确定改革总体目标思路与具体路径。充分发挥经济体制改革的牵引作用,大力推进简政放权、财税金融、国有企业、发展混合所有制经济、有序放宽市场准入等重点领域和关键环节改革,以结构改革推进结构调整,使改革与经济运行和解决人民群众关心的问题协同推进。有利于促进解决当前经济发展瓶颈障碍的改革措施,应加快推出,尽早见效。建议着力在加快构建基本公共服务均等化步伐、走新型城镇化道路、建立城乡统一建设用地市场、启动和推广农村土地流转试点、促进非公有制经济发展和国有企业改革、促进资源价格改革、构建生态补偿机制等方面迈出实质性步伐。加大政府自身改革力度,进一步简政放权,促使政府经济目标从"投资增长型"向"服务型"转变,随着赶超阶段的政府动员型经济体制已不可持续,政府应平衡短期和长期利益,按照十八届三中全会决议的要求,转变目标和职能,简政放权,减少干预,从对物的投资转变为对人及市场环境的投资,引导经济升级,履行其公共财政和公共服务的职能,让市场真正起到资源配置的决定性作用。

(四)着力打造甘肃发展升级版

一是以体制机制创新和结构调整为动力和牵引,促发展、促开发、促开放、促稳定,全力打造甘肃改革升级版,重点要在加快构建基本公共服务均等化步伐、走新型城镇化道路、建立城乡统一建设用地市场、启动和推广农村土地流转试点、促进非公有制经济发展和国有企业改革、促进资源价格改革、构建生态补偿机制等方面实现实质性突破,为甘肃省经济健康快速发展和社会和谐稳定奠定良好的体制基础;二是以项目建设为龙头,依托兰州新区、循环经济示范区、华夏文明传承创新区等战略平台和河西新能源建设、河东传统能源改造、现代服务业发展等打造甘肃经济发展升级版;三是以丝绸之路经济带甘肃黄金段发展为契机,创新开放模式,拓宽开放渠道,推动全方位对内对外开放,打造甘肃开放升级版;四是以建设"甘肃省国家生态安全屏障综合试验区"为契机,打造绿色陇原,突出水资源节约集约和合理利用,促进产业结构优化、人口有序转移,加强生态保护建设与环境综合治理,在主体功能区规划实施、集中连片特困地区区域发展与扶贫攻坚等方面不断取得突破,构筑西北乃至全国的生态安全屏障,实现绿色发展和可持续发展,探索内陆欠发达地区转型跨越发展、扶贫开发攻坚与生态文明建设有机结合的新模式、新路径,在创新生态保护建设机制、加快转型升级、推进扶贫开发攻坚、促进城乡协调发展、转变发展方式等方面发挥示范作用,进而打造甘肃生态文明升级版;五是以"1236"扶贫攻坚行动计划和"双联"行动计划为主要抓手,打造甘肃脱贫致富升级版。

(五)把经济工作和调控政策的重点放在结构的调整和优化上,着力提质增效升级

甘肃经济结构调整最重要的是实现三个转变:(1)由过去的投资拉动为主向消费、投资、出口协调拉动转变,扩大消费和出口对经济增长的拉动作用;(2)加快发展第三产业,特别是提高第三产业从业人员在全社会从业人员中的比重;(3)提高自主创新能力,通过自主创新来带动产业优化升级,改变主要靠高投资、高消耗、高污染来实现经济增长的被动局面。发展方式转变不是一个自发的过程,而是一个在宏观政策引导下,充分发挥市场对资源配置的决定性作用的过程。如果仅仅靠市场而没有宏观政策的引导,那么发展方式的转变就可能旷日持久。计划、财税和金融这三大调控杠杆密切配合形成合力促进发展方式转变。重点运用财税杠杆,包括贴息、资金补助、降税等手段引导社会资金的投向,特别是引导银行贷款的投向。建议甘肃省把财政投入基础设施建设的资金,全部用于贷款贴息,通过贷款的贴息引导大量的银行贷款和社会资金投入到基础设施建设上来,发挥

"四两拨千斤"的作用,比用财政资金直接作为投资资金的杠杆作用要大得多。逐步减少各类税收优惠减免政策,实施国民待遇和普惠制,使结构性调整政策从选择性的调整政策向功能性、公众性的调整政策转变。

(六)切实保障和改善民生

筑牢保基本、兜底线的民生"安全网",按照守住收入不断增加这条底线,突出"1236"扶贫攻坚重点,把稳定增加城乡群众货币收入作为首要任务,把实施"1236"扶贫攻坚行动作为全面小康、民生工程、检验政绩的重中之重,把不断扩大就业和促进农民增收六大行动作为增收前提,把高校毕业生就业、进城务工人员就业和化解产能过剩中出现的下岗再就业作为扩大就业的重点群体,加快脱贫致富步伐,在特色经济发展、人力资源开发、基础设施建设、金融资金支撑以及基本公共服务和教育水平提升等方面细化实化举措,增强贫困地区自我发展能力,以脱贫致富实效取信于民。建议:(1)加大廉租住房、公共租赁住房等保障性住房建设和供给,继续做好棚户区改造;(2)加快基本公共服务均等化步伐,加大城乡基础设施改造力度,确保居民食品、药品及用水安全;(3)大力推进分配等领域的配套改革,加快形成居民现金收入和财产性收入的正常增长机制,创造条件加快实施城乡居民国民收入倍增计划,显著提升城乡居民消费能力,为有效扩大消费需求和经济增长提供持久强劲的动力;(4)建议适时出台扩内需、促增长措施。

(七)防范风险,修正房地产行业作为拉动经济增长支柱产业的定位

当前经济面临着资产负债表扩张与实体部门利润水平收缩的双重危局,房地产面临着泡沫挤出的风险,中长期内无法扭转经济结构性减速的下行趋势。随着高地价与高房价维系难度的不断增加,劳动

力成本和征地成本也在不断上升,金融扩张与投资增长维持的"自景气"必然会越过临界点而崩溃。因此在政策上,一方面应下决心挤出经济泡沫,加大债务风险的应对力度,另一方面应减轻对房地产的依赖,保持制造业人力成本与劳动生产率同步增长,强化人力资本优势和创新优势。

(八)加快新型城镇化与农民市民化步伐

利用国家发展新型城镇化集群的良好机遇,把握住中央预算内投资重点投向保障性安居工程、城市管网、农田水利等基础设施,注重发挥河西地区、沿黄地区以及天水、陇东地区资源环境承载能力强、经济和人口集聚条件好的发展基础,积极争取国家级城镇化集群建设。根据小城镇建设实际,采取"因地制宜、分类指导"的原则,精心打造特色小城镇。借力新型城镇化建设,带动投资、消费两方面的需求,促进甘肃省经济快速稳定发展。

(原载于《开发研究》2014年第4期)

谱写新时代中国特色社会主义甘肃新篇章

深入学习贯彻党的十九大精神，深刻领会习近平新时代中国特色社会主义思想，关键要着力在学深学透、融会贯通、掌握精神实质上下功夫，在学思践悟、学以致用、指导实践上下功夫，把学习成果体现到建设幸福美好新甘肃的生动实践中，体现在奋力谱写新时代中国特色社会主义伟大事业的甘肃新篇章中。

一要深刻理解中国特色社会主义进入新时代的新的发展定位，冷静分析中国特色社会主义在甘肃的实践探索与经验教训，着力探索新时代中国特色社会主义在我省的实现方略与路径选择，要深入研判我省发展面临的新形势新任务新要求和新机遇新挑战，进一步吃透省情，理顺和完善发展战略，准确发展定位。坚持问题导向，增强忧患意识，坚持底线思维，抢抓中国特色社会主义进入新时代的新机遇，牢牢把握发展的主动权。

二要准确把握习近平新时代中国特色社会主义思想的核心要义和科学内涵，准确把握"八个明确"和十四条基本方略，以"五位一体"为总体布局，统筹推进我省经济建设、政治建设、文化建设、社会建设、生态文明建设；以"四个全面"为战略布局，协调推进全面建成小康社会，全面深化改革，全面依法治国，全面从严治党；以新理念引领新发展，实现创新发展、协调发展、绿色发展、开放发展、共享发展；坚持以人民为中心的发展思想，切实增强甘肃人民的幸福感获得感安全感。

三要科学把握我国社会主要矛盾已经转化为人民日益增长的美好生活需要和不平衡不充分的发展之间的矛盾的关系全局的历史性变化，始终把加快发展作为第一要务，全面贯彻落实新发展理念，突出抓重点、补短板、强弱项，着力解决我省发展不平衡不充分的问题，始终坚持以人民为中心的发展思想，把造福陇原人民作为各项工作的出发点和落脚点，作为检验各项工作成效的根本标尺，让发展成果更多更公平地惠及全省人民，让人民群众得到更多实实在在的利益和实惠。

四要牢牢把握在全面建成小康社会的基础上分两步走全面建设社会主义现代化国家的奋斗目标，坚决打赢脱贫攻坚战、全面建成小康社会，并客观分析我省现代化建设面临的新形势新要求，研究谋划"两个阶段"我省现代化建设和新时代中国特色社会主义甘肃发展的战略安排，努力与全国一道步入现代化新征程。

五要强化党建保证和能力支撑，着力破解发展难题。实现中华民族伟大复兴的历史使命与伟大梦想，必须进行伟大斗争、建设伟大工程、推进伟大事业，其中起决定性作用的是党的建设新的伟大工程。谱写新时代中国特色社会主义新篇章，必须围绕新时代党的建设的总要求，把党的领导和党的建设贯穿到改革发展和现代化建设的全过程。要以党的政治建设为统领，以坚定理想信念宗旨为根基，牢固树立政治意识、大局意识、核心意识、看齐意识，不断提高政治觉悟和政治能力，始终在思想上政治上行动上同以习近平同志为核心的党中央保持高度一致，真正把思想和行动统一到习近平新时代中国特色社会主义思想上来。要坚持问题导向，保持战略定力，继续把全面从严治党落到实处，将管党治党的螺丝拧得更紧，努力净化和修复政治生态，不断提高党的建设质量，使全面从严治党的成果充分转化为促进改革发展和现代化建设的强大与可持续的动力。要适应新形势要求不断提高党的执政能力和领导水平，注重培养和增强干部队伍适应新时代中国特色社会主义发展要求的专业能力和专业精神，并牢记习近平总书记"恪尽职守、勤勉工作、不辱使命、不负重托"的要求，既强化对党员干部改革创新干事创业的正向激励，又加大对不作为、不担当和"庸懒散慢拖绕"的治理和问责力度。

（原载于 2017 年 1 月 1 日《甘肃日报》）

甘肃改革发展的新判断新思路新举措

省第十三次党代会报告提出了许多切中要害的新判断、新思路、新举措,对开创我省各项工作新局面具有重要指导意义,需要在深刻领会和全面把握的基础上,增强贯彻落实的政治自觉与思想自觉、行动自觉。

一是报告的核心要义是以习近平总书记系列重要讲话精神和治国理政新理念新思想新战略为指导,以全面落实习近平总书记考察甘肃重要讲话和"八个着力"重要指示精神为统揽,将甘肃发展置于全国发展大局中,深刻阐述了事关甘肃改革发展稳定的一系列方向性、根本性问题,明确提出了努力方向、着力重点和实践路径,为我们做好我省各项工作提供了根本遵循。

二是对我省当前和未来五年面临的形势任务、内外环境和阶段性特征作了科学、冷静、准确的研判,其中关于"甘肃面临的主要矛盾仍然是发展不足不快,综合实力较弱,动力和活力不足"的判断,"要坚持把解放思想作为开创新局面的重要法宝,进一步解放思想、开拓创新、凝心聚力、真抓实干"的概括,以很高的政治站位和很强的战略定力再一次重申和强调了加快发展和解放思想对我省的极端重要性,我省未来五年的发展,必须毫不动摇坚持以经济建设为中心,牢牢扭住发展"硬道理"和"第一要务"不动摇,面对我省经济综合实力在全国排名靠后、差距拉大的现实和当前经济下行压力加大的情况,要着力强化促发展意识,强化进一步解放思想,鼓励探索,强化抓经济工作压力传导和抓项目抓投资正向激励。

三是报告提出要走出转型升级、后发赶超新路子。坚持做大总量与提高质量并存、发挥优势与弥补短板齐抓、推进工业化和信息化深度融合;要实施创新驱动发展战略,增强整体素质和竞争力,加快培育发展新动能,努力把我省打造成为西部地区创新驱动发展新高地。这是对我省发展路径的全新探索。

四是突出强调了深化改革对我省的特殊重要性。报告指出我省发展中的困难和问题,归根到底是体制机制问题,加快我省发展,必须坚定不移推进改革攻坚,坚决破除各种体制机制障碍,坚决破除各种中梗阻。要深入推进以经济体制改革为重点的全面改革,不断完善发挥市场在资源配置中的决定性作用和更好发挥政府作用的体制机制,深入推进供给侧结构性改革,不断深化"放管服"改革,加快推进国企国资改革,大力发展混合所有制经济和非公有制经济。深化金融体制改革,深入推进基础性领域改革,统筹推进财税、生态、文化、统计管理、民主法制、党的建设制度等改革。

五是明确界定了扩大开放、提升对外开放水平在我省发展中的战略定位。报告指出我省发展不足很大程度是开放不足,必须把扩大开放作为实现富民强省的必由之路,大力提升对外开放水平,深度融入"一带一路"建设,打造丝绸之路经济带黄金段,要着力构建"亲""清"政商关系,营造法治化、国际化、便利化的营商环境。

六是理清了全面从严治党与改革发展的关系。报告指出,建设幸福美好新甘肃,关键在党要管党、从严治党,各级党组织要切实把抓好党建作为最大的政绩,担负起管党治党的政治责任,营造更加风清气正的政治生态,为促进改革发展开放提供根本政治保证。为此,要努力把深入推进全面从严治党和抓改革发展有机结合起来,切实做到"两手抓、两手硬",努力把全面从严治党和反腐败斗争营造的良好政治生态转化为促进经济改革与经济发展的强大动力。

七是进一步强调了打造高素质干部和人才队伍对全省经济社会发展的深远意义。报告尖锐指出，部分党员干部思想保守、观念滞后、作风不实、担当不够，干事创业精神状态不佳，人才支撑力不足，是我省突出的发展要素制约。为此，必须勤于学思践悟，着力提升素质能力，从谋事、干事、成事等方面不断增强各级干部开拓创新、攻坚克难、化解矛盾的能力。建立健全容错纠错机制，为担当者担当，加大正向激励力度，强化为官必为的意识，提高为官会为的能力，追究为官不为的责任，营造为官愿为的环境，调动广大干部干事创业的主动性积极性。

八是彰显了以人民为中心的发展思想。报告提出要坚持为民取向，践行根本宗旨，着力保障和改善民生，努力让人民过上更好生活，把造福陇原人民作为检验工作成效的标尺，积极推动协调发展和共享发展，使改革发展成果更多更公平地惠及全体人民，不断增强人民群众的获得感和幸福感，践行好以人民为中心的发展思想。实践中要扎实做好保障和改善民生各项工作，在学有所教、劳有所得、病有所医、老有所养、住有所居上不断取得新进展。

（原载于 2019 年 7 月 27 日《甘肃日报》）

准确把握甘肃争先进位的发力点

强工业要把培育"数智化"等新业态作为增长点,强科技要把"科技人才"作为突破口,强省会要把"大兰州都市圈"作为新引擎,强县域要把主攻"首位产业"作为着力点。

当前和今后一个时期,甘肃处在国家重大战略部署和自身发展势能增强的交汇叠加期,机遇和挑战并存,但机遇大于挑战,总体发展态势向好。省委十三届十五次全会暨省委经济工作会议指出,做好明年经济工作,要紧扣解决发展不平衡不充分问题,认真贯彻落实"三新一高"导向,大力实施强工业、强科技、强省会、强县域行动。我们要认真贯彻落实全会精神,坚持稳中求进工作总基调,着力推进强工业、强科技、强省会、强县域行动,努力在构建新发展格局中赢得先机主动,在高质量发展中实现争先进位。

强工业要把培育"数智化"等新业态作为增长点。新发展格局下,东西部产业格局将迎来优化调整与新的战略布局,这是甘肃经济发展面临的新机遇。甘肃要借鉴上海等发达地区将新增投资80%投向战略性新兴产业的做法,下决心将我省新增投资的80%导向"数智化"新业态进行谋篇布局。一是加速培育绿色高效生态产业,建设国家级新能源产业基地。我省发展新能源如核能、风电、光电等有基础有优势,要抢抓"双碳"机遇,在新能源、氢能、动力电池,特别是新型储能及新材料等产业上发力,加快以国家级标准推进河西等地的风电光新能源基地建设,全力打造现代能源综合生产基地、储备基地、输出基地和战略通道。二是加速推进"数智"赋能产业集群。发展网络化研发、服务化延伸、个性化定制、柔性化生产、数字化管理等新业态新模式。培育更多有核心技术、创新能力的专精特新"小巨人"企业、科技型领军企业和隐形冠军企业。借助全国一体化算力网络国家枢纽节点建设,实施东数西算在我省协调布局,推进丝绸之路信息港等数字产业集群建设。三是精准培育以元宇宙、5G、数据中心、云计算、光波导等为代表的新兴产业,我省要提前布局、及时谋划、尽早启动,和全国站在"同一起跑线上",立足新消费需求,占据新市场。

强科技要把"科技人才"作为突破口。一是要激活"院士科技",发展"院士经济"。每一位甘肃籍和在甘的工程院院士、科学院院士代表着一个特定领域的科技制高点,只有掌握好、用好"院士科技",强科技行动才能有底气和丰厚基础。甘肃要尽快完善用好甘肃的院士工作站,以"院士+平台""院士+项目""院士+人才"等"院士+"为引擎,充分发挥院士效应,带领行业顶尖技术团队,大力发展"院士经济",把院士才智转变为科技财富。二是紧紧围绕新兴产业领域,引进国内外科技领军高层次人才,联合培养产业科技人才,壮大甘肃创新型科技人才队伍和科技团队,打造科技人才、产业链有关企业和资本集聚高地,推进新兴产业集聚,为甘肃厚植科技优势,带动甘肃经济发展。三是创新科技人才政策机制,出台强科技人才实施办法等,参考科技人才市场化运行机制,将科技人才待遇、交流合作对接、经费保障切实做到位,并构建战略咨询、科技攻关、人才培养三大平台,为科技人才打造施展才华的广阔舞台,促进科技才智与地方产业深度融合。

强省会要把"大兰州"都市圈作为新引擎。一是启动"大兰州"扩圈行动。总量规模是城市影响力的重要基础,提升"大兰州"人口首位度和经济首位度是首要工作。建议全面放开兰州城市"零门槛落户",全面扩充兰州"一小时经济圈"相关行政区划,推动兰州城市人口向

500 万到 1000 万跨越,推动兰州从西部省会城市向国家中心城市跨越,促进"大兰州"人口总量和经济总量迈上新台阶。二是优化"大兰州"各县区功能定位。基于兰州各县区产业资源状况和能力特征长短板,进一步把握兰州的功能定位,优化城市规划布局,坚持省市联动,强化省会城市的领头羊地位和作用,在全国省会城市发展中争先进位。三是推进"四新"行动计划,即推进新基建、激发新消费、培育新产业、打造新都市,精选产业项目,打造集智慧、互联、产业、政策于一体的"大兰州",培育共享都市圈,在质量提升的过程中扩大总量。

强县域要把主攻"首位产业"作为着力点。首位产业是县域产业体系中最具主导性、竞争力、贡献度的产业,兼具主导产业与支柱产业特性,在区域经济发展中起着核心作用。要增加对县域首位产业的投资力度,着力促进首位产业对县域经济的贡献度。一是精准定位县域首位产业。县域经济发展要依托首位产业培育特色优势产业和核心竞争力。首位产业选择应综合考虑发展基础与条件、产业带动性、发展前景、竞争力与贡献度等因素。还要聚焦一极而非多元,一经确定,要在规划中作为重点予以明确,细化发展重点和发展路径,切实做到上下一致、部门衔接。二是加强首位产业的政策扶持。全县都要聚焦重点、统筹协调,优化要素配置,特别在产业、财税、金融、人才等扶持政策方面对首位产业给予倾斜。同时要根据各地首位产业发展需求,制定差别化扶持政策,推动首位产业做大做强。三是引导首位产业集聚发展。各县要重点投入首位产业重大项目建设,优先协调解决土地、融资、环评等项目建设中存在的困难和问题,切实增强首位产业的发展后劲。要围绕首位产业加大产业招商力度,培育龙头企业,促进首位产业链延链、补链、强链,促进首位产业集聚发展。

(原载于 2022 年 1 月 18 日《甘肃日报》)

准确把握建设幸福美好新甘肃的部署谋划

准确把握甘肃区域发展的总体谋划、在全国发展大局中的功能定位。准确把握省第十四次党代会提出的发展新目标、全省新的布局设计和集成创新及实现既定目标的实践抓手，把思想和行动统一到党代会各项安排部署上来。

省第十四次党代会坚持以习近平总书记对甘肃重要指示要求为统揽，准确把握甘肃发展的阶段性特征，明确了未来五年甘肃发展的方向遵循，是对全省当前和今后发展的长远谋划，各方面要准确理解、全面把握，把思想和行动统一到党代会各项安排部署上来。

准确把握甘肃区域发展的总体谋划。省第十四次党代会报告坚持问题导向、目标导向、发展导向、行动导向，提出了"六新"建设目标、"一核三带"区域发展格局、"四强"行动抓手、"十一个坚定不移"重点任务等部署，吹响了争先进位的号角，释放了干事成事的信号。我们一定要把思想和行动统一到党代会各项安排部署上来，把国家所需、甘肃所能、群众所盼、未来所向更好统筹起来，扬长避短、趋利避害、乘势而上，以系统观念谋篇布局。

准确把握甘肃在全国发展大局中的功能定位。省第十四次党代会全面总结了五年来全省取得的巨大成就，分析了甘肃作为全国生态屏障、能源基地、战略通道、开放枢纽的特殊功能定位，研判了"发展不平衡不充分特别是不充分问题突出"等五个方面的矛盾和问题，找准了追赶的关键和弥补的重点。这些功能定位和特征判断与描述，是经过对全省资源特点、经济结构、产业培育和开放领域等进行长期深入的社会调查、研判形势、比较优势与劣势后得出的正确结论。我们要以此作为判断形势、把握阶段性特征的基本依据,以此作为各地编制规划和调整政策的基本依据。

准确把握党代会提出的发展新目标。省第十四次党代会报告对未来五年全省工作提出了总体要求,瞄准"五个提升"补短板,着力"五个打造"显优势,建设伟大工程作保障。这些发展目标完全符合甘肃的发展条件与需要,找准了发展过程中存在的短板和不足,为"缺什么补什么"奠定了基础。各地党委和政府要依据党代会报告的基本精神,结合自身实际,准确判断发展条件,提出切实可行的奋斗目标、重点任务和实施策略。

准确把握全省新的布局设计和集成创新。省第十四次党代会提出的"一核三带"区域发展格局思路,是依据党中央"三新一高"的战略部署,深刻分析甘肃发展阶段和省情特点、市情特点和县情特点之后得出的重要结论。"一核"是战略中心、创新中心、发展中心和开放中心,而"三带"是三条经济辐射线、发展带动线、开放引导线、生态保障线,各地要准确把握这一布局的内在关系。在打造"一核"方面,要着重做好大兰州经济圈的规划与建设,重点是要打造"1+4"发展基本格局,即"兰州新区+兰州高新区、兰州经开区、西固经济区、红古经济区",同时提升市属县域的发展层次;在打造"三带"方面,要突出新产业培育、区域合作、企业联合、市场对接等工作。

准确把握实现党代会目标的实践抓手。省第十四次党代会报告为贯彻既定发展目标提出了明确的实践思路,这就是"不断盘活存量、引入增量、提高质量、增强能量、做大总量,努力实现更高水平、更有效率、更可持续的发展",报告提出以实施"四强"行动为主要抓手,以重点地区和关键领域为突破口,推动综合实力和发展质量整体跃升。各地要立足省情、市情和县情,坚决按照党代会的政策要求,在措施选择上充分发挥地方资源和产业优势,上下统筹客观务实,点面结合重点突出。同时,还要保持各项举措安排得刚柔相济,把"让创新成为第一动力、协调成为内生特点、绿色成为普遍形态、开放成为必由之路、共享成为根本目的"作为行动先导,牢牢把握发展方向、切实推动高质量发展。

(原载于 2022 年 6 月 21 日《甘肃日报》)

转变发展理念　破解发展难题　补齐发展短板

——"十三五"时期我省改革发展与决胜全面建成小康若干思考

管理学中的木桶原理告诉我们,木桶的容水量,不取决于桶壁上那块最长的木板,而取决于最短的那块木板,短板是木桶盛水量的"限制因素"。夺取我省全面建成小康社会决胜阶段伟大胜利,确保我省与全国一道进入全面小康社会,关键在于以十八届五中全会确立的新的发展理念破解发展难题与瓶颈,补齐发展短板,努力实现改革发展与对外开放的新突破。

一、我省如期实现全面建成小康社会任务艰巨

"十二五"时期省委总揽全局、协调各方、科学决策、集中用力,全省上下共同努力,有效应对了各种内外部挑战,我省经济社会各项事业发展实现了许多新的重大突破,基本完成了"十二五"规划提出的主要目标任务,综合实力实现了新的跨越,基础条件、产业规模与水平、扶贫攻坚、人民生活、城乡面貌、全面小康实现程度等方面都有突破性发展变化,这一切为如期实现全面小康目标奠定了坚实基础。可以讲,"十二五"时期是中华人民共和国成立以来全省经济发展速度较快、效益较好、人民生活水平改善显著、全省城乡面貌变化迅速的五年。但必须看到,"十二五"规划实施后期国内外经济形势发生了重大变化,国内经济增长下行压力不断加大的传递效应对我省影响至

深。根据对"十二五"规划中可统计、可评估的约束性经济指标和主要预期性指标完成情况及影响的分析表明,我省"十二五"规划中经济增长与经济发展指标恐难以完全实现预期目标,对就业和居民收入增加产生直接影响;受制于体制改革滞后的约束,经济发展方式转变步履维艰;人口、土地、资金等要素结构和价格的上涨导致支撑经济增长的要素红利不断衰减,经济增长动力不足;"三驾马车"驱动力出现重大变化,消费对经济增长的贡献率不断上升,投资驱动的能量和潜力不断下降,但投资仍然是拉动甘肃经济增长的主引擎,出口出现可喜变化,但影响有限;精准扶贫战略和"双联"行动等措施的实施使城乡居民收入有较大幅度增长,但增长与预期仍有较大差距。

同时,客观分析,我省全面小康实现程度总体仍然较低,目前比全国平均水平低 8.13 个百分点,排全国倒数第三位,其中 58 个片区贫困县、17 个"插花"型贫困县和民族地区实现程度更低,其中贫困人口比较集中的民族地区比全省平均水平还低 8 个百分点。从分项指标来看,经济发展和文化建设实现程度较好,但民主法治、资源环境等方面差距明显,特别是人民生活实现程度明显滞后。《建议》中提出,全面小康核心在全面,特别要注重发展的平衡性、协调性和可持续性。全面建成小康,重在全面推进,难在破解短板,要对我省全面建成小康社会的形势有清醒冷静的判断,充分认识我省实现全面小康社会目标的艰巨性和特殊性,坚持问题导向,突出重点,集中用力,精准施策。

二、全面建成小康社会的瓶颈与短板约束

我省全面小康实现程度与全国平均水平差距较大的主要原因是多方面的,除了经济社会总体发展水平低、竞争力弱、产业层次低、基础条件差、基本公共服务供给不足、结构问题突出、区位条件不利与

对外开放水平不高等基础原因外,主要瓶颈和短板在以下方面:一是
体制僵化与发展方式粗放互为因果。我省计划经济影响深惯性大、国
有经济比重高、非公有制经济发展薄弱,长期以来发展主要靠资源、
土地、资本和一般劳动力等生产要素的投入和政府的驱动,属于典型
的"两资一高"和政府投资驱动型发展模式,造成自我发展能力弱、资
源消耗大、效率低、环境保护成本高,以及"等靠要"依赖意识强,观念
陈旧、发展缓慢。发展滞后又与体制僵化、发展粗放互为因果,造成恶
性循环。发展滞后往往诱发不顾客观条件的赶超和急于求成,使粗放
型的政府驱动模式固化,粗放发展导致的低效益、低水平、高耗能、高
污染又进一步加剧落后。二是创新发展能力低,创新意识差。表现在
观念与理论创新、战略思路与对策创新、制度与体制创新、管理与机
制创新、科技创新等方面,都滞后于全国甚至周边地区。从科技创新
和产业发展现状来看,基本处于"有跟踪模仿无核心技术"的仿造和
初级制造发展阶段,创新驱动发展能力非常有限,整体竞争能力非常
有限。三是二元经济社会结构异常突出,农业人口比重高,农业现代
化程度和户籍人口城镇化率低。四是贫困人口多,贫困面广、贫困程
度深,城乡居民收入低是我省发展的最大短板和瓶颈制约。五是资源
环境与生态压力大,转变发展方式、加快发展与化解资源环境生态压
力、建设生态文明与美丽甘肃存在两难选择。六是开放水平低,出口
对经济增长的拉动作用微乎其微。

三、以新发展理念破解和补齐发展短板

贯彻落实十八届五中全会精神和省委重大部署,确保我省与全
国一道全面建成小康社会,必须牢固树立创新、协调、绿色、开放、共
享的新发展理念,破解发展难题,补齐发展短板。

一要坚持创新发展,打造发展新动力。坚定不移地深入实施创新

驱动发展战略,把创新摆在我省发展全局的位置,使创新成为引领发展的第一动力,着力推进理论、观念、发展战略、制度与体制、管理与机制、科技、文化等方面的创新。要进一步深化对省情和我省发展规律的认识,根据形势的变化积极探索"四个全面"战略布局在甘肃的实现形式与实现路径,理清发展战略与思路;要发挥科技创新在全面创新中的引领作用,加强基础研究,强化原始创新、集成创新和引进消化吸收再创新,集中支持事关我省发展全局的基础研究和共性关键技术研究,紧跟世界新技术革命和产业变革潮流,争取我省在新能源、新材料、装备制造、节能环保、文化旅游、生物医药、特色农产品深加工、现代物流与现代服务业等领域的核心技术创新方面有实质性突破,为构建产业新体系和提升核心竞争力奠定基础,促进我省经济从"甘肃仿造"迈向"甘肃制造"和"甘肃创造";作为欠发达省份,我们要特别注重发挥政府在技术创新中的不可替代作用,单靠企业的力量无法实现有效创新;要加快培育发展新动力,促进发展动力转换,在继续发挥利用好投资对我省发展的关键作用与潜力的同时,重点培育和发挥好消费对增长的基础作用、出口对增长的促进作用;要积极拓展区域、产业、基础设施建设、网络经济发展新空间,适应新产业业态和区域发展新趋势,在培育壮大新增长点、新增长极、新增长带上取得实质性突破;要进一步解放思想,大胆探索,加快实现全面深化改革新突破,构建有利于创新发展的市场环境、所有制结构、分配制度、产权制度和投融资体制。

二要坚持协调发展,突出城乡统筹。"三农"问题突出仍然是我省"十三五"时期的基本省情,取得全面建成小康社会决胜阶段的胜利必须补齐"三农"短板。首先要以破解城乡二元结构为抓手,以加快户籍人口城镇化发展为重点,加快公共资源配置向农村延伸,有效拓展城乡发展空间;其次要推动老少边穷地区加快发展,制定更有针对性、长短期结合的扶持政策,使我省老少边穷地区这一"三农"问题最为集中、最为突出的地区在全面建成小康社会中不掉队;再次要通过深化农村改革,让农民获得更多财产性收入。农村发展长期滞后的一个根本性原因是农民手里最重要的两个要素,即劳动力和土地难以变成资本,农民的承包地、宅基地、房屋以及集体经营性建设用地不像城市郊区农民的土地一样可用于抵押、变现等资本运作。党的十八届三中全会《决定》提出:"赋予农民对承包地占有、使用、收益、流转及承包经营权抵押、担保权能,允许农民以承包经营权入股发展农业产业化经营。鼓励承包经营权在公开市场上向专业大户、家庭农场、农民合作社、农业企业流转,发展多种形式规模经营。"按照中央精神,农村土地所有权、承包权、经营权实行三权分置,所有权归集体、承包权归农户、经营权可有序流转,这对于促进农民的资产转变为资本具有积极作用。因此,建议扩大农民承包地、宅基地以及房屋等要素的资本化运营改革试点,以合理合法的方式让农民获得更多财产性收入。只有这样,一方面提高广大农民的生活水平和持续消费能力,为提高城市化水平和全面建成小康社会奠定坚实基础,同时也为缓解当前经济下行压力增加消费动力。

三要走绿色发展道路,突出生态保护与环境治理,筑牢生态屏障,推进美丽甘肃建设。要依托国家生态安全屏障综合实验区,争取建设一批重大生态工程;各地要按照主体功能区规划要求定位发展,充分体现各地发展的特殊性,不与其他地区比拼 GDP;要积极争取加大对我省农产品主产区和重点生态功能区的转移支付力度,加快构建横向和流域生态补偿机制。

四要坚持共享发展,确保精准扶贫、精准脱贫。把增进民生福祉、改善和提高城乡居民收入水平作为"十三五"时期我省发展改革的根本出发点和落脚点,作为检验和评价改革发展成效的根本标准,加快实施城乡居民收入倍增计划,努力实现社会保障、基本医疗、公共卫生、义务教育、就业服务、环境保护、公共文化等基本公共服务的全覆盖;依靠社会政策托底,守住民生底线,弥补市场机制所造成的不公平,构建让全省人民共享改革发展成果的体制机制与政策保障;通过发展特色产业和转移就业、扶贫搬迁、生态保护扶贫、兜底性保障政策、医疗救助保障、低保政策等多种途径方式完善扶贫脱贫工作的政策设计,确保精准扶贫、精准脱贫,确保到 2020 年全面消除绝对贫困,贫困县实现脱贫,使贫困人口同步进入小康社会,以破解我省最大发展短板。

五要坚持开放发展。借力"一带一路"建设,抓住我省发展区位从偏远内陆向开放前沿转变的契机,以打造丝绸之路经济带黄金段为牵引,以加强基础设施互联互通建设、丝绸之路综合交通枢纽与经贸物流及产业合作战略平台建设、丝绸之路人文交流合作示范基地建设、举办丝绸之路国际文化博览会等为抓手,积极参与国内国外市场分工与资源配置,创造开放新红利,提升对外开放水平。通过进一步增强对外开放意识、加快开放平台与开放通道建设、拓展对外开放空间和构建对外开放新体制,打造我省对外开放升级版;要着力增强出口对增长的促进作用,提高我省产业在国内产业链中的地位,以开放倒逼改革促进发展。

(原载于《甘肃省社会科学院要报》2015 年第 18 期,省委办公厅《甘肃信息(决策参考)》《专家建言我省"十三五"时期改革发展》第711 期,2016 年 1 月 22 日《甘肃日报》摘要发表)

附录

刘进军论著要目

一、著作

1.《社会主义市场经济热点问题研究》(专著).中央党校出版社 1993–8

2.《改革与发展的经济学思考》(专著).兰州大学出版社 2001–5

3.《通货膨胀与通货紧缩比较研究》(专著).甘肃人民出版社 2004–12

4.《区域经济发展难点问题研究》(专著).甘肃人民出版社 2005–5

5.《共圆中国梦建设新甘肃(经济卷)》(编著).甘肃文化出版社 2014–2

6.《迈向新体制的改革与发展研究》(专著).甘肃人民出版社 2018–10

7.《基于全面建成小康社会的西北地区经济转型跨越发展战略与路径研究》(专著).四川大学出版社 2021–10

8.《西方经济学》(主编).甘肃文化出版社 1998–8

9.《当代中国经济前沿问题研究》(主编).兰州大学出版社 2000–12

11.《简明社会主义市场经济学》(主编).兰州大学出版社 2001–1

12.《西北开发的模式选择》(主编).兰州大学出版社 2001–9

13.《统筹我国城乡发展问题研究》(主编).甘肃文化出版社 2008–7

14.《甘肃文化发展分析与预测(2013)》(主编).社会科学文献出

版社 2013-1

15.《甘肃县域经济综合竞争力评价(2014)》(主编).社会科学文献出版社 2014-1

16.《甘肃县域社会发展评价报告(2015)》(主编).社会科学文献出版社 2015-1

17.《甘肃县域和农村发展报告(2016)》(主编).社会科学文献出版社 2016-11.

18.《甘肃经济社会发展研究(上、下)》(主编).甘肃人民出版社2017-12

19.《甘肃经济社会发展决策参考(2017)》(主编).甘肃人民出版社 2017-12

20.《一流特色行政学院发展研究》(主编).甘肃人民出版社2017-12

二、论文

1. 试论新技术革命对劳动就业的影响.《四川大学学报》1985-2. 中国人民大学书报复印资料《劳动经济与人事管理》1985-10 转载,《新华文摘》1985-2 论点摘编

2. 集体承包厂变成了私人企业. 中国社科院农村经济研究中心《农村雇工经营调查研究》1985-4

3. 事业单位企业化改革的有益探索.《理论学习》1985-5

4. 试论社会主义商品经济与计划经济的统一.《理论学习》1986-1

5. 关于全民所有制企业股份制经营的讨论综述.《理论学习》1986-4,《新华文摘》1986-10 转载

6. 社会主义现代化内涵新探.《理论学习》1987-1,《新华文摘》1987-5 论点摘编

7. 对建立商品流通新秩序的思考.《商经学刊》1988-6

8. 论建设社会主义商品经济新秩序.《云南社会科学》1988-6

9. 论社会主义市场经济.《学术研究动态》1988 增刊

10. 少数民族地区经济起飞的必由之路.《甘肃理论学刊》1988 增刊

11. 临夏经济振兴的必然选择.《甘肃统战研究》1988-4

12. 社会主义初级阶段理论研讨会观点综述.《甘肃日报》1988-11-14

13. 深化我国经济体制改革的战略性选择.《甘肃理论学刊》1989 增刊

14. 深化经济改革的两难选择.《未定稿》(《中国社会科学》副刊)1989-4

15. 深化经济改革的战略性选择.《甘肃理论学刊》1989 增刊

16. 对国有制与商品经济关系的考察——兼谈我国国有制的改革原则.《甘肃理论学刊》1990-2,中国人民大学书报复印资料《政治经济学》社会主义部分 1991-5 转载

17. 论国有制与商品经济的兼容渗透.《汉中师院学报》1990-4,中国人民大学书报复印资料《政治经济学》1991-5 转载

18. 深化农村经济改革需要迫切解决的两个问题.《开发研究》1991-6

19. 提高国有企业经济效益对策探讨.《经济计划研究》1991-6

20. 计划与市场相结合的基础及我国经济体制改革的战略取向.《计划与市场探索》1991-11

21. 从实际出发完善双层经营体制.《甘肃日报》1992-02-17

22. 对提高国有企业经济效益的思考.《经济管理研究》1992-1

23. 也论转换企业经营机制.《时代学刊》1992-3

24. 社会主义市场经济若干实质问题探讨.《甘肃理论学刊》

1992-6,中国人民大学书报复印资料《政治经济学》1993-1 转载

25. 国家所有制的改革不容回避.《探索》1993-5

26. 对国有经济与市场经济关系的再考察——兼论我国国有经济改革的新思路.《甘肃理论学刊》1995-6,中国人民大学书报复印资料《社会主义经济理论与实践》1996-2 转载

27. 试论区别对待、分类指导的国有经济改革新思路.《时代学刊》1995-11

28. 把握重点·理清思路·转变观念——我国国有经济深化改革新探.《经济理论与经济管理》1996-1

29. 试论市场经济的文化力.《管理学刊》1996-3

30. 以体制的创新推动经济增长方式的转变——对甘肃实现"两个根本性转变"的思考.《甘肃社会科学》1997-1

31. 社会主义市场经济文化力探索.《祁连学刊》1997-1

32. 试论以体制创新推动经济增长方式转变.《市场经济导刊》1997-1

33. 邓小平经济理论初探.《时代学刊》1997-9

34. 努力实现经济体制改革的新突破.《时代学刊》1997-9

35. 论社会主义市场经济的文化精神.《甘肃社会科学》1998-2

36. 对我国国有企业实施战略改组的原因与方略探索.《甘肃理论学刊》1998-6

37. 机遇·挑战·对策——加快甘肃非公有制经济发展的若干思考.《开发研究》1999-1

38. 试论非公有制经济的发展是社会主义市场经济的重要组成部分.《甘肃理论学刊》1999-6

39. 劳动力资本化与劳动者主体地位的实现.《资本论与经济理论的新突破》,甘肃人民出版社 1999-9

40. 国企改革的理论创新与政策突破.《甘肃日报》2000-01-15

41. 马克思所有制理论的创新与我国国有企业改革的深化.《甘肃理论学刊》2000-6

42. 扬长避短显优势.《甘肃日报》2000-07-10

43. 体制创新是西部大开发的关键.《探索与争鸣》2000-7

44. 关于全民所有制企业股份制经营的讨论综述.《甘肃理论学刊》(精选本)2001-4

45. 试论贫困地区农村经济结构调整的特殊性及其对策.《甘肃理论学刊》2001-6

46. 所有制结构的调整与甘肃经济的开发.《西部大开发与甘肃》,甘肃人民出版社 2001-4

47. 甘肃大中城市贫困问题研究.《甘肃理论学刊》2003-1

48. 经济体制改革的理论创新与实践突破.《经济研究参考》2003-2

49. 从比较优势向竞争优势的转变.《西部论丛》2003-12

50. 试论科学发展观、和谐社会观与科学改革观的统一———兼论构建科学发展观与和谐社会观的体制基础.《甘肃社会科学》2005-6

51. 对"十一五"期间甘肃经济改革与经济发展的若干思考和建议.《甘肃"十一五"发展的思考》,甘肃文化出版社 2005-11

52. 试论员工关系管理与酒店服务业的关系.《商业现代化》2006-9

53. 试论消费主导型经济增长模式.《甘肃社会科学》2009-6

54. 甘肃贯彻落实科学发展观的难点及体制保障问题研究.《甘肃理论学刊》2009-6

55. 推进"兰白都市经济圈"建设的思考与建议.《兰州日报》2010-01-17

56. 天水市融入和对接《关中—天水经济区》的若干思考.《天水学刊》2010-5

57. 坚定不移走甘肃特色的跨越式发展道路.《甘肃经济与信息》2010-5

58. 甘肃跨越式发展需要破解的几个问题.《甘肃日报》2011-02-21

59. 甘肃转型跨越的战略对策研究.《开发研究》2012-3

60. 甘肃省实现社会跨越发展的难点、重点及对策建议.《科学经济社会》2012-2

61. 甘肃省经济社会跨越式发展的指标、难点与方案选择研究.《甘肃社会科学》2012-4

62. 国际金融危机和国家反危机政策趋向对甘肃经济的影响研究.《甘肃经济与信息》2012-6

63. 转型跨越是甘肃省当前面临的重大而紧迫的战略任务.《甘肃省第十二次党代会精神学习读本》,甘肃人民出版社 2012-5

64. 制度创新是甘肃转型跨越的根本动力.《要论与对策》2012-（4-12）

65. 转型跨越是实现全面小康的关键.《甘肃日报》2012-06-14

66. 转型跨越是科学发展的必由之路.《甘肃日报》2012-08-15

67. 实践中探索出的社会管理新格局.《甘肃日报》2012-09-17

68. 甘肃跨越式发展目标界定与指标体系设计.《甘肃日报》2012-08-31

69. 更加优先推进西部大开发.《甘肃日报》2013-01-11

70. "十八大"深化了西部大开发内涵.《中国社会科学报》2013-01-21

71. 对明年我省经济工作的思考与建议.《甘肃日报》2013-12-23

72. 对我省 2014 年经济形势的研判与建议.《甘肃日报》2014-

01–03

73. 深化我省经济体制改革的难点与重点.《甘肃日报》2014–05–30

74. 以改革创新为动力打造甘肃经济发展升级版——甘肃经济运行形势与对策分析.《开发研究》2014–4

75. 全面深化经济体制改革若干实质问题探讨.《甘肃社会科学》2014–6

76. 构建深化经济体制改革的动力与约束机制.《光明日报》2014–08–13,《红旗文稿》2014–10

77. 内生态型政府的内涵及其善治方略.《重庆社会科学》2014–11,中国人民大学书报复印资料《管理科学》2015–2 转载

78. 对我省"十三五"规划编制工作的十条建议.《甘肃经济与信息》2014–12

79. 甘肃经济社会实现跨越发展问题研究.省委办公厅《甘肃信息（决策参考）》（专家学者建言我省经济体制改革）2014 年第 1106 期

80. 专家建言我省经济体制改革.省委办公厅《甘肃信息（决策参考）》2014 年第 464 期

81. 认识新常态　适应新常态——2015 年甘肃经济形势分析.《甘肃日报》2015–01–05

82. 保持忧患心　把握新常态——2015 年甘肃经济发展思考与建议.《甘肃日报》2015–01–12

83. 破解发展难题补齐发展短板决胜全面小康.省委办公厅《甘肃信息（决策参考）》（专家建言我省"十三五"时期改革发展）第 711 期

84. 关于克服改革疲倦症和改革虚幻症凝聚全面深化改革正能量的建议.中央办公厅《观点摘编》约稿,省委办公厅《甘肃信息（今日上报）》2015 年第 103 期

85. 对培育和催生经济社会发展新动力的几点思考.省委办公厅

《甘肃信息（决策参考）》《甘肃专家学者解读李克强政府工作报告》2015年第128期

86. 民族地区激励性扶贫与农村低保制度耦合探索——以甘南州为例.《云南民族大学学报》（扩展版）2015-2

87. 构建为民办实事涉农项目的长效机制.《甘肃日报》2015-07-31

88. 关于加强陇原特色新型智库建设的思考与建议.《甘肃理论学刊》2015-4

89. 坚持以改革的精神倾力打造陇原特色新型智库.省委办公厅《甘肃信息·经验交流》2015年第330期,省委宣传部《宣传工作·工作动态》2015年第9期

90. 中国政府行政体制改革的路径选择.《电子政务》2015-3

91. 坚持党的领导坚持制度自信.《中国社会科学报》2015-11-20

92. 补齐发展短板决胜全面小康.《甘肃日报》2015-12-11

93. 转变发展理念　破解发展难题　补齐发展短板——"十三五"时期我省改革发展与决胜全面建成小康若干思考.《甘肃日报》2016-01-22

94. 2016年我省经济平稳发展的思考与建议.《甘肃信息（决策参考）》《专家建言我省明年经济工作》第756期

95. 抓住"四个重点"确保平稳开局.《甘肃日报》2016-01-23

96. 在扶贫创新中实现从贫穷走向富裕.《甘肃日报》2016-06-20

97. 新常态下政务微信的优化路径研究.《情报杂志》2016-8

98. 关于建立容错纠错机制支持鼓励党员干部改革创新干事创业的思考与建议.省委办公厅《甘肃信息》（决策参考）2016年第323期

99. 行政决策科学化问题探析.《四川职业技术学院学报》2016-2

100. 既要问责追责又要容错纠错.《光明日报》2016-10-15,《甘肃日报》2016-10-21转载

101. 贯彻"八个着力"，推动发展转型.《决策参考》(呈阅件)2017-5

102. 破解我省放管服改革难题建设人民满意的服务型政府.《决策参考》(呈阅件)2017-5

103. 提振信心增强预期是关键.《决策参考》2017-3,《甘肃日报》2017-05-05

104. 甘肃改革发展的新判断新思路新举措.《甘肃日报》2017-06-14

105. 对2017年下半年我省经济工作的几点建议.《甘肃日报》2017-08-26

106. 西北地区经济转型跨越发展的实证分析.《甘肃行政学院学报》2017-5

107. 社会治理创新中政府与公民合作治理研究.《广州大学学报(社会科学版)》2017-6

108. 内生态型政府共建的困境与出路.《西藏发展论坛》2017-2

109. 新型城镇化中的农民权益保护问题研究.《中国集体经济》2017-1

110. 加快甘肃县域经济发展的思考与对策建议.《甘肃农村工作》2017-4

111. 谱写新时代中国特色社会主义甘肃新篇章.《甘肃日报》2017-11-01

112. 2018年我省经济发展思考与建议. 省委办公厅《甘肃信息(决策参考)》2017年第442期

113. 改革开放是破解西部欠发达地区发展不平衡不充分难题的根本抉择.国家发改委《改革内参》2017年第12期(作为庆祝改革开放四十周年理论研讨会甘肃省唯一入选论文，代表甘肃参加由中央宣传部、中央改革办、中央党校（国家行政学院）、中央党史和文献研究院、国家发展改革委、教育部、商务部、中国社会科学院、中央军委政治工作部等部门于 2018 年 12 月 23 日至 24 日在北京举办的庆祝改革开放 40 周年理论研讨会）

114. 甘肃省促进民间投资相关政策措施落实情况调研报告.《甘肃行政学院学报》2018-1

115. 着力营造干部正向激励的政治生态.《光明日报》2018-01-16

116. 明确乡村功能定位科学实施乡村振兴战略.《光明日报》2018-06-05

117. 破茧成蝶追梦小康——从定西巨变看改革开放是消除贫困的关键抉择. 庆祝改革开放四十周年理论研讨会甘肃省唯一入选参会论文

118. 以"五四"精神激励青年成长奋进.《甘肃日报》2019-05-07

119. 甘肃改革发展的新判断新思路新举措.《甘肃日报》2019-07-27

120. 正确树立新时代共产党人的"三观".《甘肃日报》2019-07-28

121. 践行以人民为中心的发展思想.《甘肃日报》2019-12-18

122. 深入学习贯彻习近平总书记视察甘肃讲话精神奋力开创我省富民兴陇新局面.《中共甘肃省委党校报告选》2019-7

123. 坚持党校姓党培养造就高素质专业化干部队伍.《甘肃日报》2020-01-06

124. "十四五"时期甘肃改革发展面临的形势与战略取向.《甘肃省委党校（甘肃行政学院）报告选》2020-2

125. 奋力开创新时代党校（行政学院）工作新局面.《甘肃日报》2020-01-14

126. 围绕中心服务大局奋力开创新时代党校（行政学院）工作新

局面.《党的建设》2020-8

　　127. 往深里走往实里走往心里走.《甘肃日报》2020-08-18

　　128. 勇做贯彻落实十九届五中全会精神的排头兵.《甘肃日报》2020-11-25

　　129. 准确把握县域经济发展形势.《甘肃日报》2020-12-22

　　130. 发扬脱贫攻坚精神全力推进乡村振兴.《光明日报》2021-06-03

　　131. 抓住用好"一带一路"建设最大机遇.《甘肃日报》2021-08-31

　　132. 在新的赶考路上展现党校更大作为.《甘肃日报》2021-11-25

　　133. 大力传承弘扬南梁精神凝聚奋进前行强大动力.《甘肃政协》2021-3

　　134. 人民政协凝聚共识的历史发展和经验启示.《人民政协凝聚共识的探索与实践》,甘肃文史出版社2022-2

　　135. 准确把握甘肃争先进位的发力点.《甘肃日报》2022-01-18

　　136. 发挥党校优势　助力乡村振兴.《甘肃日报》2022-01-18

　　137. 准确把握建设幸福美好新甘肃的部署谋划.《甘肃日报》2022-06-21

三、领导批示

　　1. 对我省为民办实事涉农项目实施情况的调研报告.《甘肃省社会科学院要报》2014年第2期,分别获省政府主要领导和分管领导肯定性批示

　　2. 我省为民办实事涉农项目实施中存在的问题及建议.《甘肃信息·决策参考》2015年第11期,获省委领导肯定性批示

　　3. 对2015年我省经济工作的思考与建议.《甘肃信息·决策参考》第1187期,获省委主要领导肯定性批示

4. 破解发展难题 补齐发展短板 决胜全面小康.《甘肃省社会科学院要报》2015 年第 18 期,《甘肃信息·决策参考》第 711 期,获省委领导肯定性批示

5. 对明年（2014 年）我省经济工作的思考和建议.《甘肃日报》2013 年 12 月 23 日,《甘肃信息·决策参考)2013 年第 945 期"专家建言我省 2014 年经济工作(五)",获省委主要领导肯定性批示

6. 提振信心增强预期是关键.《决策参考》2017 年第 3 期,获省政府主要领导肯定性批示

7. 2018 年我省经济发展思考与建议.《甘肃信息·决策参考》2017 年第 442 期,获省政府主要领导肯定性批示

8. 新冠肺炎疫情对全省发展影响及应对策略研究.《中共甘肃省委党校(甘肃行政学院)研究报告》2020 年第 1 期,分别获省委主要领导、省委主管领导、省委秘书长肯定性批示

9. 人民政协凝聚共识的历史发展和经验启示.2021 年 1 月获中央领导肯定性批示

10. 甘肃省生态文明体制改革成效第三方评估报告.2021 年 1 月分别获省委主要领导、省委主管领导肯定性批示

11. 甘肃省"多证合一"改革成效第三方评估报告.2021 年 1 月分别获省委主要领导、省委主管领导肯定性批示

12. 甘肃省农村"三变"改革成效第三方评估报告.2021 年 12 月获省政府主要领导肯定性批示

13. 甘肃省工程建设项目审批制度改革成效第三方评估报告.2021 年 12 月获省政府主要领导肯定性批示

14. 甘肃省推进巩固拓展脱贫攻坚成果与乡村振兴有效衔接对策研究.2022 年 10 月获省委主管领导肯定性批示

《陇上学人文存》已出版书目

第四辑

《刘天怡卷》赵　伟编选　　《韩学本卷》孔　敏编选
《吴小美卷》魏韶华编选　　《初世宾卷》李勇锋编选
《张鸿勋卷》伏俊琏编选　　《陈　涌卷》郭国昌编选
《柯　杨卷》马步升编选　　《赵荫棠卷》周玉秀编选
《多识·洛桑图丹琼排卷》杨士宏编选
《才旦夏茸卷》杨士宏编选

第五辑

《丁汉儒卷》虎有泽编选　　《王步贵卷》孔　敏编选
《杨子明卷》史玉成编选　　《尤炳圻卷》李晓卫编选
《张文熊卷》李敬国编选　　《李　恭卷》莫　超编选
《郑汝中卷》马　德编选　　《陶景侃卷》颜华东　闫晓勇编选
《张学军卷》李朝东编选　　《刘光华卷》郝树声　侯宗辉编选

第六辑

《胡大浚卷》王志鹏编选　　《李国香卷》艾买提编选
《孙克恒卷》孙　强编选　　《范汉森卷》李君才　刘银军编选
《唐　祈卷》郭国昌编选　　《林家英卷》杨许波　庆振轩编选
《霍旭东卷》丁宏武编选　　《张孟伦卷》汪受宽　赵梅春编选
《李定仁卷》李瑾瑜编选　　《赛仓·罗桑华丹卷》丹　曲编选

第七辑

《常书鸿卷》杜　琪编选　　《李焰平卷》杨光祖编选
《华　侃卷》看本加编选　　《刘延寿卷》郝　军编选
《南国农卷》俞树煜编选　　《王尚寿卷》杨小兰编选
《叶　萌卷》李敬国编选　　《侯丕勋卷》黄正林　周　松编选
《周述实卷》常红军编选　　《毕可生卷》沈冯娟　易　林编选

第八辑

《李正宇卷》张先堂编选　　《武文军卷》韩晓东编选
《汪受宽卷》屈直敏编选　　《吴福熙卷》周玉秀编选
《蹇长春卷》李天保编选　　《张崇琛卷》王俊莲编选
《林　立卷》曹陇华编选　　《刘　敏卷》焦若水编选
《白玉岱卷》王光辉编选　　《李清凌卷》何玉红编选

第九辑

《李　蔚卷》姚兆余编选　　《郗慧民卷》戚晓萍编选
《任先行卷》胡　凯编选　　《何士骥卷》刘再聪编选
《王希隆卷》杨代成编选　　《李并成卷》巨　虹编选
《范　鹏卷》成兆文编选　　《包国宪卷》何文盛　王学军编选
《郑炳林卷》赵青山编选　　《马　德卷》买小英编选

第十辑

《王福生卷》孔　敏编选　　　《刘进军卷》孙文鹏编选

《辛安亭卷》卫春回编选　　　《邵国秀卷》肖学智　岳庆艳编选

《李含琳卷》邓生菊编选　　　《李仲立卷》董积生　刘治立编选

《李黑虎卷》郝希亮编选　　　《郭厚安卷》田　澍编选

《高新才卷》何　苑编选　　　《蔡文浩卷》王思文编选